유배,
권력의
뒤안길

유배, 권력의 뒤안길

전웅 지음

초판 1쇄 발행 · 2011. 11. 30.
초판 4쇄 발행 · 2012. 7. 27.

발행인 · 이상용 이성훈
발행처 · 청아출판사
출판등록 · 1979. 11. 13. 제9-84호
주소 · 경기도 파주시 교하읍 문발리 출판문화정보산업단지 507-7
대표전화 · 031-955-6031
팩시밀리 · 031-955-6036
홈페이지 · www.chungabook.co.kr
E-mail · chunga@chungabook.co.kr

ISBN 978-89-368-1022-1   03900

유배,
권력의
뒤안길

| 지은이 전웅 |

청아출판사

차례

들어가는 글

1부

유배를 떠나는 사람들

2부

망국의 왕과 신하들

3부

권력 다툼의 소용돌이 속에서

4부

유배인의 뒤안길

유배란 무엇인가? 흔히 유배라고 하면 우리는 주로 조선 시대에 관리 혹은 전직 관리가 정치적 이유로 관직을 박탈당하고 외지로 떠나 생활하는 모습을 떠올린다. 그러나 유배형은 정치적 이유로 인한 경우도 많았지만 반드시 양반 관료나 왕족에게만 국한된 것은 아니었다. 단지 유배형을 받는 주된 대상들이 정치범이나 국사범의 혐의를 받고 형을 받았기 때문에 그렇게 여겨지고 있지만, 실제로는 신분의 귀천에 관계없이 적용되었다. 여성(왕족이나 양반 가문의 자녀), 일반 평민, 중인, 천민 등도 유배형을 받곤 했다. 그리고 형조의 관리나 지방 관찰사의 직권으로 죄를 지은 형사 잡범들도 유배형을 받기도 했다. 다만 사형은 오직 왕만이 내릴 수 있었다.

정치적 유배는 한마디로 코드 유배라고도 할 수 있었다. 정치범들의 경우는 의금부 옥에 갇혀 심문을 받고 유배 길을 떠났는데, 중죄인의 경우에는 왕이 친히 국문을 한 후에 유배를 가곤 했다. 그러나 유배되었다고 해도 죽음의 위협에서 벗어난 것은 아니었다. 당시 정치인들은 사화와 정쟁의 소용돌이 속에서 당이 다르다는 이유로, 때로는 권력형 비리를 이유로, 때로는 왕의 정통성을 위협한다는 이유 등으로 유배인이 되곤 했다. 그러나 반대 세력의 거듭된 주청으로 인해 유배지에서 사사되는 경우도 있었다. 때로는 유배를 가는 도중이나 배에서 압송되어 한양으로 올라오는 도중에 사사 명을 받기도 했다.

유배형은 현대를 살아가는 우리가 상상하지 못할 만큼 무거운 형벌이다. 공동체를 생활의 기반으로 삼는 조선 사회에서 유배형이란 생활 공동체로부터의 배제를 의미하는 형벌이기 때문이다. 게다가 생면부지의 낯선 땅에서 빈곤에 고통받고 지방 관원들의 시달림을 받는 것은 선비들에게는 못 견디게 치욕스럽고 험한 생활이기도 했다.

더구나 유배지 밖으로 꼼짝도 못하게 하는 위리안치라는 형을 받는 경우에는 더욱 유배 생활이 힘들었다. 외부와의 접촉을 완전히 차단시키고 유배인이 도망가지 못하도록 배소 주변을 울타리로 겹겹이 둘렀으며, 관원들이 감시하기도 했다. 세조 때 단종의 복위를 시도하다 위리안치된 금성대군의 경우는 적소에 우물 같은 형태의 구덩이를 파고 구덩이 바깥을 돌담으로 쌓아 올린데다 그 주위를 가시나무와 풀숲으로 둘러싸 인가와 멀리 떨어져 단독으로 있었다. 고을 주민들이 생활에 불편을 느껴 유배인과 함께 사는 것을 거부하여 적거를 구하지 못하는 경우도 있었다. 또한 주민들은 자신들도 먹고살기 힘든 판국에 유배인까지 먹여 살려야 하는 이중고를 겪으니 눈길이 고울 리가 없었다. 유배인에 대한 관리 책임을 맡은 고을 수령도 유배인이 도주하는 경우는 물론이고 유배인과 관련되어 있었다는 이유로 처벌받는 일도 있었다. 그래서 유배인은 그 고을의 수령, 보수주인(保授主人, 안치죄인을 감호하는 주인), 먹여 살려야 하는 고을 주민들에게 기피인물이 되어버렸다.

유배 생활 자체도 식사가 험하고 서적이나 생필품을 구하기 어려운 데다 한 달에 두 차례 해당 관청에서 점고라는 감시를 받곤 하는 등 고달프기 이를 데 없었다. 이런 고단함으로 인해 몇몇 유배인들은 정서적인 불안증, 이른바 적소증후군을 앓기도 하였다. 그러다가 세월이 흘러 적소에서의 생활에 익숙해지면 대외 활동을 하기도 했다. 즉, 지방 유지나 선비들과 교유하고, 지방 자제들을 훈학하고, 유배 생활을 하는 동안 가사, 시, 소설 등 문학 작품들을 쓰면서 지역 문화 창달에 기여하기도 하였다. 특히 양반 관료들의 경우에는 그들을 호송하는 의금부 관원들을 비롯해 각지의 지방 수령들에게 극진한 대접을 받기도 했다. 조정의 유력자로서 얼마 후 조정에 재출사하리라고 여겨졌기 때문이다.

유배지에서 풀려나는 것을 해배라고 하는데, 일반적인 경우에는 신료들이 임금에게 해배를 건의하는 것으로 이루어졌다. 그러나 이는 생각보다 쉬운 일이 아니었다. 더구나 임금이 어떤 생각을 가지고 있는지 의중을 파악해야 하는데다 잘못 건의했다가는 자신마저 얽혀 죄를 받을 수 있었다. 이렇듯 정치적으로 이해관계가 복잡하게 얽혀 있는 터라 해배 건의 자체도 결심하기 쉬운 일이 아니었다. 반면에 당대의 실력자와 연줄이 닿는 경우는 해배가 쉬운 편이었다. 정약용의 경우는 김이재에게 해배의 열망을 담은 부채를 주어 당대 세도가였던 김조순에게 부채를 보이게 해 자신을 떠올리게 함으로써 해배되었다는 일화도 전한다. 돈을 치르고 유배에서 풀려나는 납전해배도 있었다.

해배된 뒤에 순조롭게 관직에 재출사하는 경우도 있었지만 유배로 인해 결국 정치에 대한 환멸, 배신감, 임금에 대한 섭섭함, 관직 불복귀 등으로 적응하지 못하는 경우도 많았다. 때로는 정약용처럼 관직 불복귀 조건으로 해배 명을 받기도 하였으며, 반대 세력이 득세하던 시기에 풀려나면 실질적으로 정계 복귀가 어려웠다.

특히 조선 시대에는 정치적인 이유로 대개 (죄의 유무와 관계없이) 그 죄를 인정하지 않은 상태에서 유배되거나 사사되는 일도 많았다. 즉, 법의 정당성보다는 권력 다툼으로 희생되는 경우가 많았던 것이다. 게다가 연좌제까지 있어 자신만 문제되는 것이 아니라 가족들에서부터 심지어 집안까지도 쑥대밭이 되었다.

그러나 조선의 선비들은 이런 불이익을 감수하고 불합리한 정책이나 부당한 조정 대사에 대해 목숨을 내걸고 상소하고 간언하였다. 그것이 지식인으로서 진정한 선비의 도리라고 생각하였기 때문이다. 그리고 그렇게 유배를 갔어도 좌절하지 않고 유배지에서도 학문과 문학의 꽃을 피운 인물들도 있었다.

이렇듯 유배는 당대의 역사적, 정치적 쟁점을 살펴보고, 문화를 엿볼 수 있는 하나의 주제가 된다. 이 책에서는 주제별로 유배와 유배인들의 면면을 다루고 있다. 이를 통해 우리는 유배에 대해 알고 있던 것과 오해하고 있던 것을 제대로 되짚어 보는 것은 물론 당대의 정치적 쟁점과 시대 상황을 통찰할 수 있을 것이다. 또한 유배인들은 유배라는 극한 상황 속에서 때로는 지나치게 인간적인 면모를 보여주기도 하고, 그럼에도 자신의 의지를 굽히지 않는 기개와 신념을 보여주기도 하였다.

　역사란 과거의 일을 되짚어 오늘의 우리를 반성하게 하는 기능을 지니고 있다고 한다. 유배되는 과정에서부터 해배되기까지 유배인들의 면모를 통해 우리는 오늘날의 세태와 더불어 각자가 지니고 있는 면모를 좀 더 진솔히 통찰할 수 있을 것이다.

2011년 11월
지은이 전웅

1부
유배를 떠나는 사람들

유배인이란 일반적으로 중한 죄를 지어 멀리 보내져 쉽게 돌아오지 못하게 하는 유배형을 받은 사람을 말한다. 이들은 유배지에서 하릴없이 세월을 보내곤 했다. 많은 정치인들이 유배형을 겪었고, 유배에서 해배되어 관직에 복귀한 정치인들도 많다.

유배형은 원래 고급 관리용으로, 법을 만드는 사람들이 중죄인을 처벌하는 과정에서 심혈을 기울여 만든 기막힌 아이디어이다. 바둑이나 장기에서 사용되는 '묘수'라는 말이 딱 어울리는 제도이다.

최고의 묘수, 유배형

삼국 시대에 들어와서 유배형과 도형 제도가 있었는데, 유배형의 기원은 당나라의 이연수가 쓴 《북사》에 "백제의 형벌에 도둑은 유배를 보내고 장물의 2배를 추징한다."라는 기록이 최초로 보인다. 고구려는 소수림왕 2년(373) 성문법전인 율을 공포하고 시행하여 형벌이 정비되어 있었으며, 신라에서도 법흥왕 7년(521)에 율령이 반포되어 섬에 가두는 형벌과 장형이 있었다. 이로 인해 삼국 시대에 이미 수·당의 영향을 받아 유형 제도가 도입된 것으로 보고 있다.

《삼국유사》에는 유배에 대한 재미있는 설화가 전한다. 백제 법왕의 아들 부여장(훗날의 무왕)은 익산에서 마를 캐서 생업으로 삼아 서동이라고 불리웠다. 이때 그는 신라 진평왕의 셋째 딸 선화공주가 아름답다는 말을 듣고 "선화공주님은 남몰래 정을 통하고, 밤에 몰래 서동서방을 품으려고 간다."라는 동요를 지어 아이들에게 부르게 하였다.

이 서동요가 신라 궁궐에 알려지게 되자 진노한 왕은 선화공주를 멀리 유배 보낸다. 공주가 유배 길에 오르자 서동이 길목에 서 있다가 길을 막고 절하면서 자신이 모시겠다고 청했고, 두 사람은 훗날 부부가 되었다는 이야기이다. 이 내용이 사실이라면 압송관은 책임을 면치 못할 것이나 왕이 보냈을 가능성을 배제할 수는 없다.*

우리나라의 형벌 제도는 고려 시대 당나라의 제도를 모방해 5형 제도가 법제화되었다. 5형이란 태형, 장형, 도형, 유형(유배형), 사형의 다섯 가지를 이른다.

먼저 태형은 극히 가벼운 죄를 지은 죄인에게 해당되는 형벌로, 죄인을 장판(틀)에 묶어 하의를 내리고 태로 볼기를 치는 것이다. 이는 10대부터 50대까지 5등급으로 나뉜다. 다만 간음한 여인에게는 옷을 올려 엉덩이가 보이게 하여 볼기를 쳤다고 한다. 김윤보의 《형정도첩》의 〈태벌죄녀〉에는 죄지은 여인이 엉덩이가 드러난 채 볼기를 맞고 있는 모습이 묘사되어 있다.

장형은 약간 가벼운 죄를 지은 죄인을 장판에 묶어 장으로 볼기를 치는 형벌로, 60대에서 100대까지 5등급이 있었다. 장은 굵은 매로, 보통 죄인의 하의를 내리고 볼기를 치는데 부녀자는 옷을 입은 채로 볼기를 맞게 하며, 종종 치마에 물을 끼얹어 물볼기를 치기도 하였다.

---

* 이 설화는 사실이라고 보기는 어렵다. 당시 백제 무왕과 신라의 진평왕은 13차례나 격렬한 전쟁을 한 상태라 양국이 혼인 관계를 맺었을 가능성은 거의 없다. 특히 《삼국유사》에는 무왕과 선화공주가 익산의 용화산 아래에 미륵사를 지었다고 전하나 2009년 1월 미륵사 석탑 해체 시 "좌평 사택적덕의 딸인 백제 왕후가 재물을 내놓아 미륵사를 창건했다."라는 내용의 사리봉안기가 나와 이 설화는 역사적 사실로 보기 어렵다고 할 수 있다. 미륵사 창건 주체 역시 무왕이 아니라 무령왕이라는 주장도 제기되고 있다.

연산군 때 한 기생이 고쟁이 안에다 천을 여러 겹 대고 나졸에게 뇌물을 주어 살살 내려쳐 줄 것을 부탁하였는데 그만 들통이 났다는 일화도 있다.

지방 군현의 수령들에게는 30대에 한해서 태형과 장형만 내릴 수 있게 하는 등의 제한을 두었다. 게다가 장형 이상의 죄는 반드시 감영에 있는 관찰사의 지시를 받아야 했다. 이때 신속한 판결과 집행을 위해 죄인의 자백을 주로 이용하였는데, 그 자백을 받아 내기 위한 방편으로 고문이 허용되었다. 그러나 이러한 가혹한 고문은 역시 아무나 할 수 있는 것이 아니었고, 관청별로 죄인을 처벌할 수 있는 범위가 제한되었다. 따라서 사극 드라마에서 나오듯 사또가 고문하는 장면은 흔히 볼 수 있는 모습이 아니었다. 그러나 일부 관원들이 불법으로 무분별하게 고문이 자행되자 영·정조 때에 이르러 형법을 정비하고 암행어사를 파견하는 등의 조치가 취해져 고문이 크게 줄었다고 한다.

도형은 약간 중한 죄인을 잡아 가두어 1년에서 3년 정도 강제노역을 시키거나 군대에 동원하는 형벌이다. 한나라 때 시작되어 우리나라에서는 삼국 시대부터 시행되었다.

유형(流刑)은 유배형으로, 바다로 흘러들어간 강물이 다시 돌아오지 못하듯이 한 번 가면 되돌아오지 못한다는 의미였다. 이는 대개 중한 죄를 범한 경우에 내려지는 것으로 사형보다 한 등급 낮추어 장으로 볼기를 친 후 먼 지방으로 유배를 보내어 원칙적으로는 죽을 때까지 귀양지에서 살게 하여 고향에 돌아오지 못하게 하는 형벌이었다. 또한 관리가 유배형을 받는 경우 원칙적으로 관직에서 제명되었다. '삭탈관작'된다는 의미이다. 철종 때 권돈인이 유배형을 받고 나서 남긴 글

태형 조선 시내 말 형정을 그린 풍속도. 죄지은 여인을 장판에 묶어 태형을 집행하는 장면이 묘사되어 있다.

에는 "……순흥도호부로 유배 명을 받았다……. 누인."이라고 쓰여 있다. '누인'이란 죄인이라는 뜻으로, 유배인은 책이나 글 속에서 자신의 호를 쓰지 못하고 누인이라고 썼다. 다만 정치범의 경우 정치적 변화에 따라 해배되기도 하였다.

　유배형은 원래 고급 관리용으로 보인다. 이는 법을 만드는 사람들이 중죄인을 처벌하는 과정에서 가장 심혈을 기울여 만들어진 제도로, 바둑이나 장기에서 사용되는 '묘수'라는 표현에 딱 들어맞는 제도가 아닐까 싶다. 관리가 법을 만드는 과정에서 상대 붕당이라 하여 반대파를 옥에 무조건 가두어 둘 수는 없는 일인데다, 같은 옥에 가두었다가는 무리를 이루어 반역을 도모할 위험이 있었다. 그렇다고 대규모의 옥을 만드는 일은 당시 형편상 그리 쉬운 일이 아닌데다 관리상의 난점도 있었다. 이런 어려움을 단 한 번에 날려 버리는 제도가 바로 유배형이었다.

유배형은 법을 만드는 관리 자신이나 후손들도 벌을 받을 수 있는 가능성이 높기 때문에 만들어 낸 묘수로 보인다. 즉, 법을 만드는 관리 자신들이 이런저런 이유로 죄를 얻어 파직되거나 벌을 받아도 다시 복귀할 길을 터놓기 위함이었다고 볼 수 있다. 또한 이 시스템은 붕당들이 서로 정치적으로 견제할 수 있는 이점도 있었기에 꽤나 이상적인 제도였으며, 정치적 중죄인에게도 이보다 더 좋을 수는 없다고 해도 과언이 아니었다.

예를 들어 정조 12년(1788) 김이익은 영의정 김치인의 죄를 탄핵하여 함경도 이원성으로 유배되었다가 이듬해 해배되었다. 그러다 정조 17년(1793) 그가 안동 부사로 있을 때 선비 유흥춘을 죽게 하여 철산으로 유배되었다가 이듬해 해배되었다. 순조 즉위년(1800)에는 벽파가 득세하자 진도의 외딴섬 금갑도로 유배되었다가 7년 후에 안동 김씨가 집권하자 해배되었다. 그는 일생 3번이나 유배를 갔는데 해배될 때마다 관직에 나갔다.

유배형에 있어서 더욱 기발한 아이디어 중 한 가지가 바로 양이 제도이다. 이는 당나라 중기부터 시작된 것으로 먼 곳에 부처된 유배인의 죄를 감등하여 점차 원래의 거주 지역 가까운 곳으로 유배지를 옮겨 주는 것이다. 이배를 거듭하다 최종적으로 유배에서 풀려나 되돌아가게 하는 이런 제도 자체가 바로 유배인을 정치적으로 해결하려는 의도였다. 물론 양이 제도가 아니더라도 바로 해배되는 경우도 있었다.

그래서 조선 시대의 관리나 유생 등은 역모에 직접 가담하거나 엮이지 않는 한 유배 가는 것이 그리 큰 흠이 아니었다. 대학의 커리큘럼으

《당의통략》 선조부터 영조 대에 이르기까지 약 180여 년간의 붕당 정치사를 다룬 책. 다른 당론 사서류에 비해 객관적으로 서술되어 있다.

로 말한다면 필수과목은 아니더라도 선택과목 정도로 생각한 것으로 보인다. 심지어 선비가 상소를 올렸다가 유배되면 친구들이 격려해 주고 서원과 향교에서 먹을 것을 대 주기도 하였다. 김만중이 평안도 선천으로 유배될 때 어머니가 "선천의 길은 선현들도 비켜갈 수 없었으니 너 자신을 아끼고 내 걱정은 마라."라고 격려했다는 등의 일화도 있다.

그러나 유배형은 본래의 취지에 맞게 운영되었더라면 좋았겠지만, 일부 탐욕스런 관리들이 권력의 끈을 놓지 않으려고 상대 붕당을 탄압하는 도구로 이용되기도 하였다. 정치적으로 악용되어 유배인들이 배소에서 죽는 경우도 많았다. 이에 대해 고종 시대 이건창은 《당의통략》에서 붕당의 한 원인으로 옥사와 형벌이 너무 지나치다고 지적하기도 하였다. 유배형은 조선 시대 내내 이어지다가 결국 대한제국 융희 2년(1909)에 이르러 공식적으로 폐지되고 금고형으로 바뀌었다.

유배형은 주로 정치범에게 적용되었다. 관리가 죄를 짓거나 옥에 갇히면 대개 유배를 보내는 것이 관례였지만, 드물게 그렇지 않은 경우도 있었다. 광해군 13년(1621) 제술관 조우인은 인목대비의 유폐와 영창대군의 죽음에 대해 풍자하는 시를 지었다가 이이첨 등에 의해 대역의 뜻이 있다고 무고되었다. 이때 그는 유배되지 않고 잡범들과 같이 옥에서 지냈다. 그는 옥에서 "임 향한 일편단심……."으로 시작되는 〈자도사(自悼詞)〉를 써서 복귀하고자 하는 소망을 적었으나 이태 후 인조반정이 일어나자 옥에서 풀려나왔다. 흥미로운 일은 유배인들은 연산군, 광해군 시절조차 임금의 은총을 바랄 뿐 왕권에 도전하는 예는 보이지 않았다는 것이다. 심지어 연산군 시절 유배되었던 유기창은 중종반정으로 해배되었으나 출사를 거부하고 은거하기도 하였다.

유배형보다 가벼운 벌은 대개 문외출송이나 향리로 추방되는 것이었다. 문외출송이란 관작을 빼앗고 한양 밖으로 쫓아내는 형벌이다. 인조 7년(1629) 이조전랑 김육은 후임 전랑의 추천을 부당하게 배척했다 하여 문외출송되었다가 1년 반 만에 풀려났다. 태조는 조선 조정에 충성을 거부하는 고려의 관료들을 형벌의 일종으로 향리에 임명하여 지방으로 추방했다. 향리는 지방의 행정실무를 담당하던 최하위 관리이다. 지방의 사족이 죄를 지었을 경우 형벌로 그들을 향리로 격하시키기도 하였다. 태종 때 이미는 왕의 소환에 불복하여 출사하지 않아 왕명을 거역한 죄로 제주목 향리로 추방되었으며, 영조 때 정언 임관주는 언로를 열어 달라는 상소문을 올린 죄로 향리로 추방되었다가 재하교를 받고 대정현으로 유배를 떠났다. 철종 때는 김정희가 함경도 북청에 유배될 때 관련된 두 동생이 향리로 추방되었다.

《고려사 형법지》에 따르면 유배형은 유배지의 거리에 따라 유 2천 리는 장 17대, 유 2천 5백 리는 장 18대, 유 3천 리는 장 20대의 3등급으로 나누어졌다. 즉, 유배형을 받으면 거리에 따라 차등 있게 장을 맞

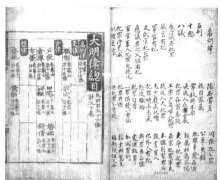

《대명률직해》 중국 명나라 때의 형법전 《대명률》을 이두로 번역하여 엮은 책으로 1395년(태조 4)에 발간된 것으로 추정된다. 조선 전 시대에 걸쳐 우리나라 형법의 일반법으로 적용되었다.

고 유배를 떠난 것이다. 그러다가 조선 시대에는 《대명률》을 기준으로 거리와 관계없이 똑같이 장 1백을 맞고 유배를 떠나도록 법이 개정되었다.

거리에 따른 유형 제도는 중국을 기준으로 한 만큼 우리나라의 지형에 맞지 않았다. 국토가 넓은 중국에는 적용할 수 있지만 국토가 좁은 우리나라의 경우 실제로 지리상 유배형 3천 리는 집행이 불가능했다. 그래서 죄인의 거주지를 기준으로 하여 유배형의 등급에 따라 일정한 지방을 지정하여 귀양 보내는 등 실정에 맞게 변형되었다.

예를 들어 유배형 3천 리는 삼수, 갑산, 북청, 강계 등 북방의 변방이나 거제도, 추자도, 제주도 등 섬 지방으로 보냈다. 그래서 인조 때 제주의 정의현에 유배된 인성군의 아들 이건은 "제주는 전국의 죄 주는 땅이요."라고 하였다. 또는 곡행이라고 하여 이곳저곳을 빙빙 돌아서 어쨌든 3천 리를 채워 유배지에 당도하는 웃지 못할 편법이 시행되기도 하였다. 실제로 정조 즉위년(1776) 10월 장물죄를 지은 김약행은 최초 배소인 기장현에서 출발하여 돌고 돌아 함경도 단천에 압송되었다. 이에 "이는 조정에 3천 리 제도가 있다는 것을 알게 하기 위한 것으로 김약행이 돌아가느라 고통이 심했으니 기호 지방에 배소를 정하라."라는 하교가 있었다.

유배형은 곧잘 임금이 직접 또는 신하들 간의 권력 다툼과 이견으로 정적을 제거하는 데도 이용되었다. 따라서 유배자는 사면이나 반정 등 중앙 권력의 변화가 없는 한 귀향할 수 없었다. 물론 개중에는 연줄을 이용하여 양이되거나 해배된 사람도 있었다.

신하가 권세를 이용하여 왕명이나 전지를 위조하여 유배되기도 하였는데 고려 시대에는 학선, 환관 김빠앤티므르 등이, 조선 시대에는 태조의 아들 회안군 방간의 사위 조신언 등이 해당된다.

한 달도 안 되어 해배된 인물도 있다. 서명응, 조엄 등이다. 이들은 왕명을 거역한 죄로 유배되었다. 영조는 재위 42년(1766) 5월 홍문관 부제학 서명응에게 홍문관록을 주관하라는 특교를 내렸다. 그러나 그는 두 번째의 부름에도 나가지 않았다. 그러자 영조는 "만약 명응이 행하지 않는다면 신하로서 갖추어야 할 절개와 지조가 없는 것이다."라는 유지를 내려 질책하였다. 그러나 서명응이 세 번째의 부름에도 나가지 않자 노한 영조는 그를 갑산으로 유배 보내고 조엄을 대신 부제학으로 임명하여 홍문관록을 주관하게 하였다.

그러나 조엄도 나가지 않았고, 이에 영조는 크게 노하여 이들을 삼수로 유배 보냈다. 두 사람은 함께 유배지를 향하여 길을 떠났는데, 며칠 후에 서명응이 세 살 아래인 조엄에게 이렇게 말했다.

"이보시게, 유배지가 마침 백두산 아래에 있으니 하늘이 우리로 하여금 백두산 유람이나 하라는 것이 아니겠소?"

조엄이 기뻐하며 말했다.

"기분도 전환할 겸 좋은 기회이지요."

10여 일 만에 유배지에 도착한 서명응은 조엄에게 6월 초에 백두산에 오르자고 서신을 보냈다. 6월 초 이들은 드디어 갑산 부사 민원, 삼수 부사 조한기 등과 함께 백두산에 올라 천지에 이르렀다. 서명응은 이때 기행문인《유백두산기》를 통해 "천지에 사슴들이 무리지어 물을 먹고 걸어 다니거나 달리며 즐겁게 노는 모습이 보이고 곰 세 마리가 벽을 따라 오르내린다."라는 기록을 남겼다. 이들이 8일 만에 적소에 돌아오니 해배한다는 내용의 파발이 도착해 있었다.

드물게 해배 명이 없었음에도 해배된 인물도 있다. 전란이 일어나 나라가 어수선한 틈을 타 왕을 배알하여 해배되고 벼슬을 받은 인물도 있다. 고려 때 유경은 임연의 탄압을 받아 재산을 몰수당하고 목숨만 간신히 건져 강화도에서 유배살이를 했다. 그러나 그 후 원종 11년 (1270) 6월 강화도에서 삼별초의 난이 일어났을 때 유경이 난의 주동자가 될까 두려워하던 임금은 그가 가족을 이끌고 개경에 돌아오자 판병부사의 벼슬을 내렸다.

조선 선조 24년(1591) 광해군의 세자 책봉을 건의했다가 부령에 유배된 홍성민은 농부가 부럽다고 하소연할 만큼 곤궁한 생활을 했다. 해변과 두메를 오가며 소금과 쌀을 교환하는 등 장사를 하며 겨우 끼니를 잇던 그는 이듬해 임진왜란이 일어나자 선조가 있는 의주로 달려가 눈물로 알현하니, 곧 해배되고 벼슬까지 받았다. 반면 한백겸, 나덕명 등은 임진왜란 때 공을 세워 유배지에서 해배되기도 했다. 기축옥사로 이발과 친하다는 이유로 유배되었던 한백겸과 정여립을 만난 정개청을 구원하다가 함경도 경성에 유배된 나덕명은 국경인 등이 임해군 등을 인질로 잡고 난을 일으켰을 때 북평사 정문부가 군사를 모으자 이에 출전하여 공을 세워 해배되었다.

한 달도 안 되어 유배형이 취소된 일도 있었다. 《훈민정음운해》를 저술한 신경준은 영조 30년(1754) 43세의 나이로 향시에 합격했다. 당시 시험관이었던 홍양호의 천거로 조정에 출사한 그는 그해 여름 증광시 을과에 합격하여 승문원으로 나갔다.

영조 38년(1762) 서경에 몰래 갔던 사도세자가 뒤주에서 죽자 전랑 최익남이 이 사건을 거론하며 대신 김치인의 책임을 추궁하는 상소문을 올렸다. 이에 영조는 그를 불러 잘잘못을 판단하도록 지시하고 상소문에 대해 세 번이나 하문했지만 그는 잘못 답했다가 목숨이 위험해질까 두려워 끝내 답을 하지 않았다. 이에 노한 영조는 그를 은진으로 유배, 다시 수원으로 이배하였다가 24일 만에 유배를 취소하였다. 그러자 대신들이 이를 문제 삼았고, 영조는 그를 함경도 북청 부사로 임명하여 무마하였다.

유배된 지 두 달 만에 적사한 인물도 있었다. 선조 22년(1589) 10월 정여립의 역모 사건이 일어났다. 그런데 이듬해 광주 향교 유생 정암수 등이 "정개청은 일찍이 절개와 의리를 배척하는 글을 지었으며 정여립과는 글을 서로 주고받은 적이 있다."라는 상소를 올렸다. 정개청은 서인인 스승 박순이 영의정 자리에서 파직되자 화가 미칠까 두려워 동인인 이발, 정여립 등과 친교를 맺고 박순을 비판하였다는 비난을 받았다. 그가 5년 전 교정청의 낭관으로 있을 때 한양에서 정여립을 만난 적이 있었다는 것이다.

이에 정개청은 의금부에 압송되어 정철로부터 모진 고문을 받고 5월에 평안도 위원으로 유배되었다가 이듬달 6월 함경도 경원 아산보로 이배되고 7월에 그곳에서 적사하였다. 일설에는 그가 "송강(정철)은 위선자이고 올바른 사람이 아니다."라고 비판한 적이 있었는데 나중에 정철이 이 말을 전해 듣고 악감정을 가졌다고도 한다.

아무리 유배인이라도 친상을 당하면 귀향하여 장사 지내는 것이 허락되었다. 이는 법전에 명시되어 있었는데, 유교 국가에서 최고의 덕목으로 효를 실천하는 일에는 예외를 두었기 때문이다. 그러나 노부모가 위독하거나 사망했을 때의 상례에만 국한되었다.

이 예에 의거해 숙종 8년(1682) 진도에 유배된 신명규는 노모의 병세가 위독해져 한 달의 말미로 집에 다녀왔으며, 숙종 29년(1703) 유배인 조대수는 노모가 위독하여 한 달간 집에 다녀온 일이 있다. 영조 2년(1726)에는 유배인 이진순, 이진수 형제가 노모의 병환으로 잠시 집으로 돌아갔다 결국 노모가 사망하자 장례까지 치르고 배소로 돌아간 일도 있었다.

영조 때 대사간 이존중은 탕평책에 대한 글을 올렸다가 당심이 가득하다 하여 거제에 유배되었다가 다시 정의현에 이배되었는데, 이듬해 부친상을 당하자 장사를 지낸 뒤에 환배되었다. 그러나 모친상을 당한 유희춘, 김만중, 부인상을 당한 김정희 등은 부고를 받지 못하거나 귀향하지 못하기도 하였다. 송시열도 유배 중에 부인이 세상을 떠났다는 소식을 들었으나 가지 못하여 "부인은 못난 나의 짝이 되어 고생만 하다가 죽어, 살아서는 서로 떨어져 지냈지만 내가 죽으면 함께 살 수 있을 것이니……"라고 심경을 표현했다.

유배인들은 해배된 후 다시 중앙에 올라가 관직 생활을 할 가능성이 있었다. 유배인이라고 하여 박대했다가는 나중에 불이익을 당할 수도 있기 때문에 수령들은 어느 정도 눈치껏 편리를 보아주는 것이 상례였던 것으로 보인다. 고려 때 한 태자는 부왕이 유폐될 때 함께 유배되어 14년간이나 유배 생활을 하다가 이듬해 왕위에 오른 경우도 있었다. 조선 후기의 문신 조정철은 제주도에서 유배 생활을 했으나 몇십 년이 지나 자신의 유배지였던 곳에 목사로 부임하기도 했다.

　그러나 수령에 의해 장살된 유배인도 있다. 유배인의 관리 책임이 그 지방의 수령에게 있었기에 가능했던 일이다. 명종 때 문정왕후의 총애를 받던 보우대선사는 왕후가 죽자 유림들의 반발로 관찰사의 추격을 피해 도망쳤다. 그는 왕법 무시죄로 처형 직전까지 갔으나 언관 이속곡의 건의로 제주목 도내봉에 유배되었다. 그러나 그해 9월 초순 제주 목사로 부임된 변협이 그에게 날마다 트집을 잡아서 힘센 장정들로 하여금 매질을 하게 하는 등 몹시 학대하여 그 이듬달 장살되었다. 유림들이 이 일에 대해 간혹 칭찬의 서찰을 보내면 변협은 "백성들이 보우를 처벌한 것이지 제가 처벌한 것은 아닙니다."라고 답했다고 한다.

　지방 수령과 유배인이 친구인 경우도 있었다. 현종 때 효종 릉의 석역 공사가 불완전하여 당시 감독관 신명규가 대정현에 유배되었는데 그 후 친구 최이헌이 제주 목사로 부임하였다. 그러나 최이헌은 재임하는 동안 한 번도 그의 적소를 방문하거나 편지 한 통도 보내지 않았다고 한다.

　반면에 유배인이 상급자인 경우도 있었다. 광무 2년(1898) 1월 이승

오가 제주목에 종신유배된 후 방성칠의 난이 일어나자 조정에서는 제주 목사 이병휘를 파직하여 법부에 압송시키고 난을 수습하기 위하여 4월 박용원을 제주 찰리사로 보냈다. 그런데 박용원이 외무참의로 근무할 때 이승오가 외무대신을 지내어 서로 알고 지내던 사이였고, 이승오는 이때부터 자유롭게 생활하였다고 한다.

도망을 간 유배인도 있다. 고려 충렬왕 4년(1278) 8월 조정에서 원나라의 중서성에 올린 글에는 "올 봄에 원에서 보냈던 죄인들을 몇 군데에 나누어서 두었는데 그중 영암군 피면도에 배치하였던 13명이 뗏목을 타고 도망간 것을 추격하여 잡았습니다. 그러나 보성군 내로도에 배치하였던 24명은 진척(뱃사공)의 배를 빼앗아 도망갔는데 아직 잡지 못하였다고 합니다."라는 기록이 있다. 고려 우왕 때 밀직사사 이무는 유배된 조영길이 도망간 것을 알고도 고하지 않았다고 하여 파직되었으며, 조선 시대 나주 목사 이형곤은 정배된 죄인을 잃어버려 유배인 관리 소홀로 파직되었다. 숙종 32년(1706) 경기 관찰사 박권은 제주목에 유배되었던 이동백이 도망쳤다고 아뢰면서 이전에 도망간 유배인 김창규도 아직 잡히지 않았다고 고했다.

고종 19년(1882) 임오군란 당시 민영휘는 탐관오리로 논죄되어 임자도에 유배되었으나 도망쳤다. 그는 평양으로 몰래 들어가 벽도에 주둔하던 청군 부대에 은신해 있다 다시 청나라로 도망하였다. 그리고 이듬해 일본 측의 농간으로 대원군의 장손인 영선군 이준용과 교환 형식으로 대사령(일반 사면령)을 받아 귀국했다.

고종 31년(1894) 이일직은 도쿄에 가서 홍종우를 포섭하여 김옥균을 암살하게 하고 귀국하였다. 그는 고종 35년(1898) 뇌물수수와 공금횡령 혐의로 제주도 종신유형에 처해졌으나 유배 도중 도망하였다. 광무 8년(1905) 그는 사사로이 일본인과 이권에 관한 조약을 체결하였다가 발각되어 추자도로 종신유형에 처해졌으나 또 도망하였다. 그는 붙잡혀 다시 유배되었으나 2년 만에 해배되었다.

유배는 정치적 문제로 인해 관리들만 간 것은 아니었다. 조선 시대에는 단종, 연산군, 광해군이 유배형을 받았다. 연산군은 왕위에서 쫓겨나 교동도에 위리안치되었는데 적소가 가시울타리로 둘러싸여 해를 볼 수 없었고, 조그마한 문으로 겨우 밥과 반찬거리를 줄 정도였다고 한다. 그래서 그랬는지 연산군은 유배된 지 불과 두 달 만에 적사(유배지에서 죽음)했다. 그의 나이 31세였다.

반면에 광해군은 인조반정으로 쫓겨난 후 모진 목숨을 이어나가 유배된 지 무려 19년 만에 적사하니 67세였다. 그는 교동에서 제주목으로 이치되면서 "고국의 존속과 멸망에 대한 소식이 끊어졌으니, 안개 서린 강물 위에 외로운 배나 띄울까."라는 시조를 남겼다. 이 시의 내용으로 보아 이때는 이미 복위의 꿈을 포기한 것으로 생각된다.

하루아침에 유배인 신분에서 왕이 된 인물도 있었다. 강종, 고종, 철종 등이다. 고려 명종의 아들 왕오(훗날의 강종)는 14년 동안 유배되었다가 해배된 뒤 왕위에 올랐으며, 왕오의 아들 왕철(훗날의 고종)도 부친이 유배될 때 안악으로 유배되었다가 부친이 왕위에 오른 이듬해 배소에서 소환되어 태자가 된 뒤 왕위에 올랐다. 조선 시대 이원범(훗날의 철종)은 강화에 유배되어 강화도령이라고 불렸다.

그러나 앞서의 예들은 대개 정치적인 일과 관계된 일이라 할 수 있다. 그밖에도 흥미로운 유배 사건들도 존재한다. 먼저 간음한 여인이 유배를 간 예도 있다. 세종 9년(1427) 9월 사헌부는 "남편을 배반하고 간음한 무안 군수 최중기의 부인 유감동을 교수형에 처해야 합니다. 그녀와 간음한 김여달은 장 1백에 유배를 보내고, 최중기의 자형 이효랑은 장 1백, 오안로는 자자형(얼굴에 먹물로 죄명을 찍어넣던 형벌)할 것이며, 나머지는 장 60대에서 1백 대를 내리십시오."라고 아뢰었다. 세종은 이에 유감동은 변방으로 유배하여 노비로 정좌하게 하고, 그녀의 부친 유귀수는 집안을 잘 다스리지 못했다 하여 태형 40대를 내렸다. 나머지 유감동과 간음한 남자들은 사헌부에서 고한 대로 벌을 내렸다. 그러나 유감동은 세종 15년(1433) 12월 배소에서 다시 그곳의 남자들과 사건을 일으켰다. 이에 사헌부에서 극형을 주장하였으나 세종은 허락하지 않았다가 그녀를 면천하여 다시 먼 지방에 안치시켰다.

어의들도 유배의 대상이 되었다. 어의는 왕이 승하하면 책임을 져야 하는 운명적 직업이었다. 어의 전순의는 세종대왕이 승하했을 때는 강직되고, 문종이 죽었을 때는 의금부에 하옥되어 강등되었다가, 단종이 즉위하자 석방되었다. 그는 현존하는 요리책 중에서 가장 오래된《산가요록》을 남겼는데 겨울에도 채소를 먹을 수 있는 온실설계법도 고안했다고 한다.

선조의 책임어의였던 허준은 선조 41년(1608) 2월 임금이 급사하자 탄핵받았으나, 광해군이 그의 목숨만은 살려 유배형에 처했다. 의주에 유배된 그는 적소에서 집필을 계속하여 광해군 2년(1610) 8월《동의보감》25권을 완성하여 바쳤다. 그해 11월 해배된 허준은 신원되어 내의원에 복직해 다시 어의가 되었다.

신가귀는 효종의 어의였다. 효종의 오른쪽 귀밑에 작은 종기가 생겨

났는데 그것이 얼굴에 번져 눈을 뜰 수가 없을 정도가 되자 신가귀가 얼굴에 침을 놓았다가 효종이 갑자기 피를 흘리며 급사하고 말았다. 원래 왕에게 침을 놓으려면 약방제조의 승인을 받아야 하는데 그는 이를 무시하고 다른 어의들의 반대를 무릅쓰고 강행하였다 하여 처형되었다.

드물게 화원이 유배되기도 하였는데 정조 12년(1788) 신한평은 그림을 잘못 그렸다는 이유로 유배되었다. 그 후 그는 해배되어 왕의 어진을 그렸는데 전하지는 않는다.

매우 흥미로운 유배가 있었는데 바로 코끼리가 유배된 일이다. 조선 태종 12년(1412) 일본에서 친선의 목적으로 코끼리를 우리나라에 보냈다. 태종은 코끼리를 사복시에서 관장시켰는데 처음 보는 동물인데다 기이하게 생겨 구경꾼이 끊임없이 몰려들었다.

그해 12월 전 공조전서 이우가 코끼리를 구경하다가 그 앞에서 모습이 추하다고 비웃고 침을 뱉자 화가 난 코끼리가 그를 밟아 죽였다. 조정에서 코끼리의 처벌에 대한 논란이 일어났으나 의견이 서로 달라 섣불리 결정을 못하고 있었다. 이듬해 병조판서 유정현이 아뢰었다.

"이 일은 법으로 논한다면 사람을 죽였으니 죽이는 것이 마땅하나 동물에게 그렇게는 할 수 없으므로 전라도의 먼 섬으로 보내어 거기에서 살게 하십시오."

이에 그의 의견이 채택되어 코끼리는 그해 11월 전라도 여수 율촌의 노루 섬으로 유배되었다. 그러나 얼마 후에 전라도 관찰사가 "코끼리가 사람을 보면 눈물만 흘리면서 먹지도 않고 야위어만 간다고 합니다. 코끼리를 다시 육지로 돌려보내십시오."라는 장계를 올렸다. 이에 코끼리는 섬에서 풀려나 전라도에서 살게 되었다고 한다.

유배를 간 사람들의 면면은 다양했는데, 양반을 사칭해서 유배된 정식, 친척이 쓴 묘를 임의로 파서 옮겼다가 황해도 평산에 유배된 우영하, 유부녀를 첩으로 삼고 본처를 내쫓았다가 평안도 은산에 유배된 전달념, 상전의 묘지 내에 있는 나무를 벌목했다가 충주로 유배된 최복인, 마당에서 활쏘기 연습을 하다 실수로 모친을 죽게 한 이상신 등이 있다. 그러나 이같이 중인 이하의 신분으로 유배된 사람들은 적소에서의 생활과 자신들의 이야기를 글로 남기지 못하여 전하는 예가 드물어 그 면면을 살피기 어려운 실정이다.

다만 영조 때 남해에 유배된 부수찬 유의양이 남긴 《남해견문록》에는 어느 하급관리의 부인이 투기하다가 유배된 지 십 년이 되어 그의 배소에 양식을 얻으러 왔다고 기록하고 있으며, 정조 때 대전별감 안조원이 추자도에 유배되었을 때 유배가사 〈만언사〉를 남겼고, 고종 때 환관 채구연이 신지도에 유배되어 〈채완재적가〉를 남겼을 정도이다.

죽을 고비를 넘기며 떠나다,
유배 길

　조선 시대에 관리가 집을 떠나는 경우는 크게 두 가지였다. 지방의 수령으로 임명되거나 유배 길이었다. 조선 시대 사대부들은 자신이 원하든 원하지 않든 한 붕당에 속하지 않을 수 없었다. 붕당 간의 대립이 격렬할 때는 자신이 속한 붕당이 패권을 잡으면 승승장구하고, 패배하면 유배 길을 떠나거나 심한 경우 목숨을 잃기도 하였다. 이런 붕당 간의 대립을 왕권을 강화하는 데 이용한 왕도 있었다.

　유배 길은 우리가 일반적으로 알고 있는 것과는 다르다. TV 드라마에서는 중죄인이나 유배인이 머리를 풀어헤치고 소달구지 위에 앉아 실려 가거나 감옥 같은 수레에 실려 가는 장면을 종종 볼 수 있다. 이를 함거압송이라 하는데 이런 장면은 극을 극대화시키기 위하여 보여 주는 것이지 실제 그런 경우는 거의 없었다. 또한 당시에는 길이 요즘처럼 넓지도 않거니와 그 수레를 계속 타고 갈 수 있는 길도 없었다.

즉, 함거(고려 때부터 죄인을 호송하던 마차나 수레)는 처형장에 갈 때 타는 것이었고, 대부분 관리들이 유배 길에 오를 때는 시종을 데리고 말을 타고 이동하였다. 제주에 위리안치되어 내려갈 때 김정희는 동생 김명희에게 보낸 편지에서 "노정의 반쯤은 순전히 돌길이라서 사람과 말이 발을 붙이기가 어려웠다."라고 썼는데 그 역시 말을 타고 이동했음을 알 수 있다.[*]

일반적으로 관리가 옥에 갇혀 있다가 유배 길을 떠나면 죄인이므로 갓을 쓰지 못하고 망건을 쓰고 도포나 베옷(또는 소복)을 입었다. 그리고 노복을 데리고 말(또는 당나귀, 드물게는 가마)을 타고 길을 떠났다. 관리들의 경우는 때로 삿갓도 쓴 것으로 보인다. 숙종 때 유생 이필익의 유배일기 《북찬록》에는 집에 있다가 유배 명을 받아 망건을 쓰고 도포를 입고 말을 타고 노비와 떠났다는 기록이 있다. 그러나 숙종 때 유배인 김춘택은 역모와 관련되었다 하여 배소에서 의금부에 압송될 때 짧은 홑옷을 찾아 머리를 싸매고 길을 떠나기도 하였다. 비가 올 때는 삿갓에 도롱이를 입은 것으로 보이는데 맹사성, 김굉필, 김정희 등이 유배지에서 쓴 시에는 이런 모습들이 묘사되어 있다.

벼슬을 지낸 유배인은 군읍을 지나갈 때 타고 갈 말과 음식을 제한적으로 주는 것이 상례였다. 또한 출마패를 지급해 각 역에서 경주말이 아닌 조그마한 말이나 당나귀를 지급받아 타고 가게 했다. 출마패는 타고 갈 말을 역에서 징발할 수 있는 패를 말한다.

---

[*] 다만 고려 충혜왕 복위 4년(1343) 11월 왕이 함거에 실려 베이징으로 끌려갔으며 이듬달 진 대언 인당이 왕을 시종하던 은천옹주의 부친 임신, 박양연 등 9인을 함거에 싣고 원나라에 간 정도의 일은 있었다.

마패 마패는 역마를 지급받을 수 있는 증표이다. 조선 시대에는 공무로 출장 가는 관원이 상서원으로부터 발급하는 마패를 제시하고 역마를 지급받았다.

유배된 왕족의 경우에도 말을 지급했는데 숙종은 제주에 유배되어 있던 소현세자의 손자 이혼과 이엽 형제를 이배시키면서 "예에 의하여 말을 지급하라."라고 하였다. 또한 높은 직위에 있던 유배인들은 대개 지나는 길의 수령들이 먹을 음식과 잠자리를 준비하여 주었다.

일반적으로 유배 길에는 조롱말이나 당나귀를 많이 탄 것으로 보인다. 정약용의 《목민심서》에는 "참판 유의는 성품과 행실이 높고 욕심이 없어 홍주 목사로 있을 때 찢어진 갓과 헤진 도포에 찌든 띠를 두르고 조랑말을 탔다."라고 기록되어 있으며, 무오사화에 연루되어 김해로 이배를 떠난 정희량은 "단풍 든 가을 산을 작은 당나귀 타고 길을 떠나니, 3년 된 헤진 베옷에다 단지 노복 하나이고……."라는 시를 읊었다.

어떤 유배인은 유배 길에 백성들이 말을 구해 주는 경우도 있었다. 고려 고종 때 안동도호부 부사 유석은 판관 신저와 함께 산성을 수축하라는 명을 받았으나 신저가 백성들을 수탈하는 인물이라고 하여 함께 일하기를 거부하여 섬으로 유배되었다. 이에 그는 부인과 가족들을 데리고 호송관을 따라 유배 길을 나섰는데, 말이 모자라서 가족들이 먼 길을 걷게 되자 고을 백성들이 급히 종과 말을 구해 그의 부인에게 주었다. 그러나 그의 부인이 백성들에게 "성의는 고맙지만 왕명으로 죄인이 되어 길을 떠나는데 처자도 모두 죄인입니다."라고 말하며 종과 말을 돌려보냈다고 한다.

드물게 가마를 타고 유배 길을 떠난 사람도 있었다. 연산군은 평교자를 타고 유배지 교동으로 떠났으며, 현종 6년(1665) 4월 윤선도가 삼수에서 광양으로 이배될 때 함경도 수령들이 가마꾼들을 각 접경 지역에 대기시켰다. 철종 11년(1860) 11월 신지도에 위리안치 명을 받은 이세보는 소복을 입고 소교(작은 가마)를 타고 의금부 도사 이학진의 호송을 받으며 출발했는데 교군(가마꾼)의 비용으로 1천 금을 주었으며, 고종 때 최익현은 제주목에 위리안치될 때 가마를 세 내어 유배 길에 올랐다는 기록이 보인다. 그러나 숙종 때의 김춘택은 가마라고 해도 짚으로 만든 보잘 것 없는 가마, 즉 고교를 타고 목에는 칼을 차고 이송길에 오르기도 하였다.

반면에 고려 충혜왕은 원나라로부터 게양현에 유천(유배하여 추방함) 명을 받았을 때 한 명의 종자도 없이 홀로 불쌍하게 떠나다 유배 길에 의문의 죽음을 당했다. 충선왕은 티베트의 샤카 사원으로 유배될 때 "높은 벼랑과 험한 길을 열 걸음에 아홉 번은 비틀거리고 갔으며, 졸다가 갑자기 들이닥친 도적떼에 묶이기까지 했다. 겨우 목숨을 구한 왕은 가죽배로 대해를 건너 외양간에서 노숙하고 보릿가루를 강물에 타 마시며 반 년 만에야 마침내 배소에 이르렀다."라고 《고려사절요》에 기록되어 있다. 조선 광해군 때 역모에 추대된 능창군은 큰 칼을 쓰고 말에 태워져 교동 유배 길에 올랐다. 정조 때 대전별감 안조원은 임금의 총애를 믿고 어인(御印. 임금의 도장)을 훔쳐 사용하다가 국고금을 축낸 죄로 추자도에 유배되었는데, 이때 25근(약 15킬로그램)의 큰 칼을 목에 차고 손에는 수쇄, 발에는 족쇄를 차고 길을 떠났다.

그러면 유배인의 숙식은 어떻게 해결하였을까? 보통 관리나 일반인들은 잠은 민가나 주막에서 자고 식사는 주막에서 해결한 것으로 보인다.

《북천일기》에는 경종 1년(1721) 신임사화로 갑산에 위리안치된 윤양래가 역촌, 고을 읍내, 주막 등에 투숙했다고 기록되어 있다. 또한《수안록》에는 영조 때 임징하가 순안에서 대정으로 이배 가는 길에 장단 주막과 벽제 주막에서 점심을, 대흥 주막에서 조반을, 민가에서 점심을 먹었다고 기록되어 있다. 또한 경종 2년(1722) 1월 신임사화로 인해 강진으로 유배된 송상기는 문집 《옥오재집》의 《남천록》에서 "과천의 민가에서 하룻밤을 자고 이튿날 정오에 미륵당 주막에 도착하여 밥을 먹었고, 그날 밤은 수원의 민가에서 잠을 잤다. 그 후 이산 수령 윤의래가 경천 주막에서 기다려 만났다."라고 기록했다.

순조 때 유배된 정약용 형제는 율정점 주막에서 하룻밤을 함께 지내고 각자의 유배지로 떠났는데, 때로 주막도 없는 곳에서 날이 저물어 민가에 하룻밤 재워 주기를 간청하였다가 거절당하기도 했다고 한다. 경종 때 양산의 어느 촌부는 유배인의 유숙을 허락하지 않았다가 15년 후 그가 해배되고 아경(종2품 벼슬)이 되어 돌아와 괘씸죄로 봉변을 당한 적이 있다는 일화도 전한다.

또한 신현의 《성도일록》에 순조 19년(1819) 8월 "정약용이 가까운 여점에 왔다기에 가서 만나 보고 함께 집으로 왔다."라는 기록이 있는 것으로 이때에도 여점(객점, 오가는 길손이 음식을 사 먹거나 쉬던 집)이 있었던 것으로 보인다.

또한 유배인들은 유배지에서 자신들이 먹고 입을 것을 준비해 가야 했다. 그래서 유배를 떠나기 위해 논밭 등의 가산을 정리한 사람들도 있다. 선조 24년(1591) 광해군의 세자 책봉을 건의했던 정철이 실각하자 그 일당으로 몰린 판중추부사 홍성민은 함경도 부령에 유배되었다. 이에 그는 유배 길을 떠나기 위해 말 6필, 음식, 옷가지 등을 장만하려고 가산을 정리하였다. 명종 때 양재역 벽서사건에 연루되어 제주에 유배 명을 받은 유희춘은 유배 길을 떠나기 위해 논밭을 팔았다.

벼슬을 하지 않은 유생과 평민 등은 유배지까지 드는 행자(길을 오가는 데 드는 비용)를 자기 돈으로 충당했다. 유배 길의 비용은 대개 스스로 부담하는 것이 원칙으로, 압송관의 경비도 어느 정도 부담하는 것이 관례였다. 이렇게 유배인에게 징수한 비용을 부비채라고 하는데, 호송 책임자가 서리나 나장일 경우 두드러졌다.

보통 유생이나 평민 등이 유배 길에 오르면 자신이 준비한 말 1필로 유배지까지 가야 했다. 말을 준비할 돈이 없으면 걸어가는 일도 종종 있었다. 더구나 호송 관원에게 대접을 소홀히 하면 그만큼 유배 길이 고달프기 마련이었다. 그래서 재산이 넉넉지 못한 이들의 경우에는 큰 부담이 되었다. 원래 유배인의 호송은 형조에서 담당하는 것으로, 경유지 고을의 역졸들이 번갈아가며 호송을 담당하였다. 따라서 이들의 유배 길은 유배지에서의 비참한 생활 못지않게 유배 길 역시 새벽부터 밤늦게까지 이동하는 강행군이었다.

모든 유배인이 이런 죄인에 걸맞은 대우를 받은 것은 아니다. 최익현 같은 고관 유배인은 수령들이 유배 길에 직접 식사를 대접하기도 하였다. 경종 때 윤양래는 왕의 신체 결함을 함부로 발설한 죄목으로 탄핵을 받아 함경도 갑산으로 위리안치 명을 받았다. 이때 호송관인 의금부 도사는 동행하지 않고 아예 따로 출발했으며, 중도에 험준한 고갯길을 만나자 자신이 타고 가던 가마를 제공하기도 하였다. 이는 유배인이 높은 고관이었을 경우 예우 차원에서 행해지던 배려였으며 다시 관직에 복귀할 가능성이 있어 도망갈 우려가 전혀 없기 때문이었다. 이렇듯 죄인을 호송해야 할 의금부 도사와 유배인이 중간 지점에서 만나기로 약속하거나 심지어는 유배지에서 만나는 경우도 종종 있었다.

　일부 수령들은 유배인에게 술자리를 베풀기도 했으며 심지어는 기생이 마중을 나오는 일도 있었다. 몇몇 유배인은 기생집에서 놀고 가기까지 했다. 선조 22년(1589) 조헌은 시폐를 극론하는 지부상소를 올렸다가 5월 길주 영동역으로 유배 명을 받았다. 그는 유배 길에 안변부사와 활도 쏘고 만찬을 즐기다가 이튿날 술이 깨지 않아 출발하지 못하기까지 했다.

　수령들이 유배인을 접대하는 것은 그가 비록 지금은 정치적 이유로 유배 또는 이배되지만 다시 고위 관리로 등용될 가능성이 높기 때문이었다. 그러나 모든 수령들이 접대를 한 것은 아니었다. 어떤 수령들은 개인적인 이유나 붕당이 서로 다른 경우 유배인에게 식사 한 끼 대접하지 않고 병을 핑계로 모른 체하거나 달랑 편지만 보내는 등 홀대하여 해당 유배인이 상당히 섭섭한 마음을 토로하기도 하였다.

그렇다고 관리들의 유배 길이 마냥 한가한 것만은 아니었다. 유배지까지 도착해야 하는 기일도 정해져 있었는데, 19세기 후반에 편찬된 《의금부노정기》에 의하면 하루에 80리에서 90리(약 32킬로미터에서 36킬로미터) 정도를 가야 정해진 기간 안에 도착할 수 있었다. 그러나 벼슬이 높았던 유배인일수록 이는 잘 지켜지지 않았고, 벼슬을 하지 못한 유생이나 위리안치 등의 무거운 형벌을 받은 관리들은 어느 정도 기일을 지켰다.

따라서 이 기일을 지키지 않았다가 벌을 받은 경우도 있었다. 인조 때 의금부 도사 김정은 좌의정 심기원 등에 의해 왕으로 추대되었던 회은군 이덕인을 압송했는데, 유배 길에 회은군과 더불어 전주에서 이틀이나 머무르며 놀았다는 사헌부의 차자(삼사에서 임금에게 올리는 간단한 상소)로 인해 심문을 받기도 했다.

때론 유배지까지 배도(이틀 길을 하루에 걷게 하는 것)나 삼배도(사흘 길을 하루에 걷게 하는 것)로 압송되기도 하였다. 영조 때 정언 이소철은 칠사를 암송하지 못한다고 하였다가 대정현에 배도로 압송되었으며, 고종 13년(1876) 1월 일본이 강화도에 상륙하여 조약을 요구하자 최익현이 반대 상소를 올렸다가 흑산도에 위리안치되고 삼배도로 압송되는 형을 받았다.

일반적으로 유배형을 받아 유배지가 결정되면 조정에서는 유배인을 호송할 책임자를 배정하는데, 유배인이 관원 신분일 경우 호송 책임은 의금부에서, 관직이 없는 유생, 평민, 천민 등은 형조에서 담당했다. 관원의 등급에 따라서도 호송관이 달랐는데 정2품(판서급) 이상 고위 관원은 의금부 도사, 당상관은 의금부 서리, 당하관은 의금부 나장이 각각 압송하고 유생, 평민, 천민 등은 형조에서 역에 인계하면 지나는 고을의 역졸들이 번갈아가며 유배지까지 압송하여 고을 수령에게 인계하였다.

호송관은 바람, 날씨 등으로 지체될 때에는 바람이 잦기를 기다렸다가 출발하겠다는 장계를 올렸으며, 도착한 뒤에는 해당 수령에게 인계하고 이때 죄인의 성명, 죄명, 보수주인의 인적사항 등을 작성하였다. 이어 호송관이 해당 지역의 관찰사에게 죄명과 도착날짜를 기록하여 보고하면 관찰사는 이를 왕에게 보고하고 형조에 장부를 비치하여 보관하였다. 그리고 유배인들은 보수주인의 호적에 오르며 관아에서는 1년에 한 번 관리 여부를 중앙에 보고하였다.

유배인이 전·현직 고관일 경우에는 의금부 관원이 출발날짜를 알려주고 출발할 때까지 편의를 봐주었다. 중종 때 전 영의정 정광필은 의금부 도사가 직접 와서 유배지가 김해라고 알려 주었다. 그러나 유생 이필익과 같이 형조에서 배소단자가 떨어지기를 기다렸다가 배소단자가 오면 곧장 출발하는 것이 보통이었다. 배소단자란 의금부에서 작성한 유배지의 지명이 적힌 종이이다.

유배 길에는 압송 책임자가 따라가는데 보통의 경우는 유배인과 압송 책임자는 가끔 확인만 하고 따로 목적지까지 가서 현지 수령에게 인계하고 왔으며 위리안치 대상이 되는 등 중죄인은 직접 계속 데리고 갔다. 유배인이 고위 관리인 경우 압송 책임자가 같이 가는 것이 거북했으므로 따로 가면서 수시로 확인했던 것으로 보인다.

간혹 압송 책임자나 나졸이 행패를 부린 경우도 있었다. 명종 때 신사무옥에 연루되어 유배 명을 받은 동부승지 이문건에게 압송 책임자

죄인의 압송 조선 말기 형정을 그린 풍속도. 죄인의 압송 장면이 묘사되어 있다.

인 의금부 서리 최세홍이 찾아와 "유배지가 성주로 정해졌으며 오늘 출마패가 나와 내일 출발하니 준비하십시오."라고 말했다. 이에 그는 "최세홍에게 술을 거하게 대접하고 무명 50필 등을 주었으나 요구하는 것이 많아 다 들어줄 수 없었다."라고 회고하였다. 그래서 그랬는지 이문건이 도중에 괴산에 이르러 잠시 아는 집에 머물렀을 때 최세홍이 술에 취해 그를 찾아와 마당에서 망언을 늘어놓으며 시끄럽게 하는 바람에 잘 대접해 보냈다고 한다. 또한 호송관인 최세홍은 그를 직접 압송해야 했지만 계속 동행하지 않고 각자 괴산에 도착하여 날짜만 확인하기로 하고 따로 길을 떠났다. 숙종 때 경흥에 유배 명을 받은 유생 이필익의 경우 유배 명이 내리자 한밤중에 의금부 나졸이 찾아와 술, 의복, 쌀, 포 등을 요구하여 친구들이 쌀을 주었다고 한다. 원래 벼슬하지 않은 유배인의 압송은 형조 소관이었는데 의금부 나졸이 먼저 행패를 부린 것이었다.

유배 길에 아전들의 무시를 받거나 유배지가 바뀌는 일도 일어났는데 유생 이필익은 함흥에서 아전들의 무시를 받았다가 그곳 판관이 잘아는 동년배여서 아전들이 사죄하기까지 하였다. 13일 만에 귀문관에 도착했으나 그는 유배지가 안변으로 변경되었다는 관문서를 받아 다시 남쪽으로 발길을 되돌렸다.

한편 압송관 없이 홀로 유유자적 유배 길을 떠난 사람도 있다. 태종은 세자 폐출에 반대했던 황희를 파주에 유배하였다가 1년 후에 남원으로 이배 명을 내리면서 부인, 노모와 함께 편리한 대로 떠나도록 하라고 하였다. 이어 사헌부에 명하여 압송하지 말도록 조치를 취해 주었다. 그는 의금부 도사에게 압송되지 않고 자유롭게 부인과 노모, 종들과 함께 남원으로 향했는데 이런 경우는 매우 드물었다.

유배 길에 압송관에 의해 또는 사주를 받고 유배인을 죽이려고 하는 경우도 있었다. 유배인들은 대개 옥에 갇혀 있다가 유배 명을 받아 길을 떠나거나, 유배인의 거주지에 압송관이 와서 알려 주면 유배지로 향하였다. 배소에서 다른 곳으로 이배되기도 하였다.

공민왕은 충혜왕의 서자 석기를 수정사에 유배시키라는 명을 내렸는데, 한 관리가 압송관에게 그를 유배 길에 몰래 빠뜨려 죽이라는 밀명을 내렸다. 우왕 5년(1379) 마경수는 양민을 노비로 만들어 집에서 부렸다가 발각되어 하옥되었는데, 때마침 재난이 일어나 그것을 핑계로 재상들이 그를 석방하고자 하였다. 이에 이인임은 그를 풀어주고 대신 그의 토지를 군용으로 삼으라고 간했다. 그러자 최영이 이미 정한 법이 있으므로 마땅히 따라야 한다고 하여 결국 그는 장을 맞고 유배 가는 도중 죽었다.

공양왕 3년(1392) 정몽주가 살해된 뒤 정몽주 일파로 몰린 첨서밀직사사 이종학과 동지춘추관사 이숭인 등은 삭탈관직되고 유배 명을 받았다. 이에 이종학은 함창으로, 이숭인은 멀리 유배되었다. 이어 조선이 개국하면서 정도전은 손흥종을 시켜 이종학을 살해하려고 하였는데, 그의 문생인 김여지의 비호로 목숨을 건졌으나 장사현으로 이배되던 중 무촌역에서 교살되었다. 결국 이숭인도 정도전이 보낸 황거정, 손흥종에 의하여 배소에서 교살되었는데 정도전과 이숭인은 목은 이색의 문하에서 같이 수학한 동문이었다.

연산군 4년(1498) 무오사화 때 이조참의 홍한은 김종직의 문인이라 하여 경흥으로 유배 명을 받아 가는 도중 정평에서 죽었고, 중종 16년(1521) 이충건은 신사무옥에 연루되어 청파역에 유배되어 가는 도중에 사망하였다.

이렇게 유배 중에 죽는 경우는 대개 심한 고문을 받은데다 유배 명을 받고 나서 장 1백 대를 맞았기 때문이었다. 이것을 당시에는 '장독'이라 하였는데, 요즘 의학용어로는 '횡문근 융해증'에 해당한다. 만성 신부전증이 나타나 근육이 녹아내리는 병으로 심지어는 목숨까지 잃게 되는 무서운 병이다.

고문의 후유증으로 유배지로 출발하지 못한 사람도 있다. 광해군 3년(1611) 별시문과에 응시한 임숙영은 유희분 등 왕실의 외척들이 정사를 그르치고 있다고 비판한 대책문이 말썽이 되었으나 전 우의정 심희수의 덕으로 어렵게 급제하였다. 그러나 광해군이 그 내용을 문제삼아 합격을 취소하였다. 권필은 이에 분개하여 "성 안에 있는 벼슬아치들이 봄볕을 받아 아양을 떨고 있네."라는 시를 썼다. 이로 인해 그는 친국을 받고 해남으로 유배 명을 받았다. 그러나 평소 몸이 약했던 데다 매를 심하게 맞는 바람에 집으로 돌아가던 길에 잠시 동대문 밖 민가에 머물렀다. 이 소식을 들은 친구들이 몰려와 슬퍼하며 송별주로 막걸리를 마셨다. 결국 그는 조금 마신 술에, 고문으로 인한 장독이 온몸에 퍼져 죽고 말았다.

명종 즉위년(1545) 을사사화 때 장령 정희등은 윤원형 등 소윤 일파가 윤임 등 대윤 일파를 제거하려 하자 이를 반대하였다가 혹독한 고문을 당하고 용천으로 유배 명을 받았다. 이에 그가 유배 길을 떠나게 되자 모친은 아들이 살아서 돌아올 것 같지 않아 위로의 말을 전했는데, 유배 가던 길에 곤장을 맞은 여독으로 죽었다. 그의 부친 정구는 기묘사화가 일어나자 발의 연골뼈가 붙어 일어설 수 없다고 칭병하여 벼슬을 마다하며 18년 동안이나 거짓으로 앉은뱅이 노릇을 한 집념의 선비였다.

유배 도중 사사되는 경우도 있었다. 명종 즉위년(1545) 을사사화로 인해 원상 유관은 윤임, 유인숙과 함께 삼흉으로 몰려 종사를 위태롭게 하였다는 죄목으로 유배 길에 올랐다. 유관은 서천으로 유배되어 가던 도중 온양에서 사사되고, 우찬성 유인숙은 무장으로 유배 가던 도중 진위갈원에 이르러 사사되고, 좌찬성 윤임은 남해로 유배 가다가 충주에 이르러 사사되었다. 명종 3년(1548) 대사헌 구수담은 권신 이기를 탄핵하다가 삭탈관직되고 갑산에 유배되었는데 끝내 명종 5년(1550) 여름 대간의 탄핵으로 사사되었다.

그러나 적소에 도착하자마자 해배되어 다시 벼슬 길에 나간 사람도 있다. 순조 때 세도정치에 반대하다 축출된 이서구는 형조판서 등의 벼슬에 제수되었지만 출사하지 않았다. 그러다가 순조 20년(1820) 3월 호남 지방이 연이은 흉년으로 위기에 처하자 안동 김씨 세력은 이서구를 호남 감사로 임명하였다. 그러나 그는 이를 거부하여 전라도 삼례에 유배되었다. 그러자 곧 다시 안동 김씨 세력에 의해 그는 호남 감사로 부임하였다.

유배지가 제주도인 경우 배를 타고 나가다 사고를 당하는 경우도 많았다. 폭풍으로 바다에 빠져 죽는 일도 있었지만 유구, 일본, 중국, 필리핀 등에 표류하거나 심지어는 왜구의 습격을 받기도 하였다.

성종 때 제주 추쇄경차관으로 파견되었던 최부가 부친의 사망 소식을 듣고 순풍을 기다리지 않고 급히 출발했다가 중국으로 표류하기도 할 만큼 당시의 해양 기술로는 제주도의 거친 풍랑을 감당하기 힘들었다.* 인조 때 제주의 정의현에 유배된 인성군의 아들 이건이 "순풍을 만나면 조그만 돛단배라도 아침에 출발하면 저녁에 도착할 수 있으나 순풍이 아니면 송골매나 매의 날개가 있다고 해도 건널 수 없다."라고 표현할 만큼 제주 유배 길은 험난했다. 표류하다가 실종되기도 하고 해배되어 벅찬 마음으로 귀향하다가 왜구를 만나 목숨을 잃는 경우도 있었다. 실제로 전 대사간 유헌과 선전관이었던 김양보는 중종반정으

---

* 박제가의 『북학의』에는 "나무 틈에서 새어나오는 물이 배에 항상 가득하다. ……또 배를 강에 정박시키는 곳에 다리를 놓지 않아 사람은 업혀서 건너고 말은 껑쩍 뛰어 배에 들어가게 된다."라고 기록되어 있어 당시의 조선술과 포구의 모습을 짐작할 수 있다. 때문에 제주에서는 바닷물에 오래 띄워두어도 적지 않은 구상나무로 배를 만들었으며, 나무못은 잘 부러지지 않는 한라산 계곡의 술피나무를 사용하였고, 소나무껍질을 구워 빻은 뒤에 물에 섞어 석회처럼 틈새나 나무못 주위에 발라 배에 물이 스미지 않게 하였다.

로 해배되어 출륙하다가 왜구에게 목숨을 잃었다. 제주에 유배된 김정희는 도착한 날 "죽을 고비를 넘겨 겨우 다다르니……"라는 시를 쓰고, 동생에게는 무사히 제주에 도착하여 무척이나 안도했다는 편지를 보내기도 했다.

제주로 향하는 유배 길은 대개 전남의 해남, 강진, 영암에서 유인선을 타고 출발하여 보길도나 소안도, 진도를 거쳐 제주의 별도포(화북)에 도착하는 경로였다. 이는 별도포가 유배인을 제주목으로 인계하는 가장 가까운 포구였기 때문이었다. 그러나 항해 경로가 반드시 정해져 있는 것은 아니었고, 그때의 상황에 따라 출발지와 종착지가 변동되었다. 유배인이 제주목에 인계되면 제주목, 대정현, 정의현 등 지정된 고을로 분산되었는데 왕족이나 고관이었던 인물은 주로 제주 성내에 안치되었다.

유배 길을 떠나는 유배인의 심정은 당해 보지 않은 사람은 상상도 하지 못할 정도로 두려웠을 것이다. 배소에서도 하루하루 불안한 나날을 보낼 수밖에 없었던 것은 앞일을 그 누구도 예측하거나 장담할 수 없었기 때문이리라. 명종 때 노수신은 순천에서 진도로 이배 가던 중에 평소 그를 흠모하여 유배 길까지 따라온 지두로부터 위로의 술잔을 받자 착잡한 심정을 다음과 같이 읊었다.

"내 몸은 앞으로 어이 될는지 알 길 없는데, 저기 보이는 남녘 바다는 넓기만 하구나."

죄지은 자가 사는 곳, 유배지

유배지의 역사를 보면 중국이 우리의 영역에 유배인을 보낸 적이 있다. 한나라가 멸망한 후 삼국 시대 위나라가 하후현 일족을 낙랑군에 유배시킨 것이 최초라 할 수 있다. 그 후 고려 때 원나라와 명나라에서 제주도, 대청도 등에 유배인을 보냈다. 원종 12년(1271) 몽골의 쿠빌라이 칸이 국호를 중국식으로 원이라 하고 세조라 칭했다. 원종 14년 (1273) 삼별초의 난이 진압된 후 원은 제주를 자국에 예속시켜 탐라국 초토사를 설치하고 원종 16년(1275) 2월 최초로 제주 섬에 도적 100여 명을 보내기 시작했다. 이후 죄인 73명, 황족, 신하 등을 계속 유배 보냈다. 이후 충렬왕 6년(1280) 원 세조의 황자 애아적이 대청도에 유배되는 것을 시작으로 황족 활활알, 발라, 명종의 아들 토곤테무르(훗날의 순제) 등이 유배되는 등 원나라는 63년 동안 황족, 신하, 죄인 등을 고려로 유배 보냈다. 그러나 원나라가 유배지로 삼은 것은 고려에 국한된 것은 아니다. 안남(베트남), 점성(캄보디아), 면국(버마) 등도 유배지로 활용되었다.*

19세기 후반에 편찬된 《의금부노정기》에 의하면 우리나라에서 유배지로 활용된 곳은 336개 고을에 달한다. 가장 혹독한 곳으로 꼽힌 유배지는 한양에서부터 거리가 멀고 지세가 험준한 북쪽의 삼수, 갑산 같은 변경 고을이나 외딴섬인 흑산도, 추자도, 제주도 등이었다. 관리들조차 이 지방의 수령이 되는 것을 그리 달갑지 않게 여겨 어영부영 세월만 보내고 가렴주구를 일삼으며 지방민의 고혈을 착취하는 경우도 적지 않았다.

우리나라를 일컬어 3천 리 금수강산이라고 하는데, 여기에서 3천 리는 한양에서 함경도 온성까지 약 2천 리, 전라도 해남의 땅끝마을까지 약 1천 리를 합해 부르는 말이다.

유배지 배정은 의금부에서 했는데 연산군의 경우처럼 "제주에 유배하라."라고 임금이 지정하는 경우도 있었지만, 대개 유배 명이 내려지면 신하들이 유배지를 결정해 초기(간단히 적어 올리던 문서)를 올린 후 그것을 하교하는 방식이었다. 때문에 한양과 가까운 강화도나 교동도는 주로 왕족들을 보내었고, 임금이 크게 노한 경우는 북쪽 두메산골이나 섬 등이 유배지로 정해지곤 했다. 거주지 인근 고을에 형식적으로 유배되는 경우도 있었다. 때로는 유배지를 바꾸라는 명이 내려지는

---

* 반대로 우리나라 사람으로 중국으로 유배된 인물도 있다. 무신 김방경은 원나라에, 파평군 윤이, 중랑장 이초 등은 명나라에, 이경석, 흥선대원군 등은 청나라에서 유배살이를 했으며, 그밖에 일본에 유배를 간 인물도 있다. 바로 조선 말기 최익현과 의병 홍주 9의사 등은 대마도에 유배되었으며, 김옥균, 유길준 등은 일본 땅에 유배를 갔다.

경우도 있었는데, 성종은 폐비 윤씨를 사사한 이튿날 그녀의 가족들에게 유배 명을 내리고 난 후 이와 관계된 문서들을 훑어보고 윤후의 유배지를 진도에서 제주로 바꾸게 하였다.

중죄인은 삼수, 갑산과 같은 함경도 변경 고을이나 절해고도인 섬으로 보내졌는데, 주로 흑산도 등 다도해의 여러 섬과 추자도, 제주도가 유배지로 선정되었다. 섬은 육지와 바다로 격리되어 있어 유배인의 적소 이탈을 막을 수 있으며 물자도 궁하고 생활 여건도 열악하여 유배인들의 생활을 옥죄는 최적지였기 때문이다.

본토에서 가장 멀리 떨어져 있는 제주는 유배되는 것을 특히 꺼린 곳으로, 조선 시대에는 사형을 감하여 보내는 유배지 중의 유배지로 꼽혔다. 이 때문에 제주는 원악도 또는 유배 1번지라고 불렸다. 그래서 죄명이 특중한 자 이외에는 정배하지 않았다.*

조선 태조 즉위년(1392) 8월 공양왕이 간성군에 유배되었을 때 공양왕의 두 부마 단양군 우성범, 진원군 강회계와 대제학 한천 등이 태조를 제거하려고 모의했다 하여 참형을 면하지 못하게 되었다. 한천은 종질인 한상경의 도움으로 목숨만을 간신히 구명해 제주 정의현에 유배되었는데, 그가 조선 시대 제주에 최초로 유배된 인물로 그 후 약 2백여 명이 유배되었다. 제주목에 유배되었던 김춘택은 "제주는 벼슬온 수령들조차 두려워하고 슬퍼하는데 유배인에게는 더할 나위가 없다."라고 하였다.

---

* 1911년 5월 일본은 이승훈이 안중근의 동생 안명근의 활동에 관련되었다 하여 그를 제주목에 유배시켰는데, 그해 9월 신민회 사건에 연관되었다 하여 1개월 만에 다시 한양으로 이송시켰다. 그가 제주에 유배된 마지막 인물이다.

때문에 아무리 중죄를 지은 유배인들이라도 열악한 섬에 평생 버려진다는 것은 너무 가혹하다 하여 고종 2년(1865)에 만들어진 《대전회통》 형전에는 흑산도, 추자도, 제주도 등 섬 지역에는 유배인을 보내지 말라고 규정하고 있다. 그러나 그 후 최익현, 김윤식 등 여전히 제주도로 유배되는 사람이 있었다.

유배인은 유배지의 수령이 적소에 보내어 관리하는 것이 원칙이었다. 그러나 왕족이나 중신 등의 정치범 외에는 그냥 유배지에 방치하여 지방민과 혼거하는 일이 많았으나 기록이 거의 없어 자세한 내용은 알 수 없다. 다만 중인 계급인 안조원 등이 남긴 유배가사를 통해 당시의 유배 생활을 엿볼 수 있을 뿐이다.

죄인이 유배지에 보내질 때 은전을 베풀어 가족이 따라가는 것을 허용하기도 하였다. 조선 태조 때 출사를 거부하다가 정몽주 일파로 몰려 제주에 유배된 김경흥은 고령인 점이 참작되어 가족이 따라가는 것이 허락되었으며, 숙종 때 송시열도 제주에 유배될 때 형제, 직계가족, 조카, 노비 등이 따라갔다.

조선 시대의 법전인 《대명률》에는 가족 동반을 허용한 규정이 있어 유배지에 가족을 데리고 가서 살 수도 있었지만 막상 현실은 그러하지 못하였다. 실제로 연산군 때 이세좌가 영월에 유배될 때 아들 이수정이 마음대로 부친을 따라갔다는 이유로 체포되어 국문을 받고 유배된 일도 있었다.

광해군 때 김덕함은 사천 배소에 부인과 가족이 찾아왔으나 관아에서 "위리안치된 죄인의 도리와 체면은 의금부의 옥과 같으니 가족과 함께 혼거할 수 없다."라고 하여 가족을 배소에 들여보내지도 못했다.

《대전회통》 1865년에 편찬된 조선 시대 마지막 법전. 《대전통편(大典通編)》 체제 이후 80년간의 수교(受敎), 각종 조례(條例) 등을 보첨, 정리했다.

그는 이항복이 "지금 어떤 나랏일이건 마음 놓고 맡길 수 있는 사람은 김덕함, 장만, 이시발 밖에 없다."라고 한 인물로, 인조반정으로 해배 되어 대사헌에 올랐으며 청백리로 뽑혔다.

그러나 어떤 유배인은 유배를 온 것인지 유람을 온 것인지 구분이 안 될 정도로 그곳 선비들의 후한 대접을 받으며 이곳저곳을 두루 유 람하기도 하였는데, 철종 4년(1853) 함경도 명천에 유배된 홍문관 교 리 김진형과 고종 10년(1873) 12월 제주에 유배된 최익현 등이 이에 해 당한다. 왕명에 의해 특별히 배려해서 보호를 받는 경우도 있었다. 영 조는 동왕 25년(1749) 10월 종친 이승이 제주에 유배될 때 고을의 수령 들에게 약품을 지급하라는 하교를 내렸다.

정치적 유배인은 주로 부인을 대동하지 않고 아들이나 노복 정도만 데리고 갔기 때문에 유배지에서 소실을 얻거나 정착하기도 하였다. 그 러나 소실과의 사이에서 자녀를 두었어도 해배되면 대개 처자는 두고 혼자만 귀향했다. 대정현에 위리안치된 정온은 소실을 두었으나 인조 반정으로 해배된 뒤 소실과 서자를 대정현에서 불러들였다. 명종 때 노수신은 진도 적소에서 소실을 두어 두아들 3형제를 두었으며, 순조 때 강진에 유배되었던 정약용은 소실을 들여 딸을 두었고 형 정약전도 흑산도에서 소실을 두어 두 아들을 낳았다. 고종 33년(1896) 2월 아관 파천 후 관료들의 체포령이 내리자 도망갔던 외무대신 김윤식은 붙잡혀 12월 제주목에 종신유배되었는데 그곳에서 소실을 들여 아들을 낳았다.

유배지에서 그곳 여자와 결혼한 사람도 있다. 양반 자제가 양인과 결혼을 하기도 하였고 노비로 유배 와 있다가 그곳의 노비와 결혼하여 사는 경우도 있었다.

유배인을 따라간 선비들도 있다. 광해군 시절 이항복이 유배될 때는 첨사를 지낸 정충신이 북청 유배지까지 따라가서 함께 살기도 했는데, 이렇게 벼슬을 지낸 사람이 따라간 경우는 극히 드물었다. 고종 때 최익현이 제주목에 위리안치되어 산수를 유람할 때 이익의 후손 이기온이 동행하기도 하였다.

유배형을 좀 더 자세히 구분하면 천사, 중도부처, 안치 등이 있었다. 그밖에 충군과 위노 등의 형이 내려지기도 했다. 먼저 천사는 고향에서 내쫓는 형벌이다. 두 번째로 중도부처는 관원을 유배시킬 때 어떤 중간 지점을 지정하여 그곳에 머물게 하는 것이다. 부처되는 곳을 구체적으로 밝히지 않거나 기한이 명시되지 않는 것이 특색으로, 즉 일단 먼 곳으로 정해 놓고 중도에서 머물러 살게 하는 것이다. 정언신이 정여립의 역모 사건 때 역적과 친족으로 교분이 가깝다 하여 중도부처되었고, 인목대비의 폐비에 반대한 백사 이항복도 중도부처되었다가 유배지 북청에서 그해 적사하였다. 이시백은 병자호란이 끝난 후 인조

15년(1638) 척화신이라 하여 아들 이유를 심양에 볼모로 보내게 되자 대신 서자를 보냈다가 2년 뒤에 탄로가 나서 여산에 중도부처되었다.

세 번째로 안치는 일정한 장소에 격리시켜 거주의 제한을 두는 것으로 본향안치, 주군안치, 위리안치, 천극안치, 가극안치 순으로 형이 무거웠다. 본향안치는 정치적 배려로 죄인의 고향에 보내는 것이고, 주군안치는 유배지 행정구역 안에서 유배인의 활동을 허용해 주는 것이다. 위리안치는 유배형 중에서도 가혹한 조치로 가족 동반 자체가 금지되고, 집 주위에 가시가 있는 탱자나무로 날카로운 가시울타리를 겹겹이 쳐서 일종의 벽을 설치하였다. 이는 외부와 완전히 차단시켜 집 밖에 나오지 못하도록 격리 조치한 것이다.

이세보의 유배일기인 《신도일록》에는 위리안치되는 처소를 만드는 과정이 기록되어 있다.

"군인들을 지휘하여 땅을 파고 기둥을 세울 때 궁동(혹한)이라 땅이 얼어 파기가 어려워 큰 도끼로 땅을 베고 쇠꼬챙이로 뚫기를 탁탁 하니 그 소리에 담이 떨리고 기운이 죽어 차마 듣지 못할러라. 처마 밑에 빽빽이 가시덤불을 세우고 울 틈으로 작은 문을 내고 문 위에 작은 구멍을 하나 내었으니 겨우 한 사람 음식을 통하여 출입하게 함일러라."

실제로 중종 때 온성에 위리안치된 기준의 적소에 쳐진 가시울타리는 높이가 약 4, 5길(약 10미터)이었고, 경종 때 명천에 유배된 윤양래의 적소에 쳐진 울타리 높이는 5길(약 12미터), 정조 때 흑산도에 유배된 김귀주의 적소에 쳐진 울타리 높이는 3길(약 7.2미터)이었다.

이렇게 가혹한 감금 생활은 유배인들을 탈출의 유혹에 빠뜨리기도 했다. 선조 2년(1569) 보성군에 안치된 신의가 감시가 소홀한 틈을 타

탈출하여 남의 애첩 몸에 손을 대다가 의금부에 압송되었으며, 인조반정으로 폐세자가 된 이지는 강화도에 위리안치되자 땅굴을 파고 탈출하다 나졸들에게 붙잡히기도 하였다.

천극안치는 왕의 특지로 중죄인을 유배할 때만 적용하였는데 이는 중죄인을 가율(형벌이 더 무거워짐)시켜 기거하는 방의 둘레를 탱자나무로 두르고 그 바깥을 다시 가시울타리를 둘러쳐서 출입을 제한하였다. 가극안치는 적소 둘레를 가시덤불로 둘러치고 그 안에 죄인을 가두었는데 역시 가혹한 격리 조치로, 주로 흑산도 등 다도해의 여러 섬과 추자도, 제주도에 유배되는 인물들이 처해지곤 했다.

그러나 위리안치, 천극안치, 가극안치는 실질적으로는 모두 같다고 할 수 있다. 또한 원칙일 뿐으로 항상 집 울타리 안에서만 갇혀 있었던 것은 아니었다. 실제로는 지방관에 따라서 적절히 울타리 밖을 나다니게 해 주는 경우도 있었다. 유배인이라 해도 대부분 정국이 변화함에 따라 해배되어 다시 벼슬 길로 나갔기 때문이다. 유배인들의 생활은 신분과 상황에 따라 천차만별이었다.

숙종 때 노도에 위리안치된 김만중은 때로 적소에서 나와서 뒷짐을 지고 돌아다니거나 바다를 하염없이 바라보아 노도 사람들이 경상도 사투리로 '노자묵고 할배'라고 불렀다고 한다. 이 말은 '할 일 없이 놀고먹는 사람'이라는 의미였다. 반면에 정조 때 제주목에 위리안치된 조정철은 집 밖에 나오지 못하는 등 핍박을 받았다.

네 번째로 충군은 죄를 범한 자를 군역에 복무하게 하는 형벌로 신분의 고하와 범죄의 경중에 따라 차등이 있었다. 대개의 경우 군역 가운데 고되고 천한 수군이나 국경 지대를 수비하는 군졸로 충당시켰는데, 조선 시대에는 장 1백 대가 부과되었다.

고려 우왕 초에 삭방도 도순문사 김선치는 투항해 온 일본 해적 후지의 무리를 유인하여 죽이려다 실패하여 충군되었다. 조선 태조 6년(1398) 이방원이 제1차 왕자의 난을 일으켰을 때 정도전의 장남 정진만은 삭탈관직되어 전라도 수군으로 충군되었다. 정도전이 죽으면서 아들들은 살해되거나 자살했는데, 그는 안변 성왕사에 머물고 있어 화를 모면했던 것이다. 정종 때 첨절제사 조사의는 신덕왕후의 친척이라 하여 삭탈관직되고 서인으로 강등되어 전라도 수군으로 충군되었다. 그러나 태종은 즉위 후 태상왕인 태조의 환심을 사기 위해 그를 해배시켜 안변 부사로 복권시켰다. 그러나 그는 후에 태상왕의 지지로 호족들을 규합하여 난을 일으켰다가 진압되어 아들 조홍과 함께 한양에 압송되어 처형되었다.

세종 때 병조참판 강상인은 군사 업무를 보고하라는 상왕(태종)의 명을 어겼다 하여 지방에 관노로 유배 갔다가 해배되었으나 다시 참소를 받아 옹진에 충군되었다가 거열형에 처해졌다.

연산군 때 내관 김순손은 연산군의 부도덕한 행위를 간하여 대정현에 충군되었다. 명종 10년(1555) 5월 이희손은 수십 척의 왜선이 전라도 연안을 침공해 왔을 때 왜구들에게 패한 죄를 추궁받아 제주에 충군되었다. 그런데 이듬해 5월 왜선 40여 척이 제주를 습격하여 별도진을 점령하고 제주성을 포위했다. 이때 이희손은 큰 무공을 세워 유배형이 면죄되어 한양 도성 수비 책임자인 오위장에 발탁되었다.

인조 5년(1627) 1월 정묘호란이 일어났다. 의주성을 지키던 의주 목사 이완은 청군에게 사로잡혀 피살되었으며 정주의 능한산성도 포위되어 선천 부사 기협은 전사하고 저항하던 군사들은 모두 살해되었다. 이때 정주 목사 김진과 곽산 군수 박유건은 청군에게 투항하여 가솔들과 함께 사로잡혀 삭발당하고 포로로 끌려갔다.

청 군사들은 포로들의 머리카락을 깎았는데 이는 자신들의 소유라는 의미였다. 그 후 강화가 성립되어 귀국한 김진은 육진에 충군되었다. 숙종 3년(1677) 2월에는 증광시 회시 고사장에 대리시험을 보는 자가 지나치게 많이 들어와 결국 적발되어 파방하고 현장에서 잡힌 자는 모두 충군되었다. 또한 고종 때 과거시험에서 제주 출신에게 특전을 주었던 점을 악용하여 출신지를 속여 과거에 응시했던 박용원, 구성희 등이 대정현에 충군된 일도 있다.

영조 때 은언군과 은신군 두 형제가 빚을 갚지 않다가 유배되자 두 형제의 외조부 송문명이 연좌되어 대정현에 충군되었다. 문체반정 실시로 정조 19년(1795) 8월 영란제(성균관 유생이 왕의 행차를 맞이하여 글을 짓는 행사)에 응시한 이옥은 문장이 불경스럽고 문체가 괴상하다는 이유로 정거되었다가 충청도 정산현에 충군되었다. 그해 9월에 있던 과거시험에 다시 응시하였으나 이번에는 문체가 온화하지 못하다는 이유로 경상도 삼가현(합천)으로 충군되었다.

다섯 번째로 위노형은 노비를 만드는 것인데, 벼슬아치가 위노형으로 관노가 되기도 하였다. 예종 때 봉상첨정 민수는 사초를 고쳤다가 제주목에 관노로 유배되었다. 연산군 때 선전관 김양보는 깃발과 북으로 군대를 지휘하는 신호법 형명을 쓰라는 연산군의 말에 모른다고 하였다가 진노를 샀다.

"무어라? 모른다고? 너는 왕을 능멸한 놈이다. 이놈을 당장 장 1백

을 치고 제주 삼읍 중에서 제일 먼 변방의 관노로 삼고 영불서용(永不
敍用, 파면된 관리를 다시 등용하지 않는 것)하라."

이에 그는 대정현에 유배되어 관노가 되었다. 그러나 이태 후 중종
반정으로 풀려났는데, 바다를 건너다 왜구를 만나 살해되었다.

이렇게 충군과 위노형 등은 대부분 대정현에 유배시켰다. 게다가 정
치적 중죄인도 이곳에 유배되었는데, 이는 조정의 관점에서 멀고도 먼
두메로 생각했기 때문이다. 이렇게 대정현은 제주에서도 최악의 유배
지였다. 실제로 이곳은 지대가 낮고 습해서 뱀과 독충이 많고 장마가
자주 있으며 바람이 거세고 안개가 지독하였다. 광해군 때 대정현에
위리안치된 정온은 "죄지은 자가 살기엔 정말 딱 들어맞구나."라고 탄
식하기도 했으며, 영조 때 임징하 역시 "대정 땅을 밟아 보지 않고 어
찌 유배살이의 어려움을 알겠느냐."라고 읊었다.

유배형 중에는 유폐라는 것도 있었다. 이는 죄인을 깊숙이 가두어
둔다는 의미로 보통 폐위된 왕들에게 적용되었다. 유폐된 왕들의 적
소 주변에는 군사들이 지키면서 경비 책임자의 허락 없이는 어느 누
구도 출입하지 못하게 했다. 후백제의 견훤은 넷째 아들 금강에게 왕
위를 물려주려고 하다 장남 신검에 의해 금산사에 유폐되었다. 또한
고려 원종 10년(1269) 6월 임연은 왕을 폐위하여 민가에 유폐시키고,
친동생 안경공 왕창을 왕으로 추대하려다 몽골의 간섭으로 무산된 적
도 있었다. 왕이 아닌 사람으로는 드물게 중종 때 온성에 위리안치된
기준의 배소 바깥에 사령(관아의 심부름꾼)들이 작은 막사를 지어 경비
를 한 적이 있다. 대부분 폐위된 왕들에게는 유폐 후 얼마 지나지 않
아 사사하라는 명이 내려졌다. 심지어 고려 목종은 유배를 가는 도중

에 죽었다.

그동안 잘 알려지지 않았지만 대한제국의 순종도 일본에 의해 유폐되었다. 1926년 4월 순종은 죽기 전 궁내부대신 조정구에게 구술로 유조를 내렸는데 그 내용이 그해 7월 8일 자 미국 교포신문 샌프란시스코 〈신한민보〉에 실렸다. 여기에는 "강린(강한 이웃, 즉 일본)이 역신의 무리와 더불어 제멋대로 선포한 것이요, 오직 나를 유폐하고……."라는 내용이 포함되어 있다.

유배지에서의 생활은 대개 독서로 소일하거나 지방 유생과 자제 들을 훈학하는 일로 이루어졌다. 대부분의 유배인들이 조정 관리로 당대 지식층이었기 때문이다. 따라서 유배는 당사자에게는 '시간을 흘려보내야 하는' 괴로운 형벌이었지만 그 지역 자제들에게는 과거에 합격했거나 천거된 관리들에게 배울 수 있었으니 최고의 혜택이기도 하였다. 그래서 유배지의 토호들은 재력을 바탕으로 유배를 온 사대부의 생활에 도움을 주고 자식들의 글공부를 부탁하는 경우가 많았다. 정약용이 《목민심서》에도 지적했듯이 아전들 중에는 고관 벼슬을 했던 유배인이 오면 생필품을 제공하는 등 대접을 잘해 두어 나중에 해배되어 다시 관직 생활을 하게 될 때를 대비하였다. 여기에는 그 지역의 토호들도 가세하였는데 실제로 막강한 권력자가 유배 오면 지방의 유지들이 서로 잘 모시려고 했다고 한다.

유배인들의 생활은 귀양 간 사람이나 지역마다 천차만별이었다. 보통 정치범 등이 유배지에 도착하면 관아에서 묵을 집을 지정해 주었고, 보수주인은 유배인에게 숙식을 제공하고 감시자의 역할도 수행하여 각종 역을 면제받았다. 특별한 인물을 제외하고는 일반적으로 관아에서 유배인의 행동을 크게 간섭하는 일은 없었다.

그렇지만 유배지의 사람들은 보통 유배인을 반가워하지 않았고, 일부는 심하게 구박하는 경우도 있었다. 특히 신분이 양반이 아닌 중인인 경우는 푸대접을 받았다. 정조 때 대전별감 안조원은 비리 혐의로 추자도에 유배되었으나 어느 집도 그를 맡으려 하지 않아 관원이 강제로 머물 집을 지정하였다. 그러자 그 집 주인이 싫어하여 그는 방에도 못 들어가고 지붕 처마 밑에서 새우잠을 잤다. 심지어 고종 때 신지도에 유배된 환관 채구연은 귀양다리라고 놀림을 받으며 동냥을 얻기도 했다.

정조 때 완도군에 유배된 이방익은 "적소에 파리 떼가 지긋지긋하고 방에는 벼룩, 빈대, 모기가 극성을 부리고 심지어 구렁이, 지네의 형상을 볼 때마다 몸서리쳐진다."라고 배소의 열악함을 호소하였고, 철종 때 신지도에 위리안치된 이세보는 "빈대 벼룩으로 밤마다 네게 뜯겨 한곳도 성한 데 없고."라는 시를 읊기도 했다.

원칙적으로 정치적 유배인에게는 식량 같은 생활필수품을 관에서 공급해 주었다. 그러나 실제로 집집마다 날짜를 정하여 윤번제로 식사 대접을 받게 하거나 고을의 모든 백성들로부터 식량을 거두어 유배인들이 거처하는 집주인에게 주기도 하여 생활이 넉넉지 못한 당시에는 환영을 받지 못하였다.

특히 추자도나 흑산도 등에 유배되면 생활이 더욱 고통스러울 수밖에 없었다. 섬 주민이 많지 않은데다가 농민보다는 어부가 많아 자기살기에도 바쁜지라 유배인들에 대해 소홀해지니, 자연히 푸대접을 받을수밖에 없었다. 그래서 정약용은 황해도 곡산도호부 부사 시절에 집을 한 채 지어 그곳에 유배인들을 모두 거처하게 하고 관아의 종으로 하여금 식사를 해결해 주도록 하였으며 곡식은 관둔전(관아에 속한 토지)에서 생산된 것으로 해결하여 백성들의 부담을 크게 줄였다고 한다.

따라서 원칙적으로 한 고을에는 대체로 유배인이 10명을 넘지 않았다. 그렇지만 그때그때 정치적 상황에 따라 보내어 잘 지켜지지 않았다. 유배인들이 한 고을에 너무 집중되다 보니 주민들이 유배인들을 다른 지역으로 옮겨 달라고 청한 적도 있었다. 영조 33년(1757) 2월 전라도 관찰사 이창수가 "지금도 계속해서 제주목에만 유배인들을 보내고 있어 그곳 백성들의 부담이 너무 큽니다."라고 아뢴 일이 대표적이다.

명종 즉위년(1545) 상주에 유배된 동부승지 이문건은 정기적으로 성주 관청에서 매달 지급되는 삭료(월급)로 쌀, 보리 등을 받았는데 한 달에 두 차례 받거나 6개월 치를 한꺼번에 받기도 하였다. 그는 삭료 지급이 제때 이루어지지 않으면 목사나 판관에게 지급을 요구하였고, 이로 인하여 호장의 관할 하에 있던 색리(곡물 출납 담당 관리)가 징계를 받기도 하였다.

유배지에서의 한은 때로 역모와 복수극으로 이어지기도 하였는데, 연산군 10년(1504) 홍문관 부제학 이과는 연산군의 후원관사(후원에서 활쏘기를 구경하는 일)를 논한 것이 화가 되어 전라도에 유배되었다. 이태 후에 그는 유배지에서 유빈, 김준손 등과 거병하여 진성대군을 추대하려고 모의하였으나 이미 반정이 성공하였다는 소식을 듣고 중지하였다. 정조 때 흑산도에 위리안치된 홍술해는 노복 최세복을 한양 궁궐 배설방의 창고지기로 삼아 정조와 홍국영을 제거하려다가 실패하기도 하였다.

영조 때의 윤지는 유배된 지 20년이 지난 후 고향에 방축되어 30년이 다 되어 가도록 해배되지 않고 관직에 재등용될 가망이 없자 아들과 함께 역모를 모의하다 처형되었다. 이인좌의 난에 관련되었다 하여 제주목에 유배된 소현세자의 증손 밀운군 이훈은 35년간이나 긴 유배 생활을 했는데, 결국 역모에 추대되었다 하여 영조로부터 자결을 권유받고 그달에 스스로 목숨을 끊었다. 22년간 유배 생활을 했던 임사홍은 해배되자 자신의 유배에 앞장섰던 이심원을 아들들과 함께 죽게 하였다.

유배된 울화병으로 2, 3개월 만에 죽은 사람도 있다. 고려 신종 즉위년(1197) 9월 최충헌이 두경승을 자연도(영종도)에 유배시키자 두 달 만인 11월 그는 울분을 이기지 못하고 피를 토하며 죽었으며, 희종 3년(1207) 대장군 박진재는 최충헌이 권력을 독점하고 나누어주지 않는다고 비판하다가 백령도에 유배되자 3개월 만에 울화가 치밀어 죽었다.

적소에 위리안치되어 기약 없이 지낸다면 보통 사람은 매우 견디기 어려울 것이다. 단종의 자형 영양위 정종은 위리안치 생활의 답답함을 이기지 못하여 갑자기 날뛰며 문과 담장을 두드리며 미친 듯이 소리를 지르는 등 광적으로 변하여 몇 달 후에 능지처참되었다. 명종 9년(1554) 거제도에 위리안치된 정황은 배소에서 "먼 변방의 섬도 헤아려 생각하니 고국인데…… 정신병이 도로 심해질까 오히려 마음이 쓰여 걱정스럽다."라는 심회를 시로 읊었다.

적소에서 임의로 이탈한 인물들도 있다. 양녕대군, 유용근, 순화군,

노비 이만강 등이다. 특히 양녕대군은 툭 하면 적소에서 마음대로 이탈하였으나 태종으로부터 벌을 받지 않았으며 세종 역시 너그럽게 대했다. 그는 역사상 유일하게 형식적인 유배를 받은, 가장 자유로운 유배인이었다.

선조 33년(1600) 7월 순화군은 모친 순빈 김씨를 모시던 궁인을 겁탈하였다가 발각되어 사헌부의 건의로 수원에 유배되었다. 그해 10월 그는 그곳 배소에서 이탈하여 형장을 늘어놓고 멋대로 형벌을 가해 향리 두 사람을 거의 죽게 만들었다. 이에 그는 다시 한양으로 불려 올라가 담을 높게 쌓고 유배살이를 했다. 그러나 마음대로 집 밖을 나다니며 여러 사람에게 형장을 가해 물의를 일으키자 선조는 그의 작위를 박탈했다.

반대로 유배인들에게 휴가를 준 적도 있었다. 《세종실록》세종 26년(1444) 7월 기사에는 "이제부터 외지에 중도부처했거나 안치되어 부역에 징발된 자 중에 노부모가 80세 이상이면 1년에 5일 동안 집에 가서 머무르도록 휴가를 주라."라고 하명한 구절이 있다. 그러나 제한적이었기 때문에 중종 때 김정, 기준 등은 노모를 만나러 배소를 이탈했다가 가중처벌을 받기도 하였다.

반면에 유배 생활에 잘 적응한 인물도 있었다. 중종 17년(1523) 모반한다는 무고를 받아 전라도 창평에 유배된 이서는 유배의 암울함과 억울함을 호소하기보다는 자연 속에서 미록(고라니와 사슴)과 벗하며 세월을 보냈다. 또 영조 33년(1757) 1월 관리 윤창후는 고을을 잘못 다스린 죄로 암행어사 윤동승에게 체포되어 함경도 종성(수주)에 유배되었다. 그는 이듬해 5월 해배되기까지 이곳에서 청나라 사람들과 교유하면서 만주어를 한글 발음으로 기재해 놓는 등 유배 생활에 적응하려 애썼다.

유배인들 덕에 그들이 유배를 간 변방 지역에서 학문과 인륜의 씨앗 이 뿌려지기도 했다. 기약 없는 배소에서의 생활은 엄청난 정신적 스트 레스와 고통이 아닐 수 없었을 것이다. 유배인들에게 가장 큰 어려움은 외로움과 하는 일 없이 세월을 보내는 것이었다. 당시 지식층이었던 이 들은 유배지에서 훈학을 하면서 제자들을 기르거나 각종 문학작품, 생 활상 등의 기록을 남겨 학문의 저변 확대에 이바지했다. 유배된 부친이 배소에서 죽자 유배지에 정착한 후손도 있었다.

중종 때 기묘사화로 조광조가 투옥되자 성균관 유생들과 함께 그의 무죄를 호소하다 대정현에 유배된 이세번은 지방 자제들에게 한학을 가르치다가 7년 만에 병사하였다. 이에 부인 황씨와 두 아들이 제주에 와서 장사 지내고 그곳에 정착하여 살았다. 또한 남인의 영수 윤휴가 경신환국으로 처형될 때 이에 반대한 대사간 이하진은 진주 목사로 좌 천되었다가 이듬해 평안도 운산으로 유배되었다. 그는 드물게 부인을 대동하고 내려갔는데, 이듬해 적소에서 아들을 낳으니 그가 바로 성호 이익이다.

허균이 《성수시화》에서 "아계(이산해)는 만년에 평해에 유배되자 시 가 드디어 극치에 이르렀다."라고 하였듯이 많은 유배인들이 유배의 어려움을 딛고 적소에서의 고독한 생활 속에서도 주옥같은 문학작품 과 기록들을 남겼다. 이를 통해 오늘날의 우리들이 당시의 실상을 아 는 데 많은 도움을 받고 있기도 하다.

2부

망국의 왕과 신하들

정치적 유배는 한마디로 코드 유배라고도 할 수 있었다. 정치범들의 경우는 의금부 옥에 갇혀 심문을 받고 유배 길을 떠났는데, 중죄인의 경우에는 왕이 친히 국문을 한 후에 유배를 가곤 했다. 그러나 유배되었다고 해도 죽음의 위협에서 벗어난 것은 아니었다. 당시 정치인들은 사화와 정쟁의 소용돌이 속에서 당파가 다르다는 이유로, 때로는 권력형 비리를 이유로, 때로는 왕의 정통성을 위협한다는 이유 등으로 유배인이 되곤 했다. 그러나 반대파의 거듭된 주청으로 인해 유배지에서 사사되는 경우도 비일비재했다. 유배를 가는 도중이나 배에서 압송되어 한양으로 올라오는 도중에 사사 명을 받기도 했다.

삼국 시대의
마지막 군주들

의자왕 20년(660) 6월 소정방이 이끄는 당나라군 13만이 인천 앞바다 덕물도에 상륙하여 사비성으로 진격하였다. 이에 백제군은 사비 남쪽에서 나당연합군과 전면전을 벌였지만 1만 명의 사상자를 내고 패배하였다.

결국 의자왕은 사비성이 함락되기 전에 태자 부여효와 함께 탈출하여 부소산으로 올라갔다. 이에 뒤를 따르던 비빈과 궁녀들이 적군에게 붙잡혀 치욕을 당할 것을 우려해 부소산 서쪽 낭떠러지 왕포암에 올라 물에 뛰어드니, 이곳을 타사암이라 불렀다고 한다.*

탈출에 성공한 의자왕은 웅진성으로 지휘부를 옮겼다. 나당군을 방어하기에는 평지인 사비성보다 험준한 웅진성이 훨씬 효과적인데다 그곳에는 측근인 예식이 있었기 때문이었다. 그러나 웅진성 방령이자

수성대장 예식의 배반으로 의자왕은 사로잡혀 그해 7월 웅진성에서 소정방에게 항복하였다. 의자왕이 웅진성으로 와 항거한 지 불과 5일 만의 일로, 나당연합군의 공격도 없었다고 한다.《구당서》소정방 편에는 "그 장군 예식이 의자왕을 데려와서 항복했다."라고 기록되어 있다. 신채호의《조선상고사》에는 "웅진성의 수성대장이 의자왕을 잡아 항복하라 하니, 왕이 동맥을 끊었으나 끊어지지 않아 당의 포로가 되어 묶이어 갔다."라고 기록되어 있다.

8월 사비성에서 나당군의 전승축하연이 벌어졌다. 소정방과 태종무열왕은 당상에 앉고 의자왕과 태자 부여효는 당하에 앉았다. 이어 소정방이 의자왕으로 하여금 술을 따르게 하자 백제의 신하들이 목이 매어 울지 않는 자가 없었다고 한다.

그해 9월 왕과 태자 효, 왕자 태, 융, 연 및 신하 93명과 백성 1만 2,870명이 포로가 되어 소정방에게 이끌려 당의 수도인 장안(시안)으로 압송되었다. 이때 이별을 슬퍼하며 백성들이 불렀다는〈산유화〉는 지금도 불리고 있다. 당시 사비성의 인구는 약 5만 명이고 백제의 인구는 약 620만, 76만 호 정도였다.

---

* 그 후 이들을 꽃에 비유하여 이곳을 낙화암이라고 하였으며 꼭대기에는 이들의 원혼을 추모하기 위해서 육각형 모양의 백화정이라는 정자가 세워졌다. 이때 뛰어든 궁녀의 수가 3천 명에 달해 '3천 궁녀'라고 일컬어지나 이는 어불성설이며, 이 용어는 당시에 퍼진 말이 아니다.

낙화암이라는 단어는 고려 말 이곡이 지은 "푸른 바위를 이름하여 낙화암이니."라는 시구에서 처음 등장한다. 그러다가 조선 초 15세기 김흔의 시〈낙화암〉에 '3천의 가무'라 하여 최초로 '3천'의 용어가 보이며, 16세기 민제인의〈백마강부〉라는 시에서 '궁녀 수 3천'이라 하였는데 이 시가 부여 부소산 고란사 옆의 건물에 걸려 있어 이때부터 '3천 궁녀'라는 말이 시작된 것으로 보고 있는데, 이는 문학적 수사로 이해해야 한다는 것이 정설이다. 특히 원래 '3천 궁녀'라는 말은 당나라의 시인 백거이의 시〈장한가〉에 '궁녀가 3천 명 있었지만'이라는 구절에서 유래된 것이며, 조선 영조 때의 궁녀도 700명을 넘지 않았다고 한다.

의자왕은 당나라에 끌려가 낙양 응천문에서 항복식을 했는데 이때 당은 주변 국가에서 사절단을 초청하여 이를 참관하게 함으로써 대내외에 당의 세력과 업적을 과시하였다. 당 고종은 의자왕에게 위로조서를 내리고 "짐은 너를 사면한다."라는 취지의 말을 한 것으로 알려졌는데, 이는 죽이지는 않고 유배(또는 유폐)를 보내겠다는 뜻으로 해석된다.

그러나 의자왕은 항복식 며칠 후 부하의 배신에 대한 분노, 일개 장수인 소정방에게 무릎 꿇은 굴욕감 그리고 항복식에서의 참담함과 자괴감 등으로 갑작스럽게 죽었다. 의자왕의 묘는 낙양의 북망산으로, 손호(오의 마지막 왕)와 진숙보(남조 진의 마지막 왕)의 능 옆에 쓰였다고 전하는데 현재 그 터는 밭이 되어 있다. 2004년 시안에서 발견된 부여융의 셋째 아들 부여덕장의 차녀인 공주의 묘지석에 따르면 백제 왕족의 지위는 그대로 유지된 것으로 보인다. 이러한 예는 고구려 멸망 후 당 고종이 보장왕에게 벼슬을 내려 주어 예우하였으며, 그해 12월 끝까지 굴복하지 않은 연남건을 검주로 유배하고 백제 왕자 부여풍을 오령 이남 지역에 각각 유배시킨 데서 찾아볼 수 있다.

당나라에서 저사란 보장왕

667년 당나라는 이세적을 보내 고구려를 침략했다. 이세적이 이끄는 당나라군은 부여성을 위시한 여러 성을 공략한 뒤 평양성을 포위했다. 이어 김인문이 이끄는 신라군도 합세하여 평양성을 공략했는데, 이때 연남생도 당군의 선봉에 서서 출전하였다.

이에 고구려군은 1년간 평양성을 지켰으나 보장왕은 동왕 27년(668)

9월 연남산을 앞세워 항복하고 말았다. 연남산의 묘지명에는 "한성(평양성)을 지키지 못하여 왕이 화살을 바치고 항복하였다."라고 당시의 상황이 묘사되어 있다.

이때 대막리지 연남건은 성문을 굳게 닫고 지키면서 당군과 싸웠으나 패하였다. 그러나 연남건의 부하 신성 등이 배신하여 당나라 군대와 내통해 성문을 열자 이세적이 성에 불을 지르고 쳐들어왔다. 그러자 연남건은 스스로 찔렀으나 죽지 않아 왕과 함께 포로가 되었고, 고구려는 허무하게 무너졌다.

그달 보장왕, 중신 등과 고구려의 백성 2만 8천 호 20만 명이 당나라로 강제로 끌려갔으며 이후 유민들은 차오양과 라이저우에 머물다가 각지로 보내졌다. 현재 고구려 문화가 가장 짙게 남아 있는 먀오족(묘족)은 구이저우, 윈난, 후난 등에 살고 있는데 지금도 새 깃털다발로 머리를 장식하는 등 고구려와 비슷한 복식과 풍습이 유난히 많다고 한다.

당나라로 압송된 보장왕은 전쟁에 대한 직접적인 책임이 없다 하여 당 고종으로부터 '사평태상백원외동정'에 책봉되었으며, 당나라가 평양에 설치한 안동도호부에 머무르게 되었다. 이는 8년 전에 압송되었다가 갑작스럽게 죽은 의자왕에 대해 당나라 내부에서조차 여론이 좋지 않자 보장왕을 예우해 준 것으로 추측된다. 물론 보장왕을 압송한 것은 고구려를 멸망시켰다는 것을 대내외에 과시하기 위한 것이었다. 이어 당 고종은 연남생에게는 우위대장군과 식읍 3천 호를 내렸으며, 연남산은 항복했다 하여 사재소경으로 제수하고, 신성에게는 은청광록대부의 벼슬을 내리고, 끝까지 항거한 연남건은 검주로 유배 보냈다. 그런데 연남생의 묘지명에 "당 조정에서는 연남건을 바로 주살하려 했으나 공이 형제의 천륜을 느껴 궁궐 문에 와서 예를 살펴줄 것을 청하자 황제께서 살피시어 관대하게 처벌하여 유배되었다."라는 기록이 있는데, 3형제 중 연남건만 배소에서 죽은 것으로 보여 묘지명이 발견되지 않고 있다.

그 후 문무왕 17년(677) 당나라는 이른바 '이이제이(以夷制夷)'라는 고전적인 이민족 제어 방법을 쓰기 시작하였다. 그해 2월 당나라는 요동 지방에 거주하는 고구려인과 말갈족을 회유하기 위하여 장안에 끌려와 있던 옛 보장왕을 요동주 도독 조선군왕에 봉하여 요동으로 보내고, 연남생은 안동도호부의 관리로 파견하였다. 이태 후 1월 연남생이 46세로 안동부의 관사에서 죽어 북망산에 묻혔다. 그가 당군의 고구려 침략에 협력한 부분에 대해서는 "그해 가을 황제가 내린 글을 받들어 연남생은 사공, 이적과 함께 서로 침략하여 점령할 것을 책임지고 바람처럼 달리며 번개같이 곧바로 평양성에 다다라서……."라고 묘지명에 기록되어 있다.

이태 후 신문왕 즉위년(681) 당 고종은 보장왕이 요동성에서 말갈족과 내통하여 모반을 꾀했다 하여 그를 소환하여 쓰촨 성으로 유배시켰다. 일설에는 보장왕의 아들들도 장안에 유배되었다고 한다. 이듬해 보장왕이 적소에서 병사하자 당나라 조정은 시신을 장안으로 옮겨 돌궐의 마지막 왕 힐리가한의 무덤 옆에 묻었다고 전한다.

잇따라 유배되는 고려의 군주들

고려 성종 때 경종 비인 헌애왕후와 그녀의 외척 김치양이 일찍이 정을 통했다는 추문이 일었다. 이에 김치양은 장을 맞고 먼 곳으로 유배를 가게 되었다. 성종이 죽고 경종의 아들 왕송이 18세의 나이로 즉위했다. 그가 목종이다. 그러자 모후인 헌애왕후가 섭정을 하게 되었다. 광종이 황제라 칭하고 헌애왕후가 천추전에 거처하였으므로 헌애왕후를 천추태후라 불렀다.

천추태후는 유배 중인 김치양을 불러올려 우복야 겸 삼사사로 삼았다. 목종은 30세가 되도록 후사가 없었는데, 합문사인 유행간과 유충정을 총애하여 항상 곁에서 정사를 돕도록 하고 음식을 총괄하는 역할을 맡겨 항간에는 동성애를 했다고도 한다. 목종 6년(1003) 천추태후는 김치양과의 사이에서 아들을 낳았고, 이 아들로 목종의 뒤를 잇게 하려 하였다. 이에 태후는 당시 후계로 지목받고 있던 대량원군 왕순을 숭교사로 출가시켜 대립을 막고자 했다. 태후의 반대 세력들은 왕순에게 몰려들었고, 이에 태후는 목종 9년(1006) 그를 신혈사에 유폐하라는 명을 내렸다.

16세의 왕순은 남경(한양)의 삼각산에 있는 신혈사에 유폐되었다. 태후와 김치양이 그를 죽이려고 하였으나 진관대사가 내실 자리 밑에 구멍을 뚫어 놓고 위급할 때 그 속에 숨겨 화를 면하게 해 주었다. 훗날 목종이 죽은 후 현종으로 즉위한 왕순은 자신의 생명을 지켜 준 진관대사의 은혜에 보답하기 위해 신혈사를 증축하고 그 절을 주지스님의 이름을 따서 진관사라 하였다.

목종 12년(1009) 1월 왕이 관등(등불놀이)하는 사이에 원인 모를 불이 나서 천추전까지 연소되었다. 《고려사》에는 "이 화재에 충격을 받은 왕이 병석에 눕자 천추태후와 김치양이 반역을 도모하였다. 이를 눈치 챈 왕은 왕순을 개경으로 불러올리고 동시에 서북면도순검사로 나가 있던 강조를 불러와 자신을 지키게 했다. 그러나 강조가 변심하여 왕을 폐하고 연총전에서 대량원군 왕순을 받들어 즉위식을 거행하니 이가 현종이다."라고 기록되어 있다. 그러나 일부 학자들은 이는 앞뒤가 맞지 않는 서술로, 권력의 정점에 있던 천추태후가 반역을 도모할 이유도 없고 강조가 병석에 누운 왕을 쫓아낼 이유도 없으며, 게다가 왕순에게 양위하려고 한 목종을 왕순을 추대하기 위해 쫓아낼 필요도 없다고 본다.

결국 실권을 장악한 강조는 김치양 부자, 유행간 형제 등을 비롯하여 7명을 참하고, 천추태후의 친족 이주정 등 30여 명을 해도로 유배 보냈다. 이른바 강조의 정변이다.

이어 강조는 왕을 양국공이라 하고 군사들을 보내어 지키게 하였는데, 폐주는 폐태후를 모시고 유충정 등과 함께 길을 떠나 외가가 있는 충주로 길을 떠났다. 폐주 일행은 말 한 필 없이 길을 걷다가 폐태후를 위해 강조에게 청하여 말 한 필을 구하고, 민가에서 겨우 한 필을 더 구하여 말을 타고 갔다. 이때 강조는 상약직장 김광보를 불러 명했다.

"이 독약을 폐주에게 직접 전하라. 만약 폐주가 먹지 않으면 군사들을 시켜 일을 도모한 뒤 자결했다고 보고하라."

이듬달 3월 일행이 적성현에 이르렀을 때 김광보는 목종에게 독약을 전달했다. 그러나 목종이 거절하고 마시지 않자 김광보는 수행원 중금과 안패를 불러 강조의 명을 전달하였다. 그날 밤 중금, 안패 등이 목종을 살해하고 자결했다고 보고하였다. 안패는 후에 자결하였다.

이렇게 목종은 유배 명만 받지 않았을 뿐 사실상 유배되어 가는 도중에 죽음을 맞이했다. 시신은 문짝으로 만든 관에 안치되어 현관에 놓였다가 이듬달에 적성현의 남쪽에 화장했다고 하는데, 능은 공릉이라고 부르나 현재 위치는 밝혀져 있지 않다. 천추태후는 할머니 신정왕후 황보씨의 호족들이 살고 있는 황해도 황주에 가서 20년간 살았다고 하는데 일설에는 그곳에 유배된 것이라고도 한다.

연못에 수장된 의종

고려 17대 왕 인종은 14세의 어린 나이로 왕위에 올랐다. 귀족 사회가 부패하면서 이씨 성을 가진 사람이 왕이 된다는 참설이 널리 유행하자 인종의 외조부 이자겸은 왕권을 찬탈하려는 음모를 꾸몄다. 이야심을 알아차린 인종은 김찬, 안보린 등을 불러들여 이자겸을 제거할 계획을 세웠다. 그러나 이자겸의 부하인 무신 척준경의 반격으로 실패하고, 오히려 인종은 이자겸의 집에 연금되었다. 그 후 인종은 이자겸에 의해 독살될 뻔했으나 이번에는 척준경의 도움으로 목숨을 건지고, 병부상서 김향, 정지상 등과 함께 이자겸 일당을 척결했다.

인종은 이자겸을 전라도 영광 법성포로 유배시키고, 이자겸의 딸인 두 왕후를 폐위시켰다. 그리고 임원후의 딸을 왕비로 맞이하니 그녀가 공예왕후이다. 왕은 공예왕후와의 사이에 태자 왕현(훗날의 의종), 대령후 왕경, 익양후 왕호(훗날의 명종), 평량후 왕민(훗날의 신종)을 두었다. 인종이 죽자 태자 왕현이 의종으로 즉위했다. 의종은 문신들과 어울려 연회를 베풀고 호화스러운 생활을 즐기며 문신들은 우대하고 무신들에게는 연회 자리의 경비를 서게 했다. 이에 문신들의 세도가 하늘을 찔렀고, 무신들의 불만도 커져 갔다. 결국 의종 24년(1170) 8월 정중부, 이의방 등이 정변을 일으켜 문신뿐만 아니라 반대 세력의 무신들을 제거했다. 이들은 군사를 이끌고 대궐로 달려가 별감 김수장과 수십 명의 궁궐 관원들을 죽였으며, 판이부사 허홍재를 비롯해 50여 명의 관료들을 살해했다.

승선 김돈중은 김부식의 아들로, 인종 때 문과에 급제하여 내시직에 있을 때 연회에서 견룡대정 정중부의 수염을 촛불로 태워 원한을 산 적이 있었다. 이런 급박한 상황에서 승선 김돈중이 도망치자 정중부는 그의 목에 현상금을 걸었다. 감악사로 도망간 김돈중은 현상금에 눈이 먼 자신의 종자로 인해 사로잡혔다. 간신히 도망쳤으나 그는 결국 냇가 모래사장에서 최후를 맞이했다.

보현원에 유폐된 의종은 정중부에게 살육을 그만두라고 간곡히 권했지만 정중부는 묵묵부답으로 대응했다. 이때 환관과 근시 20여 명이 정중부 일당을 몰아낼 계획을 세우다가 탄로나 무참히 살해되기도 하였다.

그해 9월 정중부, 이의방 등은 마침내 의종의 아우 왕호를 새 임금으로 추대하니 이가 명종이다. 폐위된 의종은 거제도의 둔덕기성에 유폐되었고, 태자는 진도에 유배되었으며, 태손은 살해당했다. 의종의 애희 무비는 청교역에 도망하여 숨어 있다가 태후의 간청으로 목숨을 구명하고 왕을 따라갔다.

의종이 유폐된 지 3년 후인 명종 3년(1173) 8월 동북면 병마사 김보당이 녹사 장순석을 보내 의종을 거제도에서 탈출시켰다. 그리고 경주(당시의 계림)를 거점으로 하여 의종을 받들고 군사를 일으켰다. 그러나 의종 복위 시도는 실패하여 김보당은 그해 10월 옥사했고, 이의민은 의종을 죽이기 위해 군사를 이끌고 경주로 떠났다. 이에 경주 세력들은 장순석을 제거하고, 의종을 경주 객사에 가두고 이의민을 입성시켰다.

이에 이의민은 자신을 총애했던 의종을 끌어내어 곤원사의 북쪽 연못에서 술을 올리고 그의 척추를 맨손으로 꺾어 죽였다고 한다. 뚝뚝 하며 뼈 부러지는 소리가 나자 이의민은 껄껄 크게 웃었다고 전한다. 이어 그는 의종의 시체를 이불에 둘둘 말아 연못 가운데로 던져 버렸다.

그 후 경주의 전 부호장 필인 등이 비밀리에 관을 갖추어서 의종을 물가에 묻었다고 전하는데 위치는 기록되어 있지 않다. 이의민은 개경으로 돌아가 의종을 죽인 공로로 이듬해 대장군이 되었다.

명종 4년(1174) 9월 서경 유수 조위총이 군사를 일으키자 정중부의
아들 정균이 이 기회를 놓치지 않고 승려 종감과 모의하여 이의방을
살해했다. 이에 정중부의 수하인 이광정, 송유인 등이 배경을 믿고 권
력을 남용하였다. 특히 송유인은 무신임에도 평소 문신들과 친했는데,
무신정변 이후 혼자 고립되자 화가 미칠 것을 염려하여 자신의 처를
섬으로 유배 보내고 정중부의 딸을 부인으로 맞아들여 권좌에 오른 인
물이었다.

조위총의 난은 발발한 지 22개월 만인 명종 6년(1176) 7월 조위총이
처형되면서 끝났다. 그러나 이태 후 9월 평소 정중부 등의 전횡을 탐
탁지 않게 여기던 젊은 장군 경대승이 허승 등과 모의하여 정중부와
정균 등 일가족을 몰살시키고 그 측근들을 제거했다. 그러나 경대승의
세상은 오래가지 못했다. 명종 13년(1183) 7월 경대승이 30세의 젊은
나이에 갑작스럽게 죽은 것이다. 경대승이 자신이 살해한 정중부 등의
귀신을 보았다는 일화도 전한다. 경대승의 죽음으로 그의 측근들은 유
배되고 정권은 이의민에게 돌아갔다. 당시 이의민은 경대승을 두려워
하여 고향 경주에 도망가 있었는데, 경대승이 죽었다는 소식을 접하고
도 상경하지 않았다. 명종은 이의민이 반란을 일으킬 것을 염려하여
여러 차례 불러올렸으나 듣지 않자 병부상서의 벼슬을 내리며 상경할
것을 간곡히 부탁했다. 그제서야 이의민은 상경하였다.

명종은 왕권을 회복할 절호의 기회를 맞이했음에도 반란으로 축출
되어 형인 의종처럼 죽게 될 것을 두려워하여 이의민을 불러올렸다.
조정의 신하들은 명종의 유약함을 개탄하였다고 한다.

명종은 동왕 26년(1196) 4월 석가탄신일 보제사에 행차했다. 이때 이의민이 병을 핑계로 수행하지 않고 미타사에 있는 별장으로 몰래 놀러갔다는 정보를 입수한 최충헌 형제는 외조카 박진재 등을 데리고 이의민을 죽였다. 이의민의 목은 개경 저잣거리에 내걸렸다. 이어 최충헌은 이의민의 아들 3형제와 삼족을 멸하고 지방에 숨어 있던 이의민의 가노까지 모두 잡아 죽이거나 유배를 보냈다.

5월에 최충헌은 거사의 명분을 얻기 위하여 왕에게 〈봉사십조〉를 올리고 본격적으로 국정 개혁에 나섰다. 그러나 명종 27년(1197) 9월 최충헌 형제는 66세의 왕이 〈봉사십조〉를 이행하지 않고 자신들의 신변을 위협한다 하여 내쫓고, 폐위에 반대할 만한 두경승을 비롯한 12명의 대신과 왕의 서자인 소군 등 20여 명을 체포한 후 모두 유배 보냈다.

이어 최충헌은 대궐로 부하를 보내어 명종에게 홀로 말을 타고 향성문을 나서라고 위협한 뒤 명종이 궐 문을 나서자 그를 붙잡아 창락궁에 유폐시켰다. 또한 태자 왕오와 태자비를 강화도에 유배 보내고, 왕오의 아들 왕철도 안악으로 유배 보냈다. 그후 왕의 동생 평량공 왕민을 왕위에 앉히니 그가 신종으로 54세였다. 그달에 최충헌은 두경승을 자연도(영종도)에 유배시켰는데 두 달 만인 11월 두경승은 울분을 이기지 못하고 피를 토하며 죽었다. 그 후 폐왕은 유폐된 지 6년 후인 신종 5년(1202) 9월 이질이 몹시 심하여 왕이 의원을 보냈으나, 처방을 거절하며 생을 마감하였다고 한다.

유배지에서 왕이 된 강종과 고종

신종 즉위년(1197) 태자 왕영이 일찍이 창화백 왕우의 딸을 비로 삼앉는데, 이때에 와서 최충수가 왕을 알현하여 태자비를 강제로 궁궐에서 내쫓고 자신의 딸을 태자비로 삼으려고 은근히 압력을 가했다. 앞서 이의방 역시 좌승선에 임명되자 딸을 태자비를 보내 권력을 강화하려고 하다 오히려 정치적으로 더욱 고립되는 결과를 낳아 죽임을 당하고 태자비도 축출된 적이 있었다.

이 소식을 접한 최충수의 어머니는 이를 말렸으나 오히려 최충수는 화를 냈다. 이에 최충헌은 이의방의 전철을 밟지 않으려고 측근 박진재 등과 의논하여 군사 1천 명을 거느리고 광화문에 이르니, 이에 놀란 최충수가 항복하기로 마음먹고 측근인 오숙비, 박정부 등에게 각자 도망하여 피신할 것을 권고했다. 그러나 오숙비 등은 최충수는 살아남을지 몰라도 자신들은 결국 붙잡혀 죽을 것이 자명하다며 강력히 반발하였다. 양쪽의 병사들이 개경 한복판인 광화문 흥국사 일대에서 격전을 벌였으나 결국 군사가 적은 최충수군은 패퇴하였고, 최충수는 달아났다가 파주에서 추격병에게 살해되었다.

1204년 신종이 병사하고 희종이 즉위했다. 이때 장군 이광실 등 30여 명이 급사동정 지귀수의 집에 모여 최충헌 부자를 살해하기 위해 모의하다 발각되어 처형되거나 유배되었다. 희종 3년(1207)에는 최충헌의 권력 독점에 불평을 터뜨리던 최충헌의 외조카 박진재가 백령도로 유배보내졌고, 몇 달 후 울화병으로 죽었다. 희종 5년(1209) 4월에는 개경 부근의 청교역리 3명이 최충헌 부자를 살해하려다가 실패했으며, 희종 7년(1211) 12월에는 희종이 내시낭중 왕준명, 참정 우승경 등 측근들과 모의하여 최충헌 세력을 제거하려 했으나 실패했다. 거사 가담자들은 모두 죽거나 유배되었고, 모의를 후원한 희종은 폐위되어 강화도에 유배되었다. 태자 왕지는 인주(인천), 차남 왕위는 백령도, 희종의 동생 왕서는 교동으로 각각 유배되었다. 그후 명종의 태자 왕오가 14년간 강화에서 귀양살이를 하다 희종 6년(1210)에 해배되어 개경으로 돌아왔다. 이듬해 12월 최충헌이 희종을 폐위시키고 왕오를 왕으로 세우니 그가 강종이다. 60세라는 고령으로 왕위에 오른 강종은 국사 전반을 최충헌이 별감으로 있던 교정도감에 일임하였다. 그리고 이듬해 안악에 유배되어 있던 강종의 아들 왕철이 개경으로 올라와 그해 7월 태자에 책봉되었다. 그리고 강종 2년(1213) 왕이 죽자 태자 왕철이 왕위에 오르니 그가 고종이다.

그 후 폐위된 희종은 자연도(영종도)에 이배되었다가 다시 고종 2년(1215) 강화도 교동으로 이배되었으며 고종 6년(1219)에 해배되고 봉영(귀인이나 덕망이 높은 이를 맞이함)되어 개경에 살았다. 그러나 고종 14년(1227) 복위 음모가 있다는 무고로 희종은 다시 교동에 유배되었다. 그는 관아가 있던 고읍리 토성 남쪽 경원전에 유배되어 용유도 적소에서 생을 마감하니 처음 유배된 지 무려 26년 만인 57세였다. (그러나 실제 유배 기간은 18년이다.)

티베트에 유배된 충선왕

충선왕은 즉위년(1308) 10월 김문연의 집에 행차하여 선왕의 후궁이었던 숙창원비와 통간하고 얼마 후 그녀를 숙비로 봉하였다. 숙창원비는 김취려 대장군의 손녀딸로 김문연의 여동생이었다. 이에 감찰규정 우탁은 상복을 입고 도끼를 든 채 거적을 메고 대궐로 들어가 상소를 올렸다. 그는 '지부상소'를 몸으로 실천한 첫 번째 인물로 꼽히는데,

"제 말이 옳지 않으면 이 도끼로 제 목을 쳐 주십시오."라며 목숨을 걸고 상소한다는 의미이다. 그 길로 그는 관직을 버리고 초야에서 (당시로서는 최신 학문이던) 성리학을 연마하고 교육하며 후학을 양성했다. 그러나 왕은 처음에는 부끄러워하는 기색이 있었으나 그 후에도 숙창원비에게 깊이 빠져 정사를 돌보지 않았다.

한편 충선왕은 1년을 고려에 머무른 후 제안대군 왕숙에게 국정을 대행시키고 다시 원으로 돌아가 귀국하지 않았다. 이리하여 고려의 국정은 왕이 전지를 내려 통치하는 이른바 '전지 정치'로 운영되었고, 신료들은 개경과 베이징을 오가며 국정을 수행해야 했다.

조정 중신들은 누차에 걸쳐 원나라에 왕의 환국을 청원했지만 받아들여지지 않았다. 충선왕 복위 2년(1310) 5월 몇몇 중신들이 세자 왕감을 중심으로 세력을 형성했다. 왕감을 새 왕으로 옹립하려는 움직임은 충선왕의 최측근들에게 사전에 발각되어 왕감과 김의중 등이 살해되었다. 충선왕은 이후 왕도를 세자로 책봉하고 조카 왕고를 양자로 삼았는데, 왕감과 왕도는 아수친이라는 몽골 여인에게서 난 동복형제였다. 충선왕은 고려 시대 권력욕이 지나치게 강했던 인물 중 한 사람이었다. 충선왕 복위 5년(1313) 3월 왕은 고려왕과 심양왕을 겸하여 신하들의 반발이 심하자 고려왕의 자리를 아들 왕도에게 물려주었다. 이에 왕도가 충숙왕에 오르고, 충선왕은 심양왕으로 있다가 나중에 조카 왕고에게 심양왕의 자리를 물려주고 자신은 태상왕으로 물러났다.

충숙왕 7년(1320) 정월에 원 인종이 사망하자 3월에 아들이 황태자가 되어 황위를 계승하니 원 영종이다. 충선왕은 원에서 막강한 권력을 행사했으나, 반대 세력에서 새로운 황제가 나오자 불안을 느끼게 되었다. 이에 충선왕은 황제가 내려 주는 향을 자신이 몸소 전달하겠다는 이유를 들어 측근인 박경량, 이연송 등을 데리고 베이징을 떠나 강남 지방으로 내려갔다. 그해 6월에 충선왕은 계림시 전주현의 금산사에 숨어 지내다가 황제가 보낸 사자에 의해 다시 베이징으로 끌려갔다. 이때 충선왕을 시종하던 신료들은 모두 달아나고, 박경량과 이연송은 충선왕이 죽음을 면치 못할 것이라고 생각하여 함께 독약을 마시고 자살했다.

9월에 충선왕이 베이징에 도착하자 황제는 중서성에 명하여 고려로 호송하게 하였다. 그러나 충선왕은 베이징에 머물렀고, 황제는 10월 그를 형부에 수감시키고 얼마 뒤에 석불사로 안치시켜 버렸다. 이어 12월 환관 임파이엔토그스가 황제에게 충선왕을 토번의 살사결 지방에 있는 샤카 사원으로 유배를 보내라고 간언했다. 베이징에서 1만 5천 리나 떨어진 곳이었다. 충선왕을 수행하던 최측근 최성지는 도망을 쳤고, 장원지 등은 충선왕이 토번(티베트)으로 가는 길에 동행하였는데, 도착하는 데 무려 반 년이 소요된다는 머나먼 길이었다.

충숙왕 10년(1323) 8월 원 황제가 상도에서 베이징으로 이동하다가 어사대부 테시 등에 의해 암살되었다. 이에 예순테무르가 테시 등에 의해 황제로 추대되어 9월에 태정제(진종)로 즉위하였다. 태정제는 즉위하자 대사령을 내렸는데, 이때 충선왕도 해배 명을 받아 이듬해 11월 3년 만에 베이징으로 돌아왔다. 이듬해 태정제가 충선왕에게 고려왕으로 즉위할 것을 권유하였다. 그러나 충선왕은 이를 사양하고 그해 5월 베이징 저택에서 사망했다.

유배 길에서 홀로 죽은 충혜왕

기황후는 고려의 공녀로 원나라의 궁에 입궐하여 원 순제의 황후가 된 여인이다. 그녀는 황후의 자리에 오르자 적극적으로 정치에 개입하면서 원과 고려와의 관계에 많은 영향력을 발휘했다. 고려에 남은 그녀의 일가친족 역시 덩달아 득세하게 되었는데, 특히 기황후의 오빠인 기철은 원나라에서 한림학사에까지 올랐다. 기철이 기황후를 등에 업고 횡포를 부리며 고려 왕실을 두려워하지 않자 충혜왕은 그 일가 중 벼슬아치가 있으면 탐관오리 등으로 몰아 옥에 가두거나 파직시켰다. 이리하여 충혜왕과 기철의 관계가 크게 나빠졌다. 왕이 총애하는 은천옹주의 부친 대호군 임신이 기철의 동생 기윤을 구타하는 일이 일어났을 때도 왕은 오히려 임신을 두둔하고 기윤의 집을 헐어 버리기까지 하였다.

그러나 충혜왕의 학정이 계속되자 이를 참지 못한 현효도가 왕을 독살하려다 실패하여 처형되는 사건이 일어났다. 원나라에 가 있던 기철은 이 기회를 틈타 충혜왕의 실정과 횡포함이 극에 달했다며 폐위시킬 것을 건의했다. 결국 충혜왕 복위 5년(1344) 원나라 조정은 충혜왕을 소환하기로 결정하고 견책사 타적과 낭중 별실가 등 6명의 사신을 고려에 보냈다. 타적 등이 하늘에 제사할 것과 대사령을 반포하라는 황제의 조서를 가지고 오자 충혜왕은 병을 칭하고 영접하지 않으려 하였다. 이에 한 달 전에 황제의 명령으로 와서 왕에게 의복과 술을 하사한 환관 고용보가 아뢰었다.

"황제께서 항상 전하가 불경하다고 하시는데 만약 영접하러 나가지 아니하면 황제의 의심을 살 것입니다."

이에 충혜왕이 조서를 듣고자 백관을 거느리고 정동성으로 행차했다. 정동성에서 타적 등이 왕을 발로 차고 묶자 왕은 급히 고용보를 불렀지만 그는 오히려 왕을 꾸짖었다. 이러자 함께 있던 백관들은 대부분 도주하였으나 호위하고 있던 좌우사낭장 김영후 등은 창에 맞았으며, 지평 노준경 등은 피살되었다. 충혜왕은 결국 타적 등에 의해 원나라로 압송되었다. 가는 도중 충혜왕이 타적에게 천천히 갈 것을 요구하자 타적은 칼을 빼들고 위협하여 그를 급히 압송했다. 그 후 고용보, 행성관 기철 등은 은천옹주를 비롯해 왕의 애첩 및 궁인 126명을 궐에서 추방했다. 원 순제는 압송되어 무릎을 꿇은 충혜왕에게 계양현에 유배를 보냈다.

계양현(광둥 성)은 베이징에서 약 2만여 리(약 8,000킬로미터) 떨어져 있는 머나먼 곳이었다. 왕은 한 명의 종자도 없이 배고픔과 목마름을 견뎌가며 유배 가던 중 이듬해 정월 악양현에서 30세를 일기로 죽었다. 왕은 도중에 짐새(중국 남해에 사는 공작과 비슷한 독이 있는 새로 그 새의 털을 술에 담가 두면 사람을 죽일 정도의 독주가 된다)를 만났다고도 하고, 독주를 마셨다고도 하며, 귤을 먹고 죽었다고도 알려졌으나 그 원인은 아직까지 의문으로 남아 있다. 이를 '악양의 화'라고 부른다. 충혜왕은 기록상 가장 불쌍하게 홀로 유배 길을 떠나 유배 길에 죽은 인물이 되었다.

어린 나이에 독살된 충정왕

고려는 원과 조공하고 왕에 대한 책봉을 받는 강화조약을 맺었지만 다른 조공국들과는 다소 특별한 대접을 받았다. 국경선과 나라 이름을 지켜 낸 것으로, 원의 대외정책에서 유일무이한 일이었다. 더구나 고려의 제도와 풍속 변경을 요구하지 않겠다는 약속을 받아 냄으로써 변발과 같은 몽골 풍속을 따르지 않아도 되었다. 원 간섭기 시 고려에서는 원나라에서 내려 준 '충○왕'이라는 시호를 따랐다. 이는 충렬왕부터 충정왕까지 여섯 왕으로 43년간 이어졌으나 원의 세력이 약화되기 시작한 공민왕 때부터는 '충' 자를 넣지 않았다.

충혜왕은 덕령공주와의 사이에 왕흔, 희비 윤씨와의 사이에 왕저, 은천옹주와의 사이에 왕석기를 두었는데, 이때 왕흔은 원나라에 볼모로 가 있었다. 충혜왕이 유배 길에 객사하자 고용보가 왕흔을 모시고 원 순제를 알현하였을 때 황제가 그에게 부모 중 누구에게 배우고 싶으냐고 묻자 모친에게서 배우고 싶다 하여 그의 왕위 계승을 승인했다고 한다.

그리하여 왕흔은 8세의 나이에 충목왕으로 즉위했고, 나이가 너무 어린 탓에 모친 덕녕공주가 섭정을 하였다. 그런데 충목왕이 등극한 지 5년 만에 후사 없이 승하하자 덕녕공주는 덕성부원군 기철과 정승 왕후 권재에게 서무를 대행시키고 왕의 죽음을 원나라에 알렸다. 이듬해 2월 원으로부터 최유가 와서 왕저를 입조시키라는 황제의 명을 전했다. 노책, 손수경, 최유 등이 왕저를 모시고 베이징으로 떠나려고 하자 대간과 전법관 들이 그가 왕으로 등극하는 것을 반대하며 길을 막았다. 그러나 원의 사신들이 강경하게 밀어붙여 결국 왕저는 베이징에 입성했으며, 그해 5월 책봉을 받고 귀국하여 충정왕으로 등극했다. 그의 나이 12세였다.

어린 충정왕을 대신해 고려에서는 외척 윤시우와 덕녕공주의 세력인 배전 등이 세도를 부려 기강이 문란해졌고, 밖으로는 왜구가 자연도(영종도) 등에 침입하여 민가를 불사르고 노략질을 하는 등 나라가 혼란스러웠다.

이때 윤택, 이승로 등이 원나라에 "왕이 어려서 국정을 감당할 수 없으니 폐위시키고 강릉대군 왕기를 새 왕으로 세워주십시오."라고 청원하였다. 그해 10월 원 순제는 "고려의 정치가 문란하여 조정을 안 정시키기 위해 왕을 폐위시키고 왕기를 왕으로 세운다."라는 성지(황 제나 왕의 뜻)를 보냈다. 충정왕은 15세의 나이에 폐위되어 강화도에 유 배되었고, 충혜왕의 동생 왕기가 그달에 원나라의 책봉을 받아 12월 에 공민왕으로 등극했다.

공민왕은 모친이 명덕태후로, 충혜왕 복위 2년(1341) 숙위하기 위하 여 원나라에 갔다가 충정왕 1년(1349)에 원나라의 황족인 위왕의 딸 노국공주와 결혼했다. 그가 왕위에 오를 수 있었던 것은 노국공주 때 문일 것이라고 생각되지만, 실제로는 기황후가 고려에서 자신의 입지 를 강화해 줄 인물로 그를 선택하여 지원해 주었기 때문이다. 그러나 공민왕은 왕위에 오르자 반(反)기황후, 반원 정책을 추진하였다. 이듬 해 정월 희비가 공민왕을 찾아가 아들인 충정왕을 살려 달라고 읍소하 자 공민왕은 조카의 목숨을 지켜주겠노라고 약조했다. 얼마 후 희비는 강화도로 가서 유배된 아들을 만나고 돌아왔는데, 얼마 지나지 않아 충정왕은 왕명을 받은 군사에 의해 독살되었다.

공민왕의 아들

공민왕 20년(1371) 7월 선부의랑 이인이 재상 김속명의 집에 한림거 사라는 가명으로 신돈이 역모를 꾀하고 있다는 투서를 보냈다. 김속명

공민왕과 노국공주 고려 시대의 유일한 왕의 영정으로, 불타 버려 조선 초에 다시 그린 것으로 알려져 있다.

은 신돈을 제거하려다 오히려 신돈에게 제거된 김원명의 아우이자 명덕태후의 외척으로 반 신돈 세력이었다. 김속명은 공민왕에게 투서를 올렸고, 공민왕은 신돈의 심복 기현, 최사원 등을 처단하고 손용, 이춘부 3형제 등 16명을 유배 보냈으며, 신돈은 역모죄로 수원으로 유배시킨 후 처형했다. 신돈의 가산은 모두 몰수되고 두 살 난 아들도 죽임을 당했으며, 처와 첩은 관비가 되었다.

　무고의 성격이 짙은 투서를 받아들여 신돈을 제거한 것에 대해 공민왕이 자기관리에 실패했다고 보는 시각도 있다. 한편으로는 신돈 자신이 권문세족들에게 '타락한 파계승'이라는 비난을 받을 만한 빌미를 제공했다고도 한다. 그러나 신돈의 세력이 지나치게 성장한데다 백성들로부터 '성인(聖人)'이라는 칭송까지 받게 되면서 그의 존재가 왕의 친정에 걸림돌이 되었다는 것이 보다 적합한 설명일 것이다. 그후 공민왕 23년(1374) 9월 공민왕 역시 환관 최만생 등에 의해 살해되었다. 명덕태후는 신하들을 불러 왕위 계승을 논하였고, 이인임의 주청과 밀직 왕안덕의 찬성으로 열 살 난 왕우가 뒤를 이어 우왕으로 등극했다.

그 후 우왕 14년(1388) 2월 명나라는 쌍성총관부 땅을 직속령으로 만들기 위해 철령위를 설치하여 요동부에 귀속시키겠다고 통고해 왔다. 이에 우왕은 장인 최영의 주청을 받아들여 명나라를 징벌하기 위해 요동을 공격하기로 결정하고, 최영을 팔군 도통사, 조민수와 이성계를 좌우군 도통사로 각각 임명하여 출전 명령을 내렸다. 이때 당연히 최영이 출정해야 했으나 왕이 곁을 떠나는 것을 원치 않는 바람에 직접 출정하지 못했는데, 이는 최영의 최대 실책으로 보인다. 이틈에 이성계는 '4불가론'을 주장하며 조민수를 달래어 위화도에서 회군하였고, 최영은 곽충보 등에게 붙잡혀 명나라에 대한 역적이란 죄목으로 고봉(고양)에 유배되었다. 우왕도 폐위되어 영비와 함께 강화도에 유배되었다. 이어 최영은 합포(마산)로 이배, 충주로 이배되었다가 12월 개경으로 압송되어 최후를 맞이했다.

우왕이 폐위된 뒤에 아들 왕창이 왕위를 이어받으니 이가 창왕이다. 이듬해 우왕은 강화도에서 영비와 함께 여흥(여주)으로 위리안치되었다가 11월에 김저와 모의하여 이성계를 제거하려 하였다고 하여 영비와 함께 강릉으로 이배되었다. 12월 창왕이 폐위되고 공양왕이 즉위했는데, 이때 이성계 일파의 강압으로 공양왕은 정당문학 서균형을 강릉에 보내어 우왕에게 후명을 내리니 25세였다.

폐가입진으로 열 살에 사사된 창왕

위화도 회군으로 최영 세력이 축출되고 우왕이 폐위되자 고려의 조정은 회군 세력에 의해 장악되었다. 이에 조민수의 강력한 천거로 우왕의 맏아들이자 이림의 딸 근비 소생인 왕자 왕창이 즉위하였는데, 그가 창왕으로 당시 아홉 살이었다.

창왕 즉위년(1388) 7월에 대사헌 조준 등 급진 개혁파들은 전제 개혁을 위한 상소를 올렸다. 조민수는 개혁안을 거부하여 조준 등으로부터 "조민수는 이인임과 친척 관계로 한때 부정한 짓을 하였다."라는 탄핵을 받고 8월에 창녕으로 유배되었다.

이듬해 11월 전 대호군 김저와 전 부령 정득후는 예의판서 곽충보를 동원하여 이성계를 죽이고 우왕을 복위시키려 시도했다. 그러나 곽충보가 이성계에게 고발하는 바람에 김저는 붙잡히고 정득후는 자결하였다. 그리고 김저를 국문하여 변안렬, 이림 등이 공모했다는 자백을 받아 내고는 이들을 모두 척결했다. 이들은 모두 반 이성계 세력이었다.

이 우왕 복위사건으로 이성계, 조준, 정도전 등은 정몽주 등과 더불어 '폐가입진(가짜를 폐하고 진짜를 세운다)'의 명분으로 창왕을 신돈의 후손으로 규정하였다. 이어 창왕을 폐위시켜 강화도로 유배 보내니 왕위에 오른 지 불과 1년 5개월여 만이었다.

12월 이성계 세력은 신종의 7세손인 왕요를 왕으로 추대하니 이가 공양왕이다. 공양왕은 우왕과 창왕을 모두 죽여야 한다는 이성계 일파의 압력을 이기지 못하고 몇 번이나 결정을 유보하다가 결국 예문관 대제학 유구를 보내어 창왕에게 후명을 내렸다. 이때 창왕의 나이 불과 열 살이었다.

고려의 마지막 왕, 공양왕

공양왕 3년(1392) 3월, 지난해 말 왕을 대신해 신년 축하 하례 차 명

나라에 갔던 세자 왕석이 귀국 길에 올랐다. 이에 마중하러 나갔던 이
성계가 황주에서 사냥을 하다가 말에서 낙상하여 등청하지 못하게 되
었다. 왕덕은 이 기회를 틈타 왕과 정몽주에게 이성계 세력을 부리 뽑
을 것을 권했고, 정몽주, 김진양 등이 4월에 조준, 정도전 등의 급진
개혁파를 탄핵하고, 지신사 이첨이 왕의 결재를 받아 유배 보냈다.

이에 일이 심상치 않게 돌아간다는 사실을 간파한 이성계의 5남 이
방원(훗날 조선의 태종)은 이성계를 급히 개경으로 돌아오게 했다. 정몽
주는 상황을 살피고자 문병을 핑계로 이성계의 사저를 찾아갔다. 이성
계의 문병을 마치고 나오자 방 밖에 이방원이 기다리고 있다 그에게
술 한잔을 청했다.

"외람되지만 제가 시를 한 수 읊어도 되겠습니까?"

이방원은 "이런들 어떠하며 저런들 어떠하리."라며 정몽주의 내심
을 떠보았다. 그러나 정몽주는 "이 몸이 죽고 죽어 일백 번 고쳐 죽
어."라며 자신의 뜻이 결코 바뀌지 않을 것을 전했다. 정몽주의 뜻을
결코 꺾을 수 없다고 판단한 이방원은 조영규 등을 보내 귀가하는 정
몽주를 철퇴로 내리쳐 살해했다. 정몽주의 나이 56세였고 이방원은
불과 26세였다.

이방원은 이에 그치지 않고 정몽주의 머리를 베어 저자에 걸고 "몽
주는 없는 일을 꾸며서 대간을 꾀어 대신들을 모해하고 나라를 시끄럽
고 떠들썩하게 만들었다."라는 방을 붙였다.

이어 이방원은 이색을 한주(사천)로 유배 보내고, 정몽주의 가산을
몰수하고, 이미 유배되어 있던 김진양, 이숭인 등을 폐하여 서인으로
하였다.

반면 유배 중이던 조준은 정계에 복귀하여 이성계 일파를 결집시키고, 역성혁명에 걸림돌이 되는 나머지 세력들을 척결하는 작업에 돌입하였다. 그리하여 이성계는 지신사 이첨, 이사형 등을 차례로 유배 보내는 한편, 6월에는 정도전과 남은을 유배지에서 불러올려 중책에 앉혔다. 정도전이 정계에 복귀하면서 역성혁명은 보다 구체화되었다.

결국 이듬달인 7월 정도전, 조준, 남은, 배극렴 등은 공양왕을 폐위시키고 이성계를 왕으로 추대하였다. 이에 폐위된 공양왕은 왕자 신분인 공양군으로 강등되어 8월에 두 아들과 함께 원주에 유배되었다가 다시 간성으로 이배되었다. 공양왕은 금수리에 적소를 정했다.

이때 태조 이성계를 제거할 것을 모의했다 하여 공양왕의 사위 단양군 우성범과 진원군 강회계는 개경의 회보문 밖에서 참형되었고, 대제학을 지낸 한천은 개국공신이자 종질 한상경의 도움으로 간신히 목숨만 구해 제주에 유배되었다. 한천은 이때 부인과 두 아들을 데리고 갔는데 강구산 목사가 구해 준 정의현 가시리에 적소를 정하니, 그가 조선 시대가 열리면서 제주에 유배된 최초의 인물이다. 그는 한동안 칩거하다가 유배가 풀렸으나 귀향하지 않고 가시리에 정착하였다.

태조 2년(1394) 3월 공양왕은 아들들과 함께 간성에서 다시 삼척의 궁촌으로 이배되었다. 한 달 뒤인 4월 태조는 충주부원사 정남진과 형조의랑 함전림을 궁촌으로 파견하였다. 충주부원사 정남진이 전지를 읽었다.

"내가 군(공양군)을 그곳에 있게 하고 여러 친척들을 각 처에 보내어 편안하게 생업을 누리게 하였다. 그러나 지금 동래 현령 김가행과 염장관, 박중질 등이 반역을 계획하여 군과 친속의 명운을 맹인 점쟁이 이흥무에게 물었던 사실이 드러났다. 이에 대간이 상소하고 대소신료들도 글을 올려 간하므로 내가 마지못해 그 청을 따르게 되었다."

공양왕과 두 아들은 끝내 교살되었다. 이때 공양왕의 나이 50세였다. 공양왕의 능은 고양, 간성, 사사지인 궁촌 3곳에 있다. 먼저 고양 견달산에 있는 능은 어느 신료가 궁촌 공양왕릉에 대한 언급을 했던가 아니면 이상한 소문 등 연유가 있어 조정에서 시신을 확인하기 위해 옮긴 것으로 추측된다. 궁촌은 공양왕이 이배된 후 왕이 머물던 촌이라 하여 궁촌이라고 불리게 되었는데, 이 주변에는 마을 뒷길에 있는 고돌산에서 왕이 살해되었다고 하여 사랫재(살해재), 마리방(어마를 기르던 곳) 등의 지명이 남아 있다. 살해재에서 공양왕을 교살했다는 증거로 삼기 위하여 나졸이 목만 베어 한양으로 가져가 몸통만 남아 있어 궁촌에 묘를 조성했다는 이야기가 전한다. 간성 수타사에 가까운 어칠리 고성산 기슭에 있는 공양왕릉은 공양왕이 간성에 이배될 때 함부열이 따라왔다가 다시 궁촌으로 이배될 때 몰래 와서 왕이 죽자 시신을 이곳에 묻었다고 전한다. 함부열이 공양왕의 죽음을 애도하기 위해 왕의 유물 등을 수습하여 고성산에 능을 만들었든가 아니면 상징적으로 가묘를 만들었을 것으로 유추된다. 고양에 있는 능에는 고려공양왕고릉이라는 비석이 세워져 있으나 간성과 궁촌에는 비석은 없고 다만 공양왕릉이라고 전해지고 있다.

유배되는 고려의 왕족과 신하들

충혜왕은 1340년 봄 연을 타고 대궐 밖에 거둥했다가 사기를 팔고 있는 장사치 여인의 풍염한 자태를 보고 시종을 보냈다. 얼마 후에 시종이 그녀를 데리고 왔다.

"사기 행상을 하는 임신의 딸로 어려운 가계를 돕기 위해 단양대군의 집에 팔려 와 종으로 있다 합니다."

충혜왕은 숙부인 단양대군 왕유(충숙왕의 동생)의 집을 방문하여 그녀를 자신에게 바치라고 명하고 임신에게도 알리게 하였다. 그날 저녁 왕유는 충혜왕을 대접한 뒤 밤이 깊어지자 그녀를 처소에 들여보냈다. 왕은 환궁 후에 그녀를 별전에 거처하게 하였는데, 총애를 받아 아들 석기를 낳아 은천옹주에 봉해졌다. 일설에는 석기가 왕유와 그녀 사이의 소생이라고도 한다.

그 후 충혜왕의 패륜을 알게 된 원나라는 충혜왕을 베이징으로 압송하고 환관 고용보를 보내 왕의 시중을 들던 임신 등 10여 명을 잡아가두고 궁인 160명을 추방했다. 이때 그녀도 함께 쫓겨났다. 이듬달 임신 등은 함거에 실려 원나라에 끌려갔다. 그후 충목왕에 이어 충정왕이 왕위에 올랐으나 3년 만에 강화도로 유배되자 도평의사사에서는 왕석기를 만덕사로 출가시켰다. 일설에는 만덕사의 주지가 그에게 '석기'라는 법명을 지어 주었다고도 한다. 석가모니와 같은 그릇이 되라는 뜻이나 그의 외조부가 그릇 장수였으니 아주 절묘한 이름이 아닐 수 없다.

공민왕 2년(1353) 겨울 원나라의 소환으로 왕석기는 이듬해 봄 베이징에 다녀왔다. 귀국 이태 후 6월 순군만호부에서 전 호군 임중보를 통해 그를 왕으로 추대하려는 반란 음모가 있다는 것을 알아내고 가두어 심문하여 왕에게 아뢰었다.

"전 호군 임중보를 심문한 결과 전 정승 손수경, 감찰대부 손용, 전 판사 홍계, 김성, 전교령 정세공 등과 함께 왕석기를 왕으로 추대하려고 역모를 꾸민 사실이 드러났습니다."

이에 이들은 체포되어 순군옥에 갇히게 되었다. 그러나 마지막으로 감찰대부 손용을 잡으러 순마관이 군사를 이끌고 감찰사로 갔을 때였다. 감찰지평 전우상이 "감찰사의 대관은 설사 죄가 있다 하더라도 감찰대의 일을 모두 끝마친 뒤에야 투옥하는 것이 마땅하니 순마관은 이곳에 곧바로 들어올 수가 없소."라고 말했다. 이에 손용은 평소와 같이 업무를 마친 뒤에 순군만호부로 갔다. 그러나 임중보는 손용과의 대질에서 모진 고문까지 받았으나 끝내 이 일에 연루되지 않았다고 대답했다. 결국 임중보, 손수경, 홍계, 김성은 참형되고, 정세공 등은 장형을, 강윤충은 동래 현령으로 보내지고, 석기는 제주의 수정사에 위리안치되었다. 손용은 석방되었다.

이에 이안과 정보는 만덕사에 가서 석기를 압송하여 배를 띄웠는데 밤이 되자 이안이 정보에게 나직이 말했다.

"개경을 출발할 때 사람이 다녀갔는데, 왕명이라면서 왕석기를 유배 중에 바다 속에 빠뜨려 죽이라고 하였소."

그러나 이들이 석기를 찾았을 때는 이미 사라진 뒤였다. 이안 등은 회항하여 그가 배를 탈 때 바닷물에 떨어져 죽었다고 거짓으로 보고하였다. 일설에는 이안이 그를 바다에 밀어 넣었으나 다행히 죽지 않고 도망하여 평양으로 가서 승려 귀속과 함께 숨어 살았다고 한다.

공민왕 12년(1363) 2월 서북면 도순문사 전녹생은 "왕석기라고 불리는 자가 평양부에 있는데 이곳에서 흉악한 무리를 규합하여 반란을 꾀하고 있습니다."라고 보고했다. 이에 각 도에서는 군사를 징발하여 경계를 서고, 경부흥과 임견미가 평양에 파견되었다. 그 후 10년이 지난 공민왕 22년(1373) 12월 평양윤 전녹생이 서해도 도순문사 김유를 시켜 왕석기를 잡아 목을 베어 개경으로 보냈다. 그러나 저자에 걸린 왕석기의 머리를 본 사람들 사이에서는 그 목이 왕석기의 것이 아니라는 소문이 퍼졌다. 왕석기의 외조부 임신 역시 손자가 아니라고 말했다. 실제 전녹생이 처형한 사람은 귀속으로, 일설에는 만덕사에서 함께 승려 생활을 하던 귀속이 왕석기가 유배된 후 환속하여 함께 떠돌아다니다 왕석기로 오인을 받아 죽었다고 한다. 한편으로는 그가 왕석기를 빼돌리고 대신 죽었다는 말도 있다. 이 사건으로 임신은 왕석기가 망명한 것을 알면서 고발도 하지 않았으며 이안과 정보는 왕을 속인 불충한 자들이라 하여 참형되었다.

조카 왕석기를 끈질기게 죽이려고 했던 공민왕이 죽고 우왕 1년 (1375) 5월, 안협 수령이 왕석기라는 자를 붙잡았다고 조정에 고했다. 왕석기는 안협에 정착하여 그 지방의 여자와 결혼하여 아들을 낳고 살았는데, 이때 백언린이라는 자의 집에 머물렀다. 그러나 백언린이 왕석기를 수상히 여겨 그의 짐을 조사하여 관아에 고발한 것이었다. 시중 경부흥이 그의 면모를 잘 알고 있는 찬성사 목인길을 불렀다. 목인길은 신돈이 공신들을 제거할 때 무관으로 글자를 알지 못하여 무사했던 인물로, 후에 신돈을 제거하기로 모의했다가 청주로 유배되어 관노로 일했다. 이후 신돈이 죽자 해배되어 다시 기용된 인물이었다.

"지금 안협 백성 백언린의 집에 왕석기가 잡혀 있다고 하니 서둘러 군사를 데리고 가서 확인해 보고 압송하여 오라."

이에 목인길은 밀직부사 조인벽을 대동해 군사들을 이끌고 백언린의 집에 도착했다. 곳간에 갇혀 있는 왕석기는 행색은 비참하였으나 이목구비가 뚜렷하고 기위(奇偉)하며 말하는 품이 범상치 않아 보는 이들이 모두 참으로 왕자다웠다고 말했다. 목인길은 그가 왕석기임을 확신했고, 그를 사면해 달라고 요청했다. 그러나 이인임은 여러 차례 환관을 보내어 석기를 참하라고 독촉하였다. 목인길이 아무 죄도 없는 그를 차마 참하지 못하고 망설이고 있는데 갑자기 부하 최인철이 큰 소리를 지르면서 칼을 뽑았다.

"이 변변치 못하고 졸렬한 중이 망령스레 감히 왕자라고 자칭하면서 인심을 현혹하고 소란케 하느냐?"

이리하여 왕석기는 최인철에 의해 참하게 되니, 그의 나이 35세였다. 그를 고발한 백언린 역시 왕석기를 집에 머물게 한 죄로 장형을 받았고, 왕석기의 정체를 알면서도 고하지 않았다는 혐의로 정양보는 참형되고 이구는 장 1백의 형을 받았다.

그해 9월 왕석기가 평민 여성과의 사이에서 난 아들이 전 평리 양백익의 초막에 숨어 지낸다는 사실이 알려졌다. 이 사실이 알려져 순군만호부에서 양백익을 심문했다. 이에 양백인은 경산부로 유배를 갔고, 왕석기의 아들은 계룡산으로 출가시키라는 명이 내려졌다. 그러나 왕석기의 아들은 계룡산으로 가는 도중 이인임 등의 사주를 받은 아전에 의해 살해되고 말았다.

내 닝을 그리사와 우니다니

성종 11년(992) 7월 왕의 누이이자 경종의 비였던 헌정왕후가 숙부 왕욱과 정을 통해 왕욱의 집에서 잠을 자고 있을 때 종들의 부주의로 불이 났다. 백관들이 달려가서 불을 껐는데 이때 왕이 위문하러 갔다가 이 사실을 알게 되었다. 이에 화가 난 왕이 말했다.

"내시알자 고현에게 욱을 압송하게 하고 유배 보내라."

이에 왕욱은 경상도 사수현(사천)으로 유배 보내졌다.

한편 그녀는 왕욱을 마중하고 돌아오는 길에 아들을 낳으니 이가 대량원군 왕순(훗날의 현종)이었다. 그녀가 아들을 낳고 죽자 왕은 이를 불쌍히 여겨 아기를 궁궐로 데려오게 하여 돌보게 하였다.

이듬해 왕은 아기를 유모와 함께 왕욱의 적소에 보내어 살게 하였다. 그러나 3년 만에 왕욱이 죽자 왕은 아기를 다시 궁궐로 데려왔으나 이듬해 1년도 되지 못하여 왕이 승하하였다.

의종 5년(1151) 왕이 개최한 연회에서 대간(어사대와 낭사)들이 "정함이 일품관리가 허리에 두를 수 있는 서대를 착용하고 권지합문지후로 임명된 것은 부당합니다."라고 아뢰었다.

이에 정함은 "대간들이 대령후 왕경을 왕으로 추대하려고 합니다."라고 맞불을 놓았다. 그러나 이 고발이 무고임이 밝혀지자 정함은 다시 정서 등 외척들이 대령후 왕경과 교제하면서 모반을 꾀한다고 무고하였다. 정함은 환관으로 왕의 유모의 남편이었다. 그는 2백 간이 넘는 집을 소유하고 수백 명의 노비를 거느렸는데, 이는 왕이 측근정치를 하면서 환관의 힘이 극대화되었기 때문이었다. 정서는 임원후의 사위이자 공예태후 여동생의 남편으로 왕의 이모부가 된다. 이에 김존중과 대간들이 정서 등 외척 세력들을 처벌해야 한다고 탄핵하자 왕명이 내려졌다.

"정서, 양벽, 김의련은 장을 쳐서 유배하고 최유청(정서의 매제)은 남경 유수로 보내라."

왕은 확실한 증거도 없이 공예태후가 살아 있는데 외조부를 제거할 명분이 없어 이모부를 벌주는 것으로 마무리하고자 하였다. 이때 왕이 정서에게 말하였다.

"이번 일은 조정의 의사에 몰린 일이니 어쩔 수가 없다. 가 있으면 내가 소환할 것이다."

그리하여 그해 5월 정서는 장류되어 장을 맞고 동래에 유배되었다. 정서는 과정(망산)에 적소를 정하고 해배 소식을 기다리며 과정에 올라 왕이 있는 북쪽을 향해 수없이 절을 하였다. 임춘의 문집 《서하집》에는

"그가 사는 곳은 역과 같고, 할 일 없이 산골을 돌아다니며, 나막신을 신고 산에만 오르네."라며 그의 적서 생활이 묘사되어 있다.

5년이 지난 의종 10년(1156) 3월 그의 처벌을 주장한 김존중이 죽고 4월에 사면이 있었으며 9월에는 그의 장인 임원후가 죽고 10월에 다시 사면이 있었으나 그에게는 아무런 소식이 없었다. 이에 그는 "내 님을 그리사와 우니다니, 산접동새 난 이슷하요이다."라며 왕에 대한 그리움과 원망을 표현했다.

한편 왕은 평소 외척과 신하들이 대령후 왕경의 집에 드나들고 대령후가 도량이 있고 인심을 얻고 있는 것을 위협으로 느껴 간관들을 부추겨 정서 등의 죄를 다시 탄핵하게 하였다. 이에 왕은 대령후의 사무관청인 대령부를 폐쇄하고 이듬해 2월 하교하였다.

"대령후를 충청도 천안부로 유배하고 정서는 거제도로 이배하며 남경 유수 최유청을 충주 목사로 보내라."

이른바 대령후 사건이다. 이에 그는 거제도에서 13년 동안 유배 생활을 하다가 의종이 죽고 명종 즉위년(1170)에야 해배되어 다시 등용되었다.

왕명을 위조한 사람들

왕명을 위조하여 유배된 이들도 수차례 있었다. 충혜왕 복위 3년(1342) 6월 홍법사의 주지 학선은 왕의 사부가 되었다. 그는 왕이 술사의 말을 듣고 숭교사를 헐고자 했을 때 이를 막았으며, 성 밖에 동서대비원을 지어 병든 백성들을 치료하게 하는 등 총애를 받았다. 그러나 이듬해 3월 그는 왕지를 거짓으로 꾸며 죄인을 석방한 일로 4월에 제주로 유배되었다. 제주도에 유배를 간 우리나라 사람으로는 그가 최초이다.

공민왕 4년(1355) 8월에는 환관 김빠앤티므르가 거짓 왕지로 임군보를 내승제조에 임명했다. 10월 이 일이 대신들에게 알려져 지도첨의 사사 김용과 군부판서 정세운이 왕에게 아뢰었다. 이에 김빠앤티므르는 외지로, 임군보는 태안으로 유배를 보내며, 김용과 정세운은 매일 입궁하여 일의 대소사에 관계없이 모두 고하라는 명이 내려졌다. 그러나 임군보는 유력 관리들을 만나 호소하며 유배 길을 떠나지 않고 지체했다. 김용과 정세운이 이를 아뢰자 분노한 공민왕은 그를 제주로 이배시켜 목자로 일하게 하였다.

그해 12월 찬성사 김보가 모친상을 당하자 그의 세력을 약화시키기 위해 김용은 몰래 정동행성 도사 최개를 찾아가 조정의 모든 벼슬아치는 부모의 삼년상을 반드시 치르도록 건의하는 글을 바치게 하였다. 이어 김용은 이 글을 가로채 왕지라 하여 도평의사사에 내려보내고 시행하도록 하였다. 그러나 도평의사사에서 이 일을 재고해 줄 것을 왕에게 아뢰는 바람에 김용의 거짓이 탄로 나고 말았다. 그달에 김용은 제주에 유배되었으나 이듬해 3월 해배되었다.

그러나 공민왕 10년(1361) 정세운, 안우 등이 홍건적을 격퇴하여 큰 공을 세운 것을 시기하고 있던 김용은 이듬해 정월 왕지를 거짓으로 꾸며 안우 등에게 총병관평장사 정세운을 죽이게 하고 안우마저 제거하였다. 이어 그는 다시 거짓 왕지를 내려 이 사건의 진상을 알고 있는 이방실, 김득배를 붙잡아 오는 자에게 상을 내린다고 하여 이들을 모두 죽였다. 심지어 그는 이듬해 홍왕사 행궁에 있는 왕을 시해하려 하였으나 환관 안도치를 왕으로 오인하여 살해하고 말았다. 공민왕은 처음에는 이 내막을 잘 알지 못하고 그를 밀양에 유배하였으나 나중에 모든 사실이 밝혀져 그는 계림부(경주)에 투옥된 뒤 사지가 찢기는 극형을 받았다.

왕명을 사칭한 경우가 정권을 전복시킨 경우도 있다. 고려 의종 때 무신 이고와 이의방은 왕명을 사칭하여 순검군을 집합시켜 무신정변을 일으켰다. 조선 단종 때 수양대군은 한명회 등과 군사들을 거느리고 김종서에게 철퇴를 가했다. 이후 수양대군은 왕명을 사칭하여 중신들에게 속히 입궐하라는 초패를 돌려 황보인 등을 죽이고 마침내 왕위에 오르니, 이른바 계유정란이다.

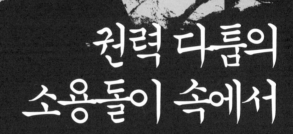

3부

권력 다툼의
소용돌이 속에서

유배형은 현대를 살아가는 우리가 상상치 못할 만큼 대단히 무거운 형벌이었다.
공동체를 생활의 기반으로 삼는 조선 사회에서 유배형이란 종신토록 생활공동체
로부터의 배제를 의미하는 형벌이었기 때문이었다. 게다가 생면부지의 낯선 땅
에서 빈곤함에 시달리며 지방 관원들의 시달림을 받는 것은 선비들에게는 못 견
디게 치욕스럽고 험한 생활이기도 했다.

조선 건국의 2인자

조선 건국에 대해 이야기할 때 정도전을 논하지 않는다면 의미가 없을 정도로 그의 공은 지대하다. 정도전은 이성계의 책사로 쿠데타의 불을 지핀 최초의 장본인이자 주역이었다. 그는 조선 개국의 2인자로 개국공신에 올라 조선 초기의 제도와 문물을 정비하고 기틀을 다져 나갔다. 그러나 2인자의 위치는 늘 불안하고 견제가 심한 법, 특히 왕조 시대의 2인자는 왕과 조정 신료들 사이에서 권력 다툼의 희생자가 되곤 하였다.

이런 권력 다툼은 부자간이라도 예외가 없었는데, 고려 시대 충렬왕은 아들 충선왕의 폐위를 원나라에 직접 건의하기도 했고, 충선왕은 이런 다툼을 겪으면서 세자 왕감을 죽이기까지 하였다. 조선 시대에도 인조가 아들 소현세자의 죽음을 묵인 혹은 방관했다는 의혹을 받고 있으며, 영조 역시 사도세자를 뒤주에 굶겨 죽이는 초유의 사태를 벌였다.

정도전 역시 공민왕 때의 신돈, 숙종 때의 조광조 등과 같이 신하로서 2인자의 위치에 올랐다 권력 다툼의 소용돌이 속에서 풍운의 삶을 살았다. 정도전은 공민왕 11년(1362) 진사시에 급제하여 벼슬 길에 올랐다. 공민왕이 시해되자 그는 이 사실을 명나라에 고할 것을 주장하다가 수문하시중 이인임의 미움을 샀다.

이듬해 5월 대신 이인임 등이 북원의 사신이 올 때 그를 영접사로 임명하여 영접하게 하였다. 그러나 그는 강력하게 반대하며 이숭인 등과 함께 도평의사사에 "불가합니다. 만약 북원의 사신을 맞는다면 온 나라의 관원과 백성이 모두 나라를 어지럽히는 불충의 죄를 짓게 될 것입니다."라는 글을 올렸다. 그는 북원 사신의 영접을 반대한 일로 이인임 등에 의해 그해 여름 회진(나주)의 거평부곡(소재동)으로 유배를 가게 되었다.

우왕 3년(1377) 7월 왜구의 출몰로 그는 영주로 이배되었다가 다시 단양, 제천, 안동, 원주 등으로 피란길을 전전하다 해배되었다. 우왕 9년(1382) 가을 그는 함주(함흥) 동북면 도지휘사로 있는 이성계의 군막을 찾아갔다. 이성계는 홍건적과 왜구 토벌로 명성이 높았던 인물로, 그는 이성계의 군사가 잘 훈련되어 질서정연한 모습을 보고 남몰래 이성계에게 다가갔다.

"참으로 훌륭합니다. 이 정도의 군대라면 무슨 일을 못하겠습니까?"

이듬해 봄에야 그는 김포로 돌아왔다. 그리고 그해 여름 정도전은 다시 이성계에게 돌아갔는데, 이때부터 본격적인 쿠데타 모의에 들어

간 것으로 보인다. 그 후 그는 왕의 교서를 짓는 지제교에 올랐으며, 왕사였던 보우선사의 비문을 썼다. 훗날 그가 동양 역사상 가장 수준 높은 불교 비판서로 알려진 《불씨잡변》을 쓴 일을 생각하면 의외의 행적이 아닐 수 없다.

그 후 이성계와 신진사대부들은 공양왕 3년(1391) 5월 권문세족의 기반이던 토지 소유를 억제하기 위해 과전법을 공표했다. 이에 권문세족과 기성 사대부들은 강력히 반발하였고, 그해 9월 대사헌 김주와 형조에서 정도전을 탄핵했다. 정도전은 이에 평양 부윤으로 좌천되었으나 사헌부와 형조에서 재차 거세게 탄핵하여 결국 파직되어 유배되고, 두 아들도 서인이 되었다. 그러나 이듬해 봄에 해배되어 부친의 고향인 영주의 봉화로 돌아갔다.

그해 4월 이성계가 해주에서 사냥을 하다가 낙마하여 부상을 당하였다. 이때 정몽주, 서견 등이 "정도전의 가풍이 부정하고 계율을 어기고 지키지 아니하니 그 죄를 물어야 합니다."라는 상소를 올려 탄핵했다. 정도전은 다시 봉화에서 체포되어 보주(예천)의 옥에 잠시 갇혔는데 일설에는 그후 유배되었다고 한다. 그러나 정몽주가 선죽교에서 살해된 후 이성계가 정권을 장악하자 해배되고, 두 아들도 복직되었다. 조선이 건국된 그해 7월 그의 탄핵으로 이색은 금주로, 설장수는 해도로, 이숭인과 우현보의 아들 우홍수 등은 전라도 등으로 각각 장류되고, 우현보는 정몽주의 시신을 거두어 장례를 치러 주었다가 경주로 유배되었다.

정도전에게 유배 구실을 제공한 것은 가문 문제였다. 우현보의 친족인 김전은 종 수이의 아내와 정을 통해 딸을 낳았는데 그 딸을 정우연에게 첩으로 보냈다. 정우연과 첩에게서 난 딸이 정운경에게 시집을 가서 아들을 낳으니 그가 곧 정도전이었다. 다시 말하면 그의 외할머니가 노비의 딸이라는 것이다.

정도전은 우현보와 아들들이 이 소문을 퍼뜨렸다고 생각하여 평소 유감이 컸다. 때문에 그는 심복인 황거정 등에게 이숭인과 우현보의 아들 우홍수 등이 장 1백 대를 맞고도 죽지 않으면 교살하라고 지시했다. 그리하여 이숭인, 우홍수 3형제 등 5명이 황거정과 손홍종에게 장을 맞았다가 죽지 않아 교살되고, 곤장에 맞아 병들어 죽은 것으로 은폐되었다. 그러나 이 사건은 훗날 조선 태종 때 황거정 등이 국문을 받다 이 사실을 자복하고, 손홍종이 공초하여 알려지게 되었다.

8월, 정도전, 조준, 배극렴 등은 세자 책봉 문제를 거론했다. 이때 신의왕후 소생의 아들들은 제외되고 계비 신덕왕후 강씨 소생의 11세의 의안대군 방석이 세자로 책봉되었다. 이에 신의왕후 소생인 방과, 방원 등이 크게 반발하였다. 장남 방우는 본래 부친의 역성혁명에 반대하여 정치에 뜻을 두지 않고 거의 매일 술만 마시다가 이듬해 죽었다.

태조 6년(1398) 정도전이 주장한 요동정벌 계획에 따라 양주목장에서 진도에 따라 군사훈련이 시작되고, 6월에 왕이 환관들을 보내 점검하게 했다. 이어 그는 왕권에 위협적인 사병제도를 혁파하고 공병으로 편입시키는 정책을 추진하여 왕자들의 군사력을 무력화시키고자 했다.

그해 8월 태조는 사헌부에 "진법을 배우지 않는 왕자와 신하들을 조사하라."라는 하교를 내렸다. 이에 사헌부는 "정안대군 이방원 등 282명을 문책하십시오."라고 아뢰었다. 그러나 태조는 "이지란 등은 개국공신이니 용서해 주고, 왕자들은 왕과 가까운 친족이므로 사면하고, 나머지는 모두 태형 50대를 내린다."라고 하교했다.

이때 태조가 병으로 자리에 눕게 되었다. 정안대군 방원은 이 기회에 정도전 일파를 제거하고자 마음먹었다. 그달 말경 이방원은 처남 민무구 형제, 이숙번 등과 함께 남은의 소실 집에서 남은, 심효생 등과 환담을 하던 정도전을 습격하여 참수했다. 이어 친군위도전무 박위 등을 참형했으며, 신덕왕후 소생인 이복동생 방번을 양화도 부근에서 죽이고, 세자 방석도 폐위시켜 귀양 보냈다가 도중에 살해하였다. 세자의 장인 심효생, 남은 등도 참수되었다. 이를 제1차 왕자의 난이라고 한다.

이방원은 태종으로 즉위한 후 "정도전이 임금을 속여 이숭인 등을 함부로 죽였으니 죄가 공보다 크다. 그의 재산을 적몰하고 자손을 금고하라."라는 명을 내렸다.*

---

* 그러나 정도전의 아들 정진은 태종 7년(1407) 좌의정 성석린의 천거로 나주목 판사로 기용되어 형조판서에까지 올랐다.

권좌에서 밀려난 조선의 군주들

단종 3년(1455) 6월 수양대군이 왕의 측근을 제거하는 등 압박을 주자 더 이상 견디지 못한 어린 왕은 내시 전균을 불러 선위의 뜻을 밝혔다. 단종은 상왕으로 물러나고 수양대군이 세조로 즉위했다. 이 같은 수양대군의 왕위 찬탈은 유교정치의 법도에 어긋나는 행위일 뿐만 아니라 정통성의 결핍으로 많은 유신들의 반발을 샀다. 특히 집현전 학사들은 수양대군이 조선의 주공이 되길 원했다. 중국 주나라의 주공은 형인 무왕이 죽고 난 후 나이 어린 조카(성왕)를 보필해 섭정하였지만 왕위를 넘보지 않았다. 즉, 수양대군이 어린 왕을 보필하여 나라의 기틀을 다지는 군자의 길을 걷기를 기대했던 것이다.

세조 2년(1456) 5월 명나라에서 책봉사 윤봉이 세조의 즉위를 인정하는 고명을 가지고 왔다. 6월에 세조는 창덕궁 광연전에서 상왕 단종을 모시고 명나라 사신의 초대연을 열기로 하였다.

이에 평소 세조의 왕위 찬탈에 울분을 품고 있던 이개가 단종의 복위를 거론하자, 성삼문 등이 거사를 하려다가 미루었다. 그러나 김질의 배신으로 성삼문 등은 모두 죽임을 당하고, 아들들도 죽게 되었으며, 부인과 딸들은 노비가 되었다. 이때 죽은 이들을 사육신이라 칭한다. 사육신 중 혈손이 생존하고 있는 집안은 박팽년 가문뿐이고, 동생의 아들을 양자로 들인 하위지 가문이 있다고 알려졌다.

성삼문 등이 국문을 당할 때 평소 이들과 가까이 지내던 사헌부 감찰 정보가 있었다. 서누이동생이 한명회의 소실이었기에 그는 급히 한명회의 집으로 갔다.

"공은 어디로 가셨는가?"

"죄인들을 심문하러 입궐하셨습니다."

"그들이 무슨 죄를 지었단 말인가? 공이 만일 이 사람들을 죽인다면 만고의 죄인이 될 것이다."

그는 이렇게 한마디를 하고 발길을 돌렸다. 그날 저녁 한명회가 집으로 돌아오자 집안 사람들은 그가 다녀가면서 했던 말을 전했다. 이 일로 그는 난언죄로 의금부에 끌려가 국문을 받게 되었다.

"저는 항상 성삼문과 박팽년을 정인군자로 여겨 왔고, 그런 말을 한 것도 사실입니다."

그러자 좌우의 신하들이 그가 자백을 했다 하여 처형할 것을 아뢰었다. 세조는 거열형을 명했으나 그의 태연자약함에 이상하여 좌우의 신하들에게 물었다.

"저 자는 누구인가?"

"포은 정몽주의 손자입니다."

"뭐라! 포은의 손자라고? 충신의 후손을 죽일 수는 없다. 형벌을 멈추고 그를 유배하도록 하라."

이에 정보는 연일에 유배되었다가 다시 단성으로 이배되었는데, 거듭된 신하들의 주청으로 결국 배소에서 죽임을 당하였다. 태조와 태종은 선비들에게 조선 왕조에 대한 절개와 충성을 요구하는 정치적 포석으로 삼기 위해 고려의 충신이었던 길재, 정몽주 등을 '충(忠)'의 표상으로 삼아 이들을 복권시켜 연좌제를 적용하지 않았다.

세조 3년(1457) 성삼문의 거사 계획에 관련되었다는 이유로 상왕으로 물러난 단종을 한양에서 내쫓자는 주청이 여러 번 있었다. 그해 6월 단종은 노산군으로 강등되어 영월에 유배되었다. 유배 길을 떠나 청계천 중류에 있는 다리에 이르렀을 때, 단종과 정순왕후는 서로 눈물을 흘리며 마지막으로 서로의 얼굴을 보고 이별을 하였다. 단종과 정순왕후의 사이에는 후사가 없었다. 이들이 다리 위에서 이별한 뒤 다시는 만나지 못했다 하여 이 다리를 '영영 이별다리', '영원히 건너간 다리'라는 의미의 영도교라 불렀다고 한다.

단종의 유배 길은 호송 군졸의 눈을 피해 우는 백성들의 울음소리로 가득하였다고 한다. 유배 행렬은 한양을 떠난 지 꼭 5일 만에 청령포에 당도했다. 청룡포는 남한강의 지류인 서강이 곡류하여 우리나라 모양의 지형을 이룬 곳이다. 삼면이 물로 막혀 있고 뒤편은 험한 산봉우리들로 둘러쌓여 배가 아니면 오갈 수 없는 두메라고 할 수 있다.

단종은 서강변의 청령포에서 유배 생활을 시작하였다. 여름이 다가와 서강이 범람하여 청령포 일대가 침수되자 단종은 강 건너 영월부의

청령포 단종이 노산군으로 강등된 후 유배된 곳으로 강원도 영월에 소재하고 있다.

객사 동헌 관풍헌으로 적소를 옮겼다. 이에 단종은 매일 매죽루에 올라 앉아 외로움을 달래려 밤에 사람을 시켜 피리를 불게 하니, 그 소리가 먼 마을까지 들렸다고 전한다. 단종은 매죽루 누각에 올라 "밝은 밤에 두견새가 가늘고 작은 소리로 두런거리고, 시름에 잠겨 누대에 머리를 기대니……", "원통한 새 한 마리가 궁중을 홀로 떠난 뒤에, 짝 잃은 외로운 몸은 산속을 헤매고……" 등 시를 읊으며 유배 생활의 근심을 달랬다.

한편 그해 6월 금성대군 이유가 단종 복위를 꾀했다는 기천 현감의 고변이 있었다. 9월 신숙주는 세조를 독대하고 노산군(단종)과 금성대군을 사사해야 한다고 주청했다. 10월에는 대신들이 주청을 올렸고, 양녕대군까지 그달 18일, 19일, 20일 세 차례나 세조를 찾아가 금성대군과 노산군의 처단을 주청하고 직접 상소까지 올렸다. 마침내 세조는 노산군을 폐서인하고 사사하라는 어명을 내렸다.

이튿날 오전 봉명신으로 의금부 도사 왕방연 등이 말을 타고 영월로 출발하였다. 왕방연 일행은 3일 만에 영월에 도착하여 배를 타고 청령포를 건넜다. 그러나 감히 들어가지 못하고 머뭇거리다 관풍헌으로 들어가 뜰 가운데 입시한 후에도 고개만 떨구고 있던 왕방연은 금리의 재촉에 입을 뗐다.

"어명이오."

단종은 깜짝 놀라 옷을 갖추고 마루에 나와서 조용히 물었다.

"어인 일인가?"

왕방연은 차마 대답하지 못하고 말없이 고개를 숙이고 있다 잠시 후에 떨리는 목소리로 사사 명을 전했다. 단종은 아무 소리도 하지 않고 하늘만 쳐다보았다. 이에 그도 차마 사약을 내놓지 못하고 엎드려 가만히 있었다.

이렇게 시간이 흐르자 단종을 모시던 수령의 잔심부름꾼 통인(일설에는 공생)이 공을 세워 보려고 대신할 것을 자청하였다. 통인이 활줄에 긴 노끈을 이어서 올가미를 만들어 단종의 목에 씌우고 잡아당기니 이때가 유시(오후 5시~오후 7시)였다. 짧고도 한 많은 삶을 마치고 승하한 단종의 춘추는 17세로, 유배된 지 불과 4개월 만의 일이었다.*

관가에서는 단종의 옥체를 동강에 던져 버렸으나 영월 호장 엄흥도가 아들 3형제와 함께 옥체를 운구하여 영월 서북방 지역에 있는 자신의 선산인 동지을산 자락에 밀장하고 자취를 감추었다고 한다. 단종을 모시던 시녀들은 어린 단종의 비참한 죽음에 가눌 길 없는 슬픔으로

---

* 단종의 죽음에 대해서는 여러 가지 설이 있다. 《세조실록》에는 "노산군이 이를 듣고 또한 스스로 목매서 졸하니 예로써 장사 지냈다."라고 기록되어 있으며, 야사인 《병자록》에는 "노산군을 사사하였다."라고, 《송와잡기》에는 "공생이 한 일은 한 가닥 활줄로 목매어 죽였다."라는 등의 기록이 있다. 훗날 《숙종실록》에는 왕방연이 사사의 명을 받들고 금부도사 대신 단종의 목에 줄을 걸었다는 기록이 나온다.

동강 절벽에 올라 강에 몸을 던져 자결하였다. 이후 이곳을 낙화암이라고 부른다.

의금부 도사 왕방연은 단종에게 사약을 진어하고 한양으로 돌아가는 길에 청령포를 바라보면서 "천만 리 머나먼 길에 고운 임 여의옵고."라며 당시의 심경을 표현했다고 한다. 광해군 9년(1617) 병조판서 김지남이 영월을 순시할 때 아이들이 이 시조를 노랫가락으로 부르며 지나갔다는 말도 전한다.

이러한 세조의 행태는 고려의 숙종에게서도 찾아볼 수 있는데, 즉위 과정이 거의 똑같다. 선종이 죽고 11세의 왕욱이 왕위를 계승하니 그가 헌종으로, 모친 사숙태후가 수렴청정을 하였다. 이듬해 7월 이자의가 왕균을 추대하고 난을 일으켰으나 계림군 왕희에 의해 진압되었다. 이에 헌종은 그를 중서령(영의정)에 임명하고 불과 2달 후에 선위하였다. 이가 숙종으로 당시 42세였다. 왕위에서 물러난 헌종은 궁궐을 나가 거처를 선종의 사저였던 홍성궁으로 정했는데 숙종 2년(1097) 2월 "전 임금이 병사하였다."라고 기록되어 있으나 독살 가능성이 높다고 한다.

단종의 죽음을 뒤늦게 알게 된 정순왕후는 5년 뒤인 22세에 정업원(종로구 숭인동)에 출가하여 지진스님으로부터 허경이라는 법명을 받고 속세와의 인연을 끊었다. 이후 오로지 억울하게 죽은 단종의 극락장생을 빌며 살다가 82세에 죽었다.

인륜을 거부한 연산군

성종은 동왕 4년(1473) 사대부 집안 출신의 후궁 2명을 들였다. 전

판봉상시사 윤기견의 딸(연산군의 생모)과 유생 윤호의 딸(중종의 생모)로 이들은 숙의의 작첩을 받았다. 윤기견은 세종 때 문과에 급제한 인물로 그의 딸 윤씨는 아버지가 죽자 어머니 신씨(윤기견의 두 번째 부인)에 의해 궁으로 들어갔다. 이듬해 공예왕후가 17세의 나이로 소생도 없이 요절하자 성종은 윤기견의 딸 윤숙의를 왕비로 책봉하였다. 그리고 그해 11월 연산군이 태어났다.

그러나 왕후 윤씨는 인형을 만들어 저주한 일, 투기하는 마음만 가진 일, 몰래 독약을 품고서 궁인을 해치고자 한 일, 방술서를 가지고 있었다는 등의 일로 빈으로 강등되어 자수궁에 따로 거처하게 되었다. 결국 그녀가 중전의 자격이 없다는 여론에 더해 인수대비가 앞장서서 폐출을 주장하자 성종 10년(1479) 6월 폐출 교서가 내려졌다. 이에 왕비는 그날로 폐출되어 사가로 쫓겨난 뒤 바깥세상과 접촉이 금지되었는데, 이때 아들 연산군의 나이 겨우 네 살이었다. 며칠 후 성종이 대신들에게 폐출 사유를 설명했다.

"예전에 중궁이 방에 비상을 바른 곶감을 몰래 주머니에 넣어 두었다가 나에게 발각된 적이 있었다. 이것을 나에게 먹이고자 한 것인지는 알 수가 없으나, 이 일은 내가 자식을 두지 못하게 하거나 혹은 반신불수가 되게 할 수도 있는 일이다."

야사에는 왕비가 왕이 후궁들의 처소만 찾고 자신의 처소에 들지 않고 멀리한다 하여 용안에 상처를 내었는데, 3년 후에 다시 용안에 큰 손톱자국을 내는 바람에 폐출되었다고 한다. 그러나 어느 학자가《성종실록》을 조사하여 보니 대비들의 언문교지에도 그런 내용이 없고, 왕이 대신들에게 그런 말을 한 사실도 없으며, 폐출교서에도 그런 사실은 보이지 않는다고 한다. 그녀가 이렇듯 무력하게 폐출된 것은 집안 배경이 없는 이유도 일부분 작용했으리라 보인다. 만약 그녀가 유력한 명문가의 여식이었다면 상황은 달라졌을 것이며, 성종이 그렇게 감정적으로 내치지는 못했을 것이라는 주장도 제기되고 있다.

이듬해 11월 윤호의 딸 숙의 윤씨가 왕비가 되니 정현왕후이다. 그러나 이후에도 인수대비와 엄숙의, 정숙용 등은 폐출된 윤씨에 대한 중상을 그치지 않았고, 결국 폐비 윤씨는 성종 13년(1482) 8월 "폐비 윤씨의 성품이 본래 음흉하고, 행실이 도리에 어긋나며, 순리에 거스름이 많았다. 이 음흉한 사람에게는 용서할 수 없는 죄가 있어 사저에서 죽음을 내린다."라는 교지가 내려졌다.

이극균이 전지를, 형방승지 이세좌가 약사발을 받들고 폐비의 집으로 가서 사약을 내리니, 사가로 쫓겨난 지 3년 만이었다. 이때 세자 연산군의 나이 일곱 살이었다. 야사에는 폐비가 사약을 마시고 토한 피 묻은 흰 금삼을 생모 신씨에게 건넸다고 한다.

"세자가 다행히 목숨을 보전하거든 이것을 보여 주고 나의 슬프고 원통한 사연을 알려 주오."

생모 신씨는 그 피 묻은 적삼을 고이 간직했다고 한다. 이 일화는 1938년 월탄 박종화가 쓴 《금삼의 피》로 인해 유명해졌다.

폐비를 사사한 이튿날 폐비의 생모 신씨와 아들 윤구, 배다른 형제들인 윤우, 윤후도 유배 길에 올랐다.

그 후 성종이 죽고 연산군은 동왕 1년(1495) 3월 부왕의 묘지문을 작성하는 과정에서 외가에 대해 처음으로 알게 되었다. 비로소 연산군은 외조부가 윤기견이고, 자신이 폐비 윤씨의 자식이며, 생모가 폐위되어 죽은 것을 확인하게 되었다. 그러나 연산군은 이미 세자 때부터 생모인 폐비 윤씨의 비극적인 삶과 자신을 돌본 어머니가 친어머니가 아니라는 것을 막연하게나마 알고 있었던 것으로 보인다. 실제로 연산군은 즉위한 뒤 "장흥에 유배되어 있는 윤구를 해배하고, 쌀 30석과 노란 콩 20석을 하사하여 생활이 어렵지 않도록 하라."라고 하교한 일이 있었다.

연산군 4년(1498년) 《성종실록》의 편수관 이극돈은 사초를 점검하던 중 사관 김일손이 쓴 사초를 보고 분노하게 되었다. 김일손은 이극돈이 전라 감사로 있던 시절 정희대비의 상중에 근신하지 않고 기생을 끼고 술판을 벌인 비행을 직필하였고, 이에 이극돈은 징계를 받은 바 있었다. 이극돈은 후에 이 사실이 사초에 실릴 것을 염려하여 김일손에게 삭제해 줄 것을 요청한 바 있으나 일언지하에 거절당하여 크게 앙심을 품고 있었다. 그런데 사초를 점검하던 중에 자신의 비행을 적은 글이 보인 것이다. 그는 김일손이 스승 김종직의 〈조의제문〉을 사초에 실은 것을 발견하고 그를 빌미로 앙갚음하고자 했다. 〈조의제문〉은 김종직이 세조를 항우로, 단종을 항우에게 죽임당한 의제에 비유한 글로 세조의 왕위 찬탈을 비난하고, 단종을 애도하며 지은 것이다. 이는 세조의 정통성을 부정하는 것으로 곧 연산군의 정통성마저 부정하는 글로 읽힐 수 있었다. 이극돈은 한달음에 유자광을 찾아갔다. 유자광 역시 함양 관청의 현판으로 걸어 둔 자신의 시를 훗날 군수로 온 김종직이 "소인의 글이다."라며 떼어 낸 일과 "유자광은 남이를 무고로 죽인 모리배이다."라고 말한 것에 앙심을 품고 있었다고 한다.

이에 이극돈과 결탁한 유자광은 연산군에게 〈조의제문〉은 세조가 단종으로부터 왕위를 찬탈한 일을 비유한 것으로 분명히 비방하는 뜻이 있습니다."라는 취지의 상소를 올렸다.

"김종직은 대역부도죄로 논해야 하며 그가 지은 글은 모두 불태워 버려야 합니다."

유자광은 〈조의제문〉이 세조의 정통성을 문제 삼고 있다며 연산군을 자극했다. 연산군은 사초를 직접 검토하겠다고 나섰고 이들은 세조 때의 궁중 비사와 비행을 적은 사초도 함께 올렸다. 결국 이 사건으로 인해 김종직의 문인인 김일손, 권오복 등은 대역죄로 능지처참되고, 표연말, 정여창 등 수십 명의 사림들이 유배되었다. 이때 최부도 《점필재집》을 소장하고 있다 하여 장형을 맞고 함경도 단천으로 유배되었다. 이미 죽은 김종직은 무덤이 파헤쳐져 부관참시되었다. 이해가 무오년이고, 사림들이 사초로 인해 많은 화를 당했다 하여 이 사건을 무오사화라고 한다. 정작 이극돈은 편수관으로서 문제의 사초를 보고도 연산군에게 보고하지 않았다고 파면되었다.

이 사화로 많은 관리가 죽자 연산군은 주연과 여색에 더욱 빠져들었는데 이때 나타난 여인이 장녹수였다. 그녀는 성종의 종제 제안대군의 여종으로 노비에게 출가하여 자식 하나를 두었는데, 용모가 뛰어나고 가무에도 능하여 연산군의 눈에 들어 입궐하였다. 숙원에 봉해진 그녀는 왕의 총애를 이용하여 국정에 간여하고 잦은 연회를 열어 궁궐의 재정을 궁핍하게 하는 등 실정의 한 원인을 제공하기도 하였다.

연산군은 동왕 9년(1503) 9월 인정전에서 양로연을 베풀었다. 이튿날 연산군은 "예조판서 이세좌가 과인이 잔대를 잡았는데도 불구하고 술을 반이 넘게 엎질러서 어의까지 적셨으니 불경죄로 국문하라."라

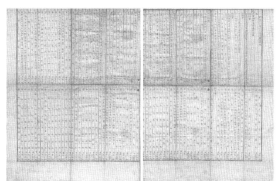

홍귀달이 남긴 《성묘보전 세초록》 우리나라 최초의 세초록이다. 홍귀달이 연산군 5년(1499) 대제학으로 있을 때 《성종실록》의 편찬을 완성한 후 사초를 물에 씻어 없앤 전후경위를 적었다.

는 전교를 내렸다.

이에 이세좌는 국문을 당하면서 "신은 몸집이 비둔해서 실수로 이같은 잘못을 저질렀을 뿐입니다."라고 말했다. 그러나 연산군은 그가 고의로 불경을 저질렀다며 그를 전라도 무안에 부처시켰다. 얼마 후 온성과 평해에 이배된 뒤 4개월 후에 해배되었다.

한편 연산군이 홍귀달의 둘째 아들 홍언방의 딸을 왕자빈으로 삼으려 하였는데 홍귀달이 그 말을 따르지 않았다. 연산군은 "세좌를 풀어 줬더니 이번에는 귀달이 오만하게 구는구나."라며 둘다 유배 보내라고 하였다. 이에 홍귀달은 함경도 경원으로, 이세좌는 영월로 유배되었는데 연산군은 유배 가는 이들을 다시 불러 성 밖에서 매를 가하였다.

그러나 홍귀달은 가족과 헤어질 때 "내가 그동안 국은을 두텁게 입고 이제 늙었으니 죽어도 원통할 것도 없으니 너무 서러워하지 마라." 하며 담담하게 길을 떠났다. 그는 경원으로 유배 가는 도중 단천에서 왕명을 받은 승명관에 의해 교살되었으며 이어 그의 아들 홍언방 등 5형제는 거제도와 가까운 유자도에 유배되었다. 이때 그의 아들 언충은 진안으로, 언국은 곽산으로, 언방은 거제도와 가까운 유자도에 유배되었으며, 그는 경원으로 유배 도중 단천에서 왕명을 받은 승명관에 의하여 교살되었다. 이에 아무도 후환이 두려워 그의 시신을 수습할 사람이 없어 노비들이 염습도 못한 채 거적에 싸서 장례를 치렀는데, 후에 중종반정으로 아들들이 해배되자 그의 유해를 수습하여 고향 함창으로 이장하였다.

이세좌가 유배 길에 오르자 연산군은 주서 이희보를 보내어 귀양 길을 엿보게 하였다.

"신이 용진으로 갔을 때 초라한 차림으로 가는 사람이 있어 가까이 보니 이세좌였으며, 따라가는 사람은 단지 그 아들 수정과 손자 두 사람뿐이었습니다."

이때 의금부에서 "이수정이 관직을 제 마음대로 이탈했으니 율이 태 40대에 해당됩니다."라고 아뢰자, 연산군은 "이수정이 자식된 도리로 부친의 적소까지 따라갈 수는 있다. 그러나 관직에 있는 이상 제 마음대로 따라갈 수는 없는 일이다. 붙잡아서 심문하라."라고 하명했다. 그달 3월 연산군은 박기를 시켜 배소에 있는 그를 압송하라 명했다.

"신하들 중에 불손한 자가 있는 것이 모두 너 때문이다."

연산군은 결국 "윤비를 폐위할 때 극간하지 않았으며 형방승지로서 사약을 전하였으니 거제도에 이배시키고 동생 이세걸, 아들 이수정, 사위 양윤도 유배 보내라."라고 하명하였다. 이세좌는 이배되던 중 곤양군(사천시 곤양면) 양포역에서 자결 명을 받았다. 이에 그는 목매어 죽으면서 노복에게 이런 말을 남겼다.

"내가 죽으면 후에라도 개가 먹지 못하게 하라."

이 소식을 접한 연산군은 분노하여 그에게 쇄골표풍형을 내려 후손들이 묘도 쓰지 못하게 하였다. 이어 그해 5월 연좌죄로 이세좌의 아들 4형제가 모두 참형되고, 막내 이수정의 아들 이준경을 비롯한 손자들과 사촌들이 모두 변방으로 유배되었다.

연산군 10년(1504) 4월 연산군이 임숭재의 집을 찾아와 술을 마실 때 임사홍이 폐비 윤씨에 대해 거론하였다.

"폐비 윤씨는 당시 엄숙의와 정숙의의 모해와 윤필상 등 훈신들의 주청으로 폐비되어 사사된 것입니다."

임사홍은 그때까지 아무도 입에 담지 않은 폐비 윤씨의 폐출 경위를 연산군에게 밀고한 것이다. 이어 폐비 윤씨의 생모인 신씨로부터 자초지종을 듣고 격분한 연산군은 즉시 〈폐비사약시말단자〉를 작성하여 올리라고 명했다. 즉, 폐비 윤씨의 죽음에 연관된 사람의 이름을 모두 적어 올리라는 것이었다.

연산군은 부왕의 총애를 믿고 생모 폐위에 관련되었다 하여 후궁이었던 엄귀인과 정귀인을 궁중 뜰로 불러모았다. 그리고 무감들을 호령하여 몽둥이를 휘두르게 하는 등 난장을 쳤다. 연산군의 할머니 인수대비가 놀라 달려왔다.

"이놈들! 어느 놈이 감히 선왕의 후궁에게 손을 대느냐?"

그러자 연산군은 인수대비에게 달려들어 무감들이 가지고 있던 몽둥이를 빼앗아 휘두르고 머리로 들이받아 부상을 입혀 절명케 했다. 이어 연산군은 정귀인과 엄귀인을 직접 죽여 산야에 묻고, 정귀인의 소생인 안양군 이항과 봉안군 이봉은 곤장 18대씩 때려 항쇄족쇄(죄인의 목에 씌우던 칼과 그 발에 채우던 차꼬를 아울러 이르는 말)를 채워 변방으로 유배 보냈다가 사사하였다. 이때 정귀인의 소생인 정혜옹주는 황해도 백천으로 유배되었으며, 엄귀인의 유일한 소생인 공신옹주는 폐하여 서인으로 삼아 외군에 가두고 위리안치시켰다.

이어 연산군은 생모의 폐출을 막지 못했다는 이유로 훈신 세력인 전 영의정 윤필상을 진도에 유배하였다가 사약을 내리고, 폐비 윤씨에게 전지를 들고 갔던 이극균도 인동에 유배하였다가 사사하였다. 이때 사림 중에 멀리 유배되었던 사람들마저 사형을 당하거나 부관참시되었는데, 단천에 유배 중이던 최부도 다시 끌려왔다.

이때 그는 "북풍이 다시 휘몰아치는데 남국으로 가는 길은 왜 이리 멀기만 한지……."라는 시를 지어 읊었다고 한다. 10월에 그는 장 1백에 거제도 유배 명을 받았으나 "최부가 붕당을 지었는데 살려 주어서 어디에 쓸 것이며 뭣 하겠는가? 참형을 내린다."라는 전교가 내려져 죽임당했다.

이어 연산군은 이미 사망한 김일손의 부친 김숙자, 남효온, 한명회, 정창손 등을 부관참시하고 그 제자와 가족 들도 처벌하였다. 김일손의 서자 김청이 등도 참형되어 그의 가문은 멸절되었다. 이해가 갑자년으로 사림들이 많은 화를 당했다 하여 갑자사화라고 한다.

이때 연산군은 생모 폐위를 방관했다 하여 성종의 매제였던 홍상을 제주목에 유배하였는데, 그는 적소에서 독서로 소일하다가 이태가 지난 9월에 중종반정으로 해배되었다. 연산군은 폐비 사건에 관련되었다 하여 환관 김처선을 옥에 가두었다가 궁궐 음식을 감독하는 사람이 없다는 보고를 받자 그에게 장 1백 대를 내리고 풀려나게 한 적도 있었다.

홍문관 교리 정붕도 갑자사화에 연루되었다 하여 영덕으로 유배되었는데 그가 유배 길을 떠날 때 유자광이 찾아왔다.

"공은 이번 길에 아마도 죽음을 면치 못할 것이오. 내가 필요할 것 같아서 독약이 든 주머니를 가져왔으니 긴요할 때 쓰시오."

그러나 그는 이태 후 중종반정으로 해배되어 돌아왔다.

유자광은 성희안과의 인연으로 반정에 참여하여 정국공신이 되었으나 사실은 가짜 공신이었다. 이때 그가 하사받은 땅이 워낙 넓어서 당시 그의 땅을 밟지 않고는 전라도를 지나갈 수 없다는 말이 돌 정도였다.

이듬해 대간, 홍문관, 예문관에서 잇따라 "유자광은 갑자사화에 연루된 인물로 교활하게도 반정에 가담하여 공신이 되어 훈작을 받았으니 죄를 주어야 합니다."라는 상소를 올렸다. 유자광은 훈작이 박탈되고 홍양에 부처되었다가 해평에 유배되었다. 이때 정붕이 그를 찾아가서 말했다.

"이것은 저번에 공이 나에게 주었던 독약이 든 주머니오. 내가 쓸 일이 없어서 돌려드리니 필요할 때 긴요하게 쓰시지요."

그 후 유자광은 경상도 변두리에 이배된 후 두어 해 만인 중종 12년(1512) 74세의 나이로 적소에서 죽었다. 유배된 지 5년 만이었다. 그가 유배될 때 아들들도 유배되었는데 그중 아들 한 명은 적소에서 목을 맸다. 한편 조정에서는 그의 자손들에게 장사 지내기를 윤허했으나 장남 유진은 슬퍼하는 기색도 없이 여색에 빠져 끝내 가 보지 않았고, 또다른 아들 유방 역시 병을 칭탁하고 손님들과 함께 술 마시면서 장례에 참석하지 않았다고 한다.

한편 갑자사화로 많은 사람들이 화를 입자 대사간 유헌은 "임사홍과 유자광은 간흉한 인물입니다. 가까이 하지 마십시오."라는 상소를 올렸다. 이에 연산군은 그가 임금을 능멸한다며 기훼제서율로 다스리라는 명을 내렸다.

이 사실을 알게 된 유헌의 집에서는 재산을 팔아 폐비 윤씨의 생모 신씨에게 뇌물을 주어 겨우 사형만은 면하고 제주목에 유배되었다. 그는 적소에서 주로 독서와 글 쓰는 일에 몰두하였는데, 이태 후에 중종반정으로 방면되어 출륙하였으나 해상에서 왜구의 습격을 만나 목숨을 잃었다.

이렇게 두 차례의 사화로 비판 세력을 거의 숙청한 연산군은 관리와 내관들의 목에 신언패를 걸고 다니게 하였다. 말을 잘못하면 죽을 수 있다는 무언의 압력이었다. 신언패에는 "입은 화를 가져오는 문이고, 혀는 몸을 베는 칼이니, 입을 다물고 혀를 깊이 간직하면 가는 곳마다 편하고 걱정 없으리라."라고 적혀 있었다. 왕명에 반하는 말은 곧 목숨을 걸어야 하는 일이었기 때문에 대부분의 신하들은 연산군의 비행에도 침묵할 수밖에 없었다.

게다가 연산군은 백성들이 그의 행동을 비난하는 벽서를 언문으로 쓰자 언문 서적을 모두 태워 버리기까지 하였다. 그해 7월에 연산군이 전교를 내렸다.

"언문을 쓰는 자는 기훼제서율로, 알고도 고하지 않는 자는 제서유위율로 다스려 죄과를 논의하라."

제서유위율이란 왕의 교지와 세자의 영지를 위반한 자를 다스리는 율로 장 1백에 처하였는데 호패를 차지 않은 경우에도 적용되었다.

연산군 시대에 세워진 금표비 연산군의
사냥터에 백성들의 출입을 금하기 위해
세워진 것으로 "금표 내에 들어온 사람
은 기훼제서율에 의해 처참한다."라는 명
문이 새겨져 있다. 연산군의 학정을 대표
하는 유물 중 하나이다.

연산군이 생모인 폐비 윤씨를 왕비로 추송하여 성종 묘에 배사하고
자 할 때 이를 감히 막으려는 사람이 아무도 없었다. 그러나 응교 권달
수와 이행 두 사람만이 강력히 "폐비 윤씨를 성종 묘에 배사하는 것은
있을 수 없는 일입니다."라고 반론을 제기하였다. 이들은 의금부에서
혹독한 고문을 당하고, 권달수는 장 60대를 맞고 용궁에 유배되고 이
행은 충주에 유배되었다.

그러나 11월 권달수는 다시 의금부로 압송되었다. 이때 이행이 제일
먼저 반대하였다 하여 극형에 처해지게 되었으나 권달수가 "그 의견을
생각하여 낸 사람은 이행이 아니라 바로 나요."라고 말하였다. 이로 인

해 그는 결국 의금부에서 다시 심한 국문을 받다가 참형(일설에는 옥사)
되었다.

한편 이행은 다시 함안으로 이배되고 노비가 되어 이듬해인 연산군
11년(1505) 1월 유배지에 도착하였다. 배소주인이 관노였는데 뜰에 평
상도 만들어 주고 가끔씩 막걸리도 구해 주곤 했다고 한다. 이듬해 그
는 거제도에 위리안치되었다가 중종반정으로 해배되어 교리로 복직
하였다.

연산군의 학정에 견디다 못한 전 이조참판 성희안은 거사를 준비하
고 전 경기도 관찰사 박원종, 이조판서 유순정 등과 모의하였다. 9월
거사에 성공하자 성희안 등은 성종의 계비이자 진성대군의 어머니인
자순대비를 찾아가 진성대군을 추대하겠다고 아뢰었다.

자순대비는 연산군을 왕자의 신분으로 강등시켜 위리안치하도록 하
고, 이튿날 연산군의 이복동생인 진성대군 이역을 왕으로 추대하니 이
른바 중종반정이다. 원래 반정이란 "부정한 난세의 상황을 정의 위치로
되돌려 놓는다."라는 뜻으로, 이는 조선 시대 신하들이 쿠데타로 왕을
교체한 최초의 사건이며, 반정은 보통 성공한 쿠데타로 평가되었다.

성희안이 읽은 연산군을 치죄하는 전지에는 연산군 폐위의 명분이
잘 드러나 있다.

"폐주는…… 두 차례에 걸친 사화로 충신 학사 수백 명을 죽였으
며…… 인륜의 무너짐에까지 이르렀으니…… 강화도 교동에 위리안
치한다."

그달 9월 심순경, 최한홍 등은 연산군을 평교자에 태우고 선인문, 돈
의문을 나와 연희궁에 유숙하고 다시 길을 재촉하여 김포에서 유숙했

다. 연산군은 비위에 거슬리던 신하들을 위리안치시켰는데 이제 자신이 위리안치 명을 받아 길을 떠나니 착잡한 심정이 이루 말할 수 없었으리라.

이들은 통진을 지나 강화도에 도착하여 유숙하고 이튿날 나인 4명과 내관 2명, 호위병을 데리고 교동의 동진포구에 당도하였다. 당시 교동에서 육로로 통하는 포구는 동진포구와 북진포구 등 2곳이 있었는데 읍내리는 군사 주둔 지역이어서 관리, 감시하기 적절하여 동진포구에 닿은 것으로 보고 있다.

이때 백성들이 연산군을 뒤쫓아 원망하며 "충성은 사모요, 거동은 교동이네, 일만 흥청은 어디에 두고 해 저무는 날에 누굴 찾아가려는지, 모두가 끝났으니 두어라 여기는 가시의 집이니, 밤새워 실컷 놀아도 또한 조용하리라."라는 속요를 불렀다고 전한다. 연산군은 신하들에게 사모 앞뒤로 충, 성 글자를 써 붙이라고 했으나 신하들은 반정을 일으켰다는 비유이다.

이어 이들은 한양을 출발한 지 5일 만에 교동읍성을 지나 읍내리의 마을 뒤편 언덕 위에 있는 집을 연산군의 적거지로 정하고 위리안치시켰다. 폐주가 배소 안으로 들어가자 내인들이 목 놓아 울부짖으며 소리 내어 슬피 울었다. 배소는 공간이 협소하여 해를 바라볼 수가 없었고, 다만 한 개의 조그마한 문이 있어 그곳으로 겨우 밥과 반찬거리를 넣고 말을 전할 수 있을 뿐이었다.

심순경 등이 폐주에게 작별을 고하자 연산군은 "경이 나 때문에 이런 먼 곳까지 고생하여 왔으니 고맙기 한이 없다. 고맙다. 고맙다."라고 말했다.

연산군 소생의 왕자들도 반정의 칼날에서 무사할 수 없었다. 우의정 박원종 등이 빈청에 모여 유배되어 있는 폐주의 아들들을 그대로 둘수 없으며 사사해야 한다고 고했다. 연산군이 유배될 때 폐비 신씨의 아들 폐세자 이황은 정선에, 창녕대군 이인은 수안에, 숙의 이씨의 아들 양평군 이성은 제천에 각각 유배되었다. 이리하여 유배되었던 폐세자 이황, 창녕대군, 양평군, 양평군 동생 이돈수 등은 사사되었는데 이때 폐세자의 나이 겨우 열 살이었다. 왕은 폐세자 이황의 죽음을 가엾게 여겨 장례라도 후하게 치러 주려고 하였으나 공신들이 모두 반대하니 어쩔 수가 없었다. 반면에 영의정 신승선의 딸이자 신수근의 누이 동생 폐비 신씨는 반정공신들에게도 바른 왕비였다고 인정받아 정청궁에 유폐되었다. 이때 세종대왕의 손자 윤산군 이탁은 신수근과 가깝다는 이유로 유배되었다가 얼마 후에 해배되었으며, 요부로 지탄을 받은 장녹수는 참형을 받고 가산이 몰수되었다.

그해 11월 7일 교동 수직장 김양필은 연산군이 교동 읍내리 적거지에서 역질(말라리아)에 걸려 눈도 뜨지 못하고 물도 마실 수 없어 괴로워하며 위급하다는 보고를 하였다. 이에 왕은 의원을 보내라고 했으나 다음 날인 8일 김양필은 연산군이 이미 6일에 죽었다는 보고를 하였다. 이러한 모순 때문에 독살설이 제기되기도 한다. 일부 학자는 《중종실록》에 연산군의 사인이 역질이라고 기록되어 있지만 함께 생활했던 나인, 내관, 적소를 지켰던 수졸들조차 전염되었다는 기록이 없어 독살 가능성이 높다고 주장한다. 또한 《연산군일기》에는 두어 달 만에 병사하였다고 기록되어 있어 죽은 날짜마저 불분명하다는 의견도 있다.

연산군이 죽은 후 조정에서는 강화도에 묘를 마련하였다. 그러나 중종 7년(1512) 폐비 신씨가 연산군의 묘를 이장하기를 청하여 이듬해 2월 양주군 원당리(서울 도봉구 방학동)로 이장되어 오늘에 이르고 있다. 현재 연산군 적거지가 읍내리 외에 봉소리 신골과 고구리 영산골 등이 있으나 구전으로 전할 뿐이다.

역풍 맞은 광해군

선조 25년(1592) 4월 임진왜란이 일어났다. 선조가 황급히 피란길에 오르자 백성들이 어가에 돌을 던지고, 임시로 머문 행궁에도 돌팔매를 하는 초유의 사태가 벌어졌다. 더구나 선조는 피란 행차 중에도 상황이 여의치 않을 때마다 요동을 건너려고 하였다.

윤두수가 다섯 번이나 강하게 반대했으나 결국 선조는 요동 진영에 "비빈과 자녀를 거느리고 명에 들어가고자 합니다."라는 자문을 보내어 상황을 타진하였다. 이에 요동 순무 학걸이 명나라 조정에 "거부하자니 이들이 의지할 곳이 없게 되고, 받아들이자니 중대하여 신이 마음대로 처리할 수 없습니다."라는 서찰을 보내기에 이르렀다. 명나라 황제는 "짐이 의리상 거부하지 못한다. 다만 수행하는 관원과 하인을 합쳐 1백 명, 부인들은 20명만 건너오게 하라."라는 칙서를 보냈다.

이 무렵 의병이 일어나고 이순신 장군이 해상권을 장악하면서 전세가 서서히 역전되었다. 여기에다 명나라군의 참전으로 평양성이 수복되자 선조가 요동을 건너가는 사태는 벌어지지 않았다.

이 상황에서 선조의 둘째 아들 광해군은 세자에 책봉되어 전국 각지에서 왜란을 수습하고, 민병을 모았으며, 전쟁 후 피폐해진 국토를 수복하는 데 극력 노력하여 민심을 얻었다.

선조 39년(1606) 김제남의 딸 인목왕후가 결혼한 지 4년 만에 아들을 낳았다. 영창대군 이의였다. 이때부터 왕은 어린 적자에게 마음을 빼앗겼는데, 이를 눈치 챈 유영경이 광해군을 견제하기 시작하여 북인은 광해군을 추종하는 대북, 영창대군을 옹립하려는 소북으로 나뉘었다.

이듬해 3월부터 선조가 잔병치레를 하기 시작했는데 급기야 10월에는 쓰러져 병석에 눕게 되었다. 이듬해 1월 광해군을 지지하던 대북의 정인홍, 이이첨 등이 격렬한 문장으로 상소를 올렸다.

"전하께서는 광해군에게 왕위를 넘겨주고 몸조리에 전념하십시오. 유영경이 임해군을 위하여 광해군의 세자 책봉을 주청하지 않으니 유영경의 머리를 베어야 합니다."

이 상소는 병석에 누운 선조를 대노하게 만들었다. 이때 소북 세력 이효원이 정인홍과 이이첨을 탄핵하자 선조는 정인홍을 영변으로, 이이첨은 갑산으로 각각 유배하라는 명을 내렸다.

그러나 이듬달 2월 선조가 57세의 나이로 갑자기 죽었다. 영의정 유영경은 영창대군을 즉위시켜 인목왕후에게 수렴청정할 것을 종용했지만, 결국 인목왕후는 대군의 나이가 너무 어려 현실성이 없다고 판단하여 광해군을 즉위시키라는 교지를 내리고, 선왕의 유교(遺敎)를 공개했다.

선조가 승하한 날 광해군은 아직 유배를 떠나지 않은 정인홍을 궁궐로 불러들여 대사헌에, 갑산으로 귀양을 떠난 이이첨에게는 (일설에는 머뭇거리고 떠나지 않았다고도 한다.) 도중에 사면령을 내려 예조판서에 제수했다. 유영경이 사직 상소를 올리자 반려했지만, 상궁 김개시의 건의에 따라 이듬달 3월 경흥에 유배시켰다가 9월에 사약을 내렸다.

이때 유영경의 나이 59세로, 관직에 나가 있던 아들 5형제도 모두 죽임을 당하였다.

한편 임해군은 선조의 임종 날 몰래 궁궐을 빠져나가 가병을 지휘한 흔적이 있다고 보고됨에 따라 며칠 뒤 삼사에서 비밀리에 그가 역모를 꾸민다는 상소를 올렸다. 이 소식을 들은 임해군은 부인 복장을 하고 노복의 등에 업혀 집을 빠져나오다가 병조 낭청의 검문에 발각돼 체포되었다. 광해군은 임해군을 불러 삼사에서 올린 죄목을 읽어 주고 궁궐에서 나가라고 하였다. 그러나 《계축일기》에는 광해군이 사헌부와 사간원에 임해군의 죄목을 꾸며서 올리도록 시켰다고 기록되어 있다.

임해군이 궁궐 밖으로 나가니 미리 잠복해 있던 군사들이 달려들었다. 임해군은 진도로 유배되어 석현마을의 적소에 있다가 2개월 만에 강화도의 교동으로 이배되었다. 이때 명나라에서 세자 책봉과 관련하여 임해군에 대한 사실을 조사하기 위해 사신 엄일괴 등을 한양으로 보냈다는 보고가 있었다. 이에 광해군은 유희분 등을 통해 임해군이 반신불수처럼 행동하면 한양으로 돌려보내 처자와 함께 살도록 해 줄 수 있다고 하였다.

얼마 후 명나라 사신 엄일괴 등이 한양에 도착하자 광해군의 명을 받은 유희분 등은 명나라 사신들에게 수만 냥의 은화를 뇌물로 쓴 후 임해군을 만나게 했다. 이에 임해군은 서강으로 불려와 명나라 사신들을 만나 명령대로 하고 다시 교동도로 환배되었다.

이듬해 임해군이 교동에 위리안치되어 있을 때 이이첨은 강화 현감 이현영에게 조용히 임해군을 없애라고 하였다. 그러나 이현영이 끝내 불응하자 이이첨은 적소의 수비가 허술하다는 이유로 그를 파직시키고 이직을 보냈다.

그달 임해군의 식사는 관비 한 사람이 곁에 머물며 구멍으로 음식을 넣어 주는 방식으로 이루어졌는데, 이때 교동 별장 이정표가 독약을 내밀며 빨리 죽으라고 했다. 임해군이 그를 거절하자 이정표는 사람을 시켜 임해군의 목을 졸라 살해하고, 화개산 동쪽 상룡리 조릉골에 아무렇게나 묻어 버렸다. 인조반정 후 임해군의 부인이 관을 열어 보니 피부가 살아 있을 때와 같았으며 그 목에 새끼줄을 감았던 붉은 흔적이 남아 있었다고 한다.

광해군 5년(1613) 4월 칠서의 옥이 일어났다. 문경새재에서 상인을 죽이고 수백 냥을 약탈해 간 강도 사건이 일어났는데, 이때 피살된 상인의 노비가 강도들의 뒤를 미행하여 근거지를 알아내 포도청에 고발하였다. 강도들은 영의정을 지낸 박순의 서자 박응서, 서익의 서자 서양갑 등 일곱으로, 양반 가문의 서자들이었다. 이에 이이첨은 포도대장 한희길, 정항 등과 모의하여 몰래 사람을 들여 보내 이들에게 영창대군 추대 음모가 있었다고 고변하도록 사주하였다. 이 사건은 흔히 '칠서의 옥'이라고 한다.

박응서는 포도대장 한희길이 시키는 대로만 하면 살려 주겠다는 회유에 넘어가 광해군에게 "이 일이 성사된 뒤에는 영창대군을 옹립하고 인목대비로 하여금 수렴청정을 하도록 하였습니다."라는 비밀 상소를 올렸다. 그러자 광해군이 박응서를 불러 친국하기에 이르렀고, 박응서가 무고하였다. 이 무고로 박응서는 사면되어 벼슬 길에 올랐으나 후에 인조반정으로 사형을 당했다.

이듬달 5월 광해군은 영창대군을 서인으로 하고, 대비의 부친 연흥부원군 김제남에게는 역모 혐의로 사약을 내렸다. 영창대군의 사주를 들고 무당 집에 가서 군왕에 오를 운수인지를 물어보았다는 이유였다. 김제남의 아들 안악 군수 김래, 진사 김진, 김선 등 3형제와 사위 심정세는 장을 맞고 죽었다. 이때 대비의 모친(일설에는 김래의 부인이라고도 한다)이 어린 장손 김천석이 급사했다고 소문을 내고 선산에서 가짜 장례까지 치루고 그를 절에서 살게 하였다.

7월 광해군은 대비에게 영창대군을 내놓으라고 날마다 협박하고, 내관을 보내 대비를 모시는 내인들을 다그치고 협박하였다. 결국 영창대군은 서소문 밖 궐내 가까운 곳에서 홀로 살게 되었다. 그러나 이를 대비에게 알리지 않았고, 영창대군은 이듬달 8월 강화도에 위리안치되었다. 이를 계축옥사라고 하는데, 이 옥사의 주동자는 사실상 이이첨과 정인홍이었다.

그달 의금부 도사 조존세, 홍요검 등이 교동에서 임해군을 살해한 교동 별장 이정표, 홍유의 등을 데리고 영창대군을 호위하여 강화 유수부에 도착하였다. 이때 강화 부사 기협은 미처 적소를 구하지 못해 해가 저물어서야 강화성 동문 안의 최언상 집에 위리안치시켰다.

영창대군이 유배되자 곧 이정표가 살해하려고 하였으나 강화 부사 기협과 강화 별장 홍유의가 좋은 음식을 넣어 주고 따뜻하게 잘 대해 주었다. 그러나 기협은 죄인을 너무 잘 돌보았다는 이유로 이듬해 1월 의금부로 압송되었다. 후임으로는 이이첨의 심복인 정항이 임명되었고, 강화 별장으로 이정표가 임명되었는데 두 사람은 손발이 매우 잘 맞았다.

정항은 영창대군 주변에 사람을 엄중히 금하고 즉시 식사를 줄이고 음식물을 마음대로 넣어 주지 못하게 하였다. 얼마 후 정항은 이정표에게 명을 내려 영창대군의 방에 불을 아주 세게 지피게 하였다. 영창대군은 눕지도 못하고 종일 창살과 문지방을 부여잡고 서서 밤낮으로 울부짖다가 기력이 다하여 바닥에 떨어지니 옆구리의 뼈가 다 탔다고 한다. 이른바 증살이다.

이때 영창대군은 "어머님, 어머님을 한 번 보고 싶어요."라며 하늘을 향하여 울부짖었다고 전하는데, 불과 아홉 살이었다. 이 소식을 접한 동문 안 백성들은 모두 문을 잠그고 방 안에서 사흘을 곡했다고 전해진다. 강화 별장 이정표가 영창대군의 죽음을 치계하였고, 시신은 임해군이 묻힌 곳과 같은 조릉골에 아무렇게 묻혔다고 전한다.

광해군은 왜 즉위하자마자 친형 임해군을 유배하여 이듬해 죽이고, 몇 년 후에는 나이 어린 영창대군마저 죽였을까? 《계축일기》에 "중전께서 영창대군을 낳으니 광해군의 장인 유자신은 적자가 태어나 동궁의 자리가 위태롭다 하고, 임해군이 자식이 없으니 임해군으로 세자를 삼았다가 대군에게 전하게 하려 한다는 소문을 내었다."라고 기록되어 있다.

아마 광해군 세력은 이러한 시나리오를 두려워한 것으로 보인다. 실제로 광해군은 명나라로부터 세자 책봉 승인을 받지 못했으며 선조 사후 명나라에서는 첫째 아들 임해군이 있는데 동생이 왕위에 오르자 조사 차 조선에 사신을 보내기까지 하였다. 사실 광해군의 아킬레스건은 살아 있는 적자 영창대군이라고 할 수 있었다. [*]

광해군의 핍박은 영창대군의 생모인 인목대비에게까지 미쳤다. 광해군 8년(1616) 이이첨 등에 의해 폐모론이 일자 부친 김제남은 부관참시되었고, 대비는 1618년 서궁에 유폐되었다.

결국 광해군 15년(1623) 3월 김류, 이귀 등 서인 세력과 능양군 이종이 광해군의 폐륜적 행위와 외교 정책에 반대하여 거사 계획을 세웠다. 이들은 광해군이 총애하던 상궁 김개시를 포섭하고 궁궐 수비대장 이흥립과 내통하여 창덕궁으로 진격하였다. 이 소식을 들은 광해군은 창덕궁 담장을 넘어 의관 안국선의 집으로 숨었다. 그러나 며칠 후 안국선의 고변으로 광해군은 궁에 끌려와 이귀 등에 의해 폐위되었다. 반정 세력은 인목대비의 허가를 받아 능양군을 추대하니, 이가 인조이다. 인조반정은 중종반정 때 중종이 거사에 가담하지 않은 것과 달리 능양군이 왕이 되고자 직접 참가하여 일으킨 쿠데타이다.

인목대비는 "광해는 대비인 나를 유폐시키고…… 형과 아우를 살해하였으며…… 오랑캐와 화친하고…… 이에 그를 폐위시키노라."라는 전교를 내렸다. 이때 인목대비가 광해군을 죽이라고 하자 김류, 이귀 등 반정공신들이 모두 응하였다. 그러나 시국을 수습하기 위해 영의정으로 초빙된 이원익이 "폐주를 폐출하는 것은 당연하나 죽이게 되면 신이 일찍이 임금으로 섬겼기 때문에 차마 들을 수가 없습니다."라고 아뢰었다. 이에 광해군은 살아남을 수 있었다.

반정공신들은 가족들을 데리고 이천으로 도망갔던 이이첨을 붙잡

* 임해군에게는 원래 자식이 있었다. 임진왜란 때 임해군과 순화군은 왜군에 의해 안변부에서 잡혀 고원에 수감되어 있다가 이듬해 부산까지 끌려 갔다. 이들은 여러 차례 석방 협상 끝에 6월 석방되었다. 이때 임해군의 여섯 살 난 딸과 네 살 난 아들은 왜장 가토에 의해 끌려갔다. 대마도의 우나쓰라에는 '이연왕희'라는 딸의 묘비가 세워져 있고, 아들은 일본까지 끌려가 열세 살에 승려가 되어 후쿠오카 묘안사에는 임해군의 아들이라고 적힌 목상이 남아 있다.

아 이튿날 정형에 처하고 아들 이원엽 등 3형제도 처형하였다. 이이첨의 장남 이대엽은 절도에 위리안치 명이 내려졌는데, 이는 그가 반정공신 신경진 형제와 처남 매부 사이로 인조가 애초에 그를 살려주겠다고 약조했기 때문이었다. 그러나 양사가 그의 처형을 거듭 청하자 압송되었고, 인조가 정형을 내리자 이 소식을 듣고 그는 옥에서 스스로 목숨을 끊었다.

이어 대비 폐모론을 선창했던 정조가 사형되고, 이듬달에는 정온의 유배를 주창했던 정인홍도 정형에 처해졌다. 이때 신하들이 유희분을 살려주자는 의견이 있었으나 왕이 격분하며 외쳤다고 한다.

"임해군과 영창대군을 죽인 자는 누구며 그를 살린다면 반정을 일으킨 목적이 무엇인가?"

이에 유희분과 일족은 서대문 만리재 밖에서 모두 참형되었다. 유희분은 광해군의 처남으로 임해군과 영창대군 등을 죽이는 데 가담하였고 인목대비를 폐위시키려고 하는 등 횡포를 자행한 인물이었다. 상궁 김개시는 당대의 실력자 이이첨과 쌍벽을 이룰 정도로 당시의 정치판을 좌지우지한 실세였다. 그녀는 이이첨으로부터 받은 비밀내용을 광해군에게 전할 정도로 신임받던 인물이었다. 그녀가 매관매직을 일삼는 등 해독이 많아 이회 등이 여러 번 상소하여 탄핵했으나 오히려 이들이 유배되기도 하였다. 그러나 그녀는 인조반정에 협조했지만 결국 목숨을 잃었다. 정업원에서 불공을 드리고 있다가 군사들이 들이닥치자 민가에 숨어 있다가 목이 베였다고 한다.

실제로 광해군은 반정 초기에 이원익의 반대로 살아났으나 그 후에도 왕과 반정 세력은 광해군의 '폐모살제'라는 부도덕성을 반정의 명분으로 삼았기에 왕의 숙부인 그를 죽이지는 못했다. 원래 대비는 광해군 등 4명을 각각 극변에 나누어 보내도록 하였으나 왕은 감시하기 번거롭다 하여 광해군과 폐비 유씨는 감시하기 쉬운 강화도의 동문 쪽에, 폐세자 이질과 폐세자빈을 서문 쪽에 각각 위리안치시켰다.

역사의 아이러니는 바로 이를 두고 하는 말인가 보다. 광해군이 동생 영창대군을 강화도에 위리안치시켰는데 이제는 거꾸로 영창대군의 생모인 대비의 세력에 의해 이곳에 위리안치되니 참으로 황당하고 허망했을 것이다. 그 후 광해군은 교동으로 이치(이배되어 위리안치)되었다.

인조반정이 있던 해 5월 폐세자가 적소의 울타리 밑을 가위로 파내어 약 70여 척(약 2미터 10센티미터)이나 되는 땅굴을 파서 밖으로 빠져나갔다가 순찰을 돌던 포졸들에게 붙잡혔다. 이로 보아 그가 위리안치된 배소는 탈출하지 못하게 높고 촘촘히 가시울타리로 둘러싼 것을 알수 있다. 폐세자의 손에는 은덩어리, 쌀밥 그리고 황해도 감사에게 보내는 편지 등이 들려 있었는데, 아마도 은덩어리를 뇌물로 사용해 강화도를 빠져나가려 했던 것으로 보인다.

폐세자빈은 폐세자가 탈출에 실패하여 붙들려 오자 이후 스스로 목숨을 끊었다. 폐세자는 7월에 결국 사사되었다. 이에 충격을 받은 폐비도 석 달 후 자살하였다. 광해군은 태안, 교동 복치, 제주로 이치되었다가 인조 18년(1641) 7월 67세의 나이로 제주에서 죽었다. 유배 생활을 한 지 무려 19년째의 일이었다. 사실 광해군이 연산군과 같이 폭군으로 알려져 묘호조차 갖지 못한 것은 억울한 면도 없지 않다는 것이 중론이다. 인조 때 청나라가 침입한 것은 명에 대한 사대외교의 결과로, 광해군은 실리외교를 통해 세력이 강성해지던 후금(청)과 명 사이에서 줄다리기를 한 상당한 외교역량을 지닌 왕이었다고 평가되기도 한다.

서궁에 유폐된 인목대비

영창대군이 증살된 후 광해군 10년(1618) 1월, 광해군은 인목대비가 자신을 원망하여 국모의 처신으로 저주하였다고 하여 경운궁에 유폐하였다. 그리고 대비의 호칭을 없애고 선조의 후궁으로 간주하여 서궁으로만 칭하게 하였다. 16세이던 정명공주도 서인으로 강등되어 함께 감금되었고, 대비의 생모 광산부부인은 제주목에 위리안치되었다. 이것이 바로 조선 역사상 유일무이하게 자식이 어머니를 폐위시킨 서궁유폐 사건이다.

광해군 14년(1622) 12월 그믐날 밤, 이이첨은 백대형을 시켜 이위경 등과 함께 무리를 이끌고 굿을 빙자하여 징과 북을 치고 소리 지르며 서궁에 난입하여 궁인들을 해치는 등 대비를 살해하려 하였다. 이때 영의정 박승종이 상황이 급박하다는 전갈을 받고 급히 하인들을 이끌고 서궁으로 달려가 이들을 내쫓았다. 박승종은 폐모론에도 반대한 인물이다. 그 후에도 이이첨은 몇 번에 걸쳐 대비 암살 계획을 세웠지만 번번히 다른 대신들의 방해로 실패하였는데, 그는 심지어 대비 침전에 불을 지르기까지 해 당시 마마를 앓고 있던 공주가 타 죽을 뻔한 일도 있었다. 후에 인조반정이 일어나 이이첨, 백대형, 이위경 등은 모두 참형되었는데, 이위경은 수레에 실려 형장으로 끌려가면서 사람들에게 절규하였다.

"세상 사람들아, 굶주림을 참을 줄 알아야 하오. 내 일찍이 폐모론을 반대하였으나 너무 가난하여 지조를 지키지 못하고 이이첨에게 달려갔다가 이 지경이 되었소."

전 영의정 박승종은 군사를 모아 저항하려고 하는 아들 박자흥을 말리고 손녀를 광해군의 세자빈으로 들여보내 오랫동안 권세를 누린 사실을 자책하며 아들과 함께 자결하였다.

대비 모녀는 5년간의 답답하고 억울한 유폐 생활을 서예를 주고받으며 견뎌 냈다. 대비는 "주인은 어찌하여 또 채찍을 가하여 고통을 주는고."라며 자신의 처지를 구박받는 늙은 소에 비유했다. 인조반정으로 대비 모녀는 곧바로 복권되었고, 8월 정명공주는 중추부동지사 홍영의 아들 홍주원에게 출가했다.

대비 모녀가 유폐될 때 제주목에 위리안치 명을 받은 광산부부인은 제주목 전량의 집에서 적거 생활을 하였다. 이때 그녀는 갑자기 체포되어 유배를 떠나느라 미처 돈을 준비하지 못했다. 이듬해 10월 양호가 제주 목사로 부임하였는데, 그는 이이첨에게 아부하느라 그녀를 몹시 학대하고 핍박하였다. 그녀는 생계가 막연해 하는 수 없이 마을에서 술지게미를 얻어다 물을 부어 술을 걸러 팔아 생활했다고 한다.

5년의 세월이 흘러 인조반정이 일어나 승지 정립, 예조참의 목대흠, 내관 김충립 등이 휘지(궁궐 출입 허가증)를 받들고 제주목으로 향하였다. 그녀는 승지를 따라 출륙하여 자신의 노역을 대신하는 등 적소 생활을 보살펴 준 적거 주인 전량을 불러 공을 치하하고 이를 대비에게 알렸다. 전량은 조정으로부터 무관 벼슬을 받았다. 그녀를 몹시 학대했던 양호는 한양으로 압송 도중 온양에서 흉당에 아부하고 관기

의 두발을 자른 잔학죄로 참형되었다. 그 머리는 관리들로 하여금 경
각심을 일깨우기 위해 제주로 보내져 효수되었다.

기묘명현 3인방

전지 없는 후명으로 죽다, 조광조

중종 10년(1516) 8월 담양 부사 박상, 순창 군수 김정, 무안 현감 유옥은 순창의 강천사 계곡 근처에 모여 상소문을 작성하였다. 상소문을 올리기 전에 유옥은 노부모를 봉양해야 한다며 빠지고, 박상과 김정이 서명하여 "신씨를 아무 허물도 없이 폐출한 것은 의리와 명분에 어긋나는 처사이며, 신씨를 중궁의 지위로 복위시켜야 합니다."라는 이른바 〈신비복위소〉를 올렸다. 중종반정으로 해배된 이행은은 이 상소를 강력히 비판하였다. 이듬달 9월 이 상소로 인해 김정은 보은현 함림역, 박상은 남평 오림역에 각각 유배되었다.

11월 사간원 정언에 임명된 조광조가 "대간은 언로를 넓혀야 하는데 언로를 훼손하여 그 직분을 잃었으므로 같이 일할 수가 없습니다. 양사를 파직하여 다시 언로를 열어 주십시오."라고 아뢰어 이듬해 초

대사헌 권민수와 대사간 이행이 파직되었다. 그 자리에는 김안국과 이장곤이 임명되었고, 김정과 박상은 해배되었다.

조광조는 등용 후 중종의 신임을 얻어 승승장구했다. 이는 새로운 인물들을 기용하여 반정공신들을 억제하려는 중종의 의도로 보인다. 이듬해 3월에는 조광조가 현량과를 주창하여 4월에 28명을 선발하였는데, 그 결과 김식 등 주로 사림파 인물들이 등용되었다. 조광조의 개혁은 이에 그치지 않았다. 대사헌이 된 조광조는 중종 13년(1519) 10월 대사간 이경동 등과 함께 "반정공신 117명 가운데 76명은 뚜렷한 공로도 없이 공훈을 받았으니 이들을 공신록에서 삭제하여 작위를 삭탈하고 그들이 받은 전답과 노비 등도 모두 나라에 귀속시켜야 합니다. ……더구나 정국공신 중 연산군 시절 선정을 베풀라고 간언하지 못한 사람이 있다면 이 또한 큰 죄를 범한 것입니다."라는 상소를 올렸다. 위훈삭제 사건이다. 실제로 가짜 공신도 있었다고 하는데, 김은이 "입직승지 이우는 윤장, 조계형 등과 함께 반정군에 가담하여 공을 세운 것처럼 가장하였습니다."라는 상소를 올려 사실로 드러남에 따라 이들의 녹권(공신의 공훈을 새긴 쇠로 만든 패)이 박탈되는 일도 있었다.

그러나 조광조와 사림에 대한 중종의 신임은 오래가지 못했다. 반정공신들의 세력을 억제하고 왕권을 강화하고자 이들을 기용했으나, 조광조의 지나치게 원리원칙적인 태도와 사림들의 정권 장악은 도리어 중종을 옥죄어 왔기 때문이다. 사실 중종과 조광조는 동상이몽을 하고 있었다. 중종은 반정공신들의 시달림에서 벗어나고 '자신의 목소리'를 내고 싶어 조광조 등 신진 세력을 끌어들인 것이지 사림들이 추구하는 도학 정치, 이른바 성리학에 입각한 도덕 정치와 왕도 정치를 추구하는 개혁에 동조한 것이 아니었다. 그러나 학자 출신으로 정치인이 아니었던 조광조는 이러한 중종의 내심을 읽지 못했다.

때문에 조광조는 훗날 적소에서 "왕이 나를 부를 것이다."라고 생각했으며 사약을 마시기 전에도 "이럴 리가 없다."라고 외쳤다고 한다. 왕이 자신을 '토사구팽(兎死狗烹)'했으리라고는 꿈에도 생각하지 않을 만큼 순진하고 고지식한 인물이었던 것이다. 이날 사관은 "그를 죽인 것도 왕의 결단이다. 왕이 그를 조금도 가엾고 불쌍히 여기는 마음이 없으니 마치 두 왕에게서 나온 일 같다."라고 적었다. 왕의 의중을 제대로 헤아리지 못한 것은 사림들 역시 마찬가지였다. 김정은 국문을 받으면서도 "신은 어떻게든 나라의 은혜에 보답할 길만을 생각했을 뿐입니다."라고 말했다고 한다.

이런 분위기를 파악한 훈구 세력들은 왕의 마음을 돌리기 위해 음모를 꾸몄다. 먼저 심정은 경빈을 통해 백성들의 마음이 조광조에게 기울어졌다고 은밀히 왕에게 전했다. 그리고 홍경주는 딸 희빈으로 하여금 조광조 등이 국정을 마음대로 하며, 백성들이 그를 왕으로 세우려 한다는 말을 궁중에 퍼뜨리게 하였다. 남곤은 궁중 동산의 나뭇잎에 꿀로 '주초위왕(走肖爲王)'의 4자를 쓴 뒤 이것을 벌레가 갉아먹게 한 다음 이를 궁 안의 개울에 띄워 그 잎을 왕에게 보여 마음을 움직였다고 전한다. 한자로 '주초(走肖)' 2자를 합치면 '조(趙)'자가 되기 때문에 '주초위왕'은 곧 조씨가 왕이 된다는 뜻이다.*

---

* 그러나 1997년 KBS '역사스페셜'에서 대학에 의뢰하여 이를 실험한 결과 "벌레는 수액을 먹으려 잎을 갉아먹는 것이지 꿀을 바른 나뭇잎을 글자대로 갉아먹지 않는다."라는 것이 밝혀져 이는 사실무근으로 여겨진다.

드디어 11월 신진 사림들의 현량과 실시와 위훈 삭제에 불만을 가진 홍경주, 예조판서 남곤, 화천군 심정 등은 조광조를 축출하는 데 성공했다.

"조광조와 김정은 사형을 면하여 관직을 삭탈하여 유배 보내고 나머지 죄인들도 모두 유배하라."

어명을 전해 들은 조광조는 의금부 옥에서 옷을 찢어 그 위에 "한 번만이라도 신에게 직접 물어 봐 주시면 만 번 죽어도 여한이 없겠습니다."라는 글을 써서 올렸으나 왕은 그와의 만남을 꺼려했고, 결국 조광조는 사사될 때까지 임금을 만나지 못했다. 이들의 죄는 특별한 죄가 아니라 단지 과격하여 죄를 내린다는 것이었다. "너희들은 근래 모든 일에 과격하여 조정의 일을 많이 그르쳤다. ……조광조 등 4인은 사형을 감하고 관직을 삭탈하여 장 1백에 원방에 안치하라. 윤자인 등 4인은 관직을 삭탈하고 장 1백에 외방에 부처하라."

결국 조광조는 능주(화순)로 김정은 금산으로 각각 유배되었다. 대사성 김식은 섬으로 유배되는 절도안치의 처벌이 내려졌으나 정광필 등의 변호로 선산에 위리안치되었고, 이듬해 신사무옥으로 거제도로 이치 명을 받았다. 그러자 이에 반발한 김식은 선산 배소에서 도망을 쳤는데, 낙안 관노 이신이 "김식이 도망 중에 제자와 함께 정권을 잡고 있는 관리들의 제거를 도모하려 합니다."라고 고변하였다. 그는 도중에 노복을 시켜 마을에 내려가 불을 구해 오라고 보낸 후 "군신의 의리는 천 년을 가야 하는데, 어디에서 내 외로운 무덤을 만드나."라며 자결하니 그해 5월이었다. 이신은 또한 김식의 제자 홍순복도 연루되었다고 밀고하였다. 이에 홍순복은 심한 국문 끝에 허위 자백하여 장류되었다. 이때 대간에서 아뢰었다.

"홍순복은 공초할 때 공손하지 못하고 시정을 심하게 비방하였으므로 사형에 처해야 하는 죄로 다스릴 것을 청합니다."

이에 그는 교수형을 받았다. 형리가 목을 맬 때 새끼줄이 썩어 두 번이나 끊어지자 그는 감형관을 돌아보며 "군이 왕명을 받들어 형 집행을 감독하면서 썩은 새끼줄로 죽을 사람의 목을 매었구나."라고 말했다는 이야기가 전한다. (일설에는 사사되었다고도 한다.)

좌승지 윤자임은 온양으로 중도부처되었다가 북청으로 위리안치되었는데 그해 그곳 배소에서 죽었다. 좌부승지 박세희는 강계에 유배가서 12년 만인 중종 25년(1530) 적소에서 죽었다. 부제학 김구는 개령(김천)에 유배되었다가 죄목이 추가되어 남해로 이배되어 위리안치되었고, 중종 25년(1531) 임피(군산)로 이배되었다가 이태 후에 해배되어 고향 예산으로 귀향했다. 유배된 지 15년 만의 귀향이었다. 그는 곧장 자신이 처음 유배를 떠났을 때 돌아가신 부모의 무덤에 가서 곡하고, 아침저녁으로 무덤에 올라 눈물을 흘리니 그 자리에 있던 풀이 다 말라 버렸다고 한다. 그는 이 슬픔을 이기지 못하고 이듬해 병사하였고 한다.

사관 채세영은 조광조 등을 죄 주는 전지를 쓸 때 가승지 김근사가 붓을 빼앗아 조광조 등의 죄를 '대역죄인'으로 고쳐 쓰려고 하자 "사필은 아무나 들지 못하는 것이오."라며 붓을 빼앗은 적이 있다. 그는 이 일로 파직되었다. 한충은 조광조가 유배를 떠나 금강에 이르렀을 때 급히 달려와서 "슬프고 슬프며, 마음이 아프고 아프며, 공은 대체 어디로 가려고 하는지……."라는 시 한 편을 써 주었다가 평소 조광조와 교유했다 하여 거제도로 유배되었다. 얼마 후 해배되었으나 다시 중종 15년(1521) 신사무옥에 연루되어 장살되었는데, 일설에는 친국 후에 풀려났으나 남곤의 하수인에게 살해되었다고도 한다.

한편 능주에 도착한 조광조는 능주 현감에게 인계되었다. 능주 현감은 남정리의 비봉산 아래 작은 민가를 구해 놓고 시중을 들 관노비를 대기시켰는데, 이때 조광조의 제자 장잠과 하인들이 함께 기다리고 있었다. 적소에 도착한 후 조광조는 호송해 온 나장들과 수고했다는 의미로 일일이 손을 잡고 작별인사를 나누었다.

이듬달 12월 홍경주 등은 "현량과 실시를 감싸 준 영의정 정광필과 좌의정 안당을 파직해야 합니다."라는 상소를 올렸다. 이어 유생 황계옥 등이 조광조 등을 사형해야 한다는 상소를 올렸다. 황계옥 등은 지난달 조광조가 투옥되었을 때 그를 격렬하게 반대한 인물이었다. 홍경주 일파의 대간들이 조광조를 죽여야 한다며 연이어 상소를 올렸으나 중종은 삼정승을 모두 교체하였으며 결국 조광조를 사사하라는 전교를 내렸다.

"대신들과 죄의 경중을 상의한 바 조광조는 사사하고, 김정, 김식, 김구는 절도에 안치하고, 윤자임, 기준은 극변에 안치하라."

이에 의금부 도사 유엄이 조광조의 배소로 내려가 어명을 전하자, 조광조는 조용히 뜰아래로 내려가 왕이 있는 북쪽을 향해 절하고 엎드렸다. 그리고 아무 말 없이 간단히 목욕하고 새 옷으로 갈아입은 뒤 입을 열었다.

"전하께서 신에게 사약을 내리시니 반드시 죄명이 있을 것이오. 청컨대 죄명을 들려주시오."

조광조 신도비와 조광조의 초상

　그러나 의금부 도사가 아무 말도 하지 못하자 그는 한참 후 집으로
보내는 편지를 썼다고 한다. 일설에는 유엄이 내민 전지는 작은 쪽지
에 적은 것으로 단지 사사하라는 글만 있어 그가 "내가 그래도 대부의
품계에 있었는데 어찌 죽음의 명을 내리면서 작은 쪽지 하나로 죽일
수 있는가?"라며 한숨을 쉬었다는 말도 있다. 그는 그동안 돌봐 주던
제자 장잠 등에게 마지막으로 유언을 남겼다.

　"내가 죽거든 관을 얇게 만들게. 관을 두껍게 만들면 먼 길을 가기
어렵네."

　일설에는 유엄이 서두르며 재촉하려고 하자 그는 "예전에는 조서를
안고 객사에 엎드려 울었다는 사람도 있었는데 어찌하여 이렇게도 다
르단 말인가?"라고 탄식하였다고도 한다.

이는 중국 한나라 영제 때의 고사를 인용한 것이다. 범방이 국정의 잘못을 말했다 하여 환관들이 무고하자 그를 체포하라는 조서(왕명을 적은 문서)가 내려졌다. 이에 범방을 잡으러 간 오도는 차마 그를 체포할 수가 없어서 조서를 안고 객사에 엎드려 울었다고 하는 이야기이다.

이윽고 그는 지필묵을 달라 하여 일필휘지로 "임금을 사랑하기를 어버이처럼 하였고, 나라 걱정하기를 내 집안 걱정하듯 하였네. 밝은 태양이 대지를 환히 밝혀 주니, 나의 참마음을 거울처럼 비추어 주네."라는 절명시를 남겼다. 그리고 보수주인 관노에게 말했다.

"내가 너의 집에 신세를 지면서 후에라도 보답하려고 했는데 너에게 흉한 모습만을 보여 미안하구나."

이윽고 그가 임금이 있는 북쪽을 향해 4배하고 사약을 받았다. 그러나 죽지 않고 고통스러워하자 나졸들이 그에게 달려들어 목을 조르려고 하였다.

"물러나라. 너희들이 어찌 내 목에 손을 대느냐! 약사발을 더 가져오너라."

이윽고 그가 사약을 거듭 마시고 죽자 양팽손이 시신을 거두어 쌍봉 중조산 아래 장사를 지냈다. 기묘사화로 그가 화를 당하자 홍문관 교리 양팽손은 부당하다는 상소를 올렸다가 관직을 삭탈당하였다. 이에 고향 능주로 낙향한 양팽손은 조광조가 그곳으로 유배 오자 곁에서 함께 지냈다고 한다.

이렇게 그가 추구했던 개혁 정치는 허무하게 무너지고 말았다. 조선 시대에 개혁의 걸림돌은 사실 일부 공신들이라고도 할 수 있다. 개혁하려 해도 공을 내세우는 그들의 압력을 이겨 내기 어려운데다 때로는 왕이 이를 정치적으로 이용하기도 하였다.

천추만세에 나의 슬픔 알리리, 김정

조광조가 사사된 그달 김정은 금산 적소에서 모친의 병환 소식을 듣고 금산 군수 정웅에게 고향에 다녀올 말미를 얻어 보은에 다녀왔다. 전에 그와 같이 상소문을 올렸던 박상은 모친이 죽어 광주에서 삼년상을 치르는 중이어서 화를 면하였다.

이듬해 초 김정은 진도로 이배되었는데, 5월에 이르러 그가 모친을 문병하기 위해 배소를 이탈했다는 사실이 포착되어 의금부로 압송되었다. 벽파진(진도의 나루터)을 지날 때 그는 "인생은 본래 하늘에 떠다니는 구름이니, 조그만 돛배에 몸을 싣고 이제 떠나면……."이라며 덧없는 세상일을 노래했다. 그는 배소 이탈죄로 국문을 받았는데, 이때 금산 군수 정웅도 추관으로부터 심문을 받았으나 책임 추궁이 두려워 사실을 고하지 못했다. 이에 의금부에서는 그를 망명죄로 사형에 처하고자 하였다. 그는 옥중에서 옷을 찢어 보은에 갔던 사유에 대하여 상소문을 3번이나 써서 결코 망명이 아니었음을 해명했다. 6월 영의정 정광필이 아뢰었다.

"김정이 비록 적소를 이탈했으나 병든 노모를 위문하기 위한 것이지 망명한 것이 아니므로 사형은 불가합니다."

이에 김정은 제주목으로 이배 길을 떠나게 되었다. 6년 전 그가 군수를 지냈던 순창을 지나갈 때는 그곳의 백성들이 술과 안주를 가지고 와서 눈물을 흘리며 머물러 가기를 권했다. 마침내 일행이 조천 포구에 이르렀을 때는 8월이었다. 그는 제주목성 동문 밖에서 반 리쯤 떨어진 금강사지 터에 있던 초막에 적거하였다. 주위에 가시울타리가 높이 둘러지고, 안에는 거적자리를 깔았다. 그는 이곳에 도착해서 "동떨어진 이곳에 묻는 사람 하나 없고, 고단한 신하는 가시나무 집에 갇혀 있어……."라며 유배지의 참담함을 표현했다.

유배 생활을 하는 동안 그는 각종 예법을 보급하고 미신 타파에 힘쓰는 등 주민들을 교화하는 일에 나섰다. 또한 이곳 사람들이 목자들의 영향으로 우물을 팔 줄 모르고 이곳 하천의 물을 그대로 길러다 먹는 것을 보고 적거지 부근에 손수 우물을 파 보여 위생적인 물을 마시도록 하였다. 후에 이 우물을 사람들이 '판서정'이라 불렀는데 현재는 그 위치를 알 수 없다.

그는 적거에서 귀양살이하는 자신의 형편과 소감을 자세히 기록하여 《제주풍토록》을 남겼다. 그는 제주 목사 이운의 부탁을 받고 〈한라산 기우제문〉을 지어 주기도 하고 수정사의 〈중수권문〉을 짓기도 하는 등 많은 시문을 썼다. 그는 시문은 물론 그림에도 능하여 꽃, 새, 짐승 등을 잘 그렸는데 특히 화조를 잘 그려 〈이조화조도〉를 남기기도 했다.

중종 15년(1521) 10월 송사련이 처남 정상과 함께 승정원에 "안치겸은 나에게 조정에 간신배가 있는데 오래 있게 해서는 안 되며 먼저 제거해야 한다고 항상 말하곤 했습니다."라고 고변하였다. 여기에서 간신배로 지목된 인물은 남곤과 심정 등이었다.

안당은 기묘사화 때 파직되었는데 안처겸 등 아들 3형제를 두었다. 안당의 부친 안돈후의 첩이 송사련의 할머니로, 안치겸과는 외사촌 간으로 가깝게 지냈다고 한다. 이리하여 안당은 사약을 받아 죽고 아들 안처겸, 이정숙, 최수성 등 10여 명이 이에 관련되어 처형되니 이른바 신사무옥이다. 신사무옥은 기묘사화의 연장이라고 할 수 있다. 신하들은 김정이 이에 연루되어 있다고 재차 왕에게 아뢰었다. 이때 그의 배소 이탈을 용서할 수 없다는 김인손 등의 상소가 있었다. 결국 김정은 자진을 명받게 되었다.

의금부 도사가 제주목에 와서 전지를 읽어 주자 그는 데리고 있던 노비에게 술을 가져오게 하였다. 술을 마신 후 그는 옆에 있던 제주 목사 이운의 손을 잡으며 조정의 일을 묻고, 형과 아우에게 "앞으로 노모를 효성으로 봉양해 주기를 부탁합니다."라는 서찰을 써서 맡겼다. 그리고 죽음에 임하면서 "외딴섬 귀양살이에 고혼이 되어, 어머니를 두고 가니 천륜을 어기고…… 기나긴 어두운 밤은 언제 아침이 되려는지…… 아아! 천추만세에 나의 슬픔 알리리."라는 시를 남기고 스스로 목을 매어 죽었다. 제주목에 이배된 지 1년 2개월 만으로, 그의 나이 36세였다. 유해는 이듬해 겨울 충청도 충주 주안현 탑산사로 옮겨졌다.

등잔걸이에 희망의 끈을 걸다, 기준

중종 14년(1519) 홍문관 응교 기준은 어느 날 궁궐에서 당직을 하다가 꿈을 꾸었다. 꿈에서 그는 국경 밖을 여행하고 있었는데, 산을 넘고 물을 건너는 등 고난이 너무 심하여 길가에서 "이역의 강산이 고국과 같아, 하늘 끝에서 쓸쓸한 신세가 되니 눈물만 나오며……"라고 한탄했다. 깨어난 그는 꿈이 하도 이상하여 당직실 벽에 그 시를 적었다고 한다.

그해 11월 밤 홍문관에서 당직 중이던 그는 영문도 모른 채 윤자임과 함께 의금부로 끌려가 심문을 받았다.

　"너는 사리에 맞지 않고 과격한 논의에 부화뇌동한 죄이다."

　기준은 충청도 아산으로 유배 명을 받았다. 이듬해 그는 적거 중에 울적한 심정을 달랠 길 없어 그곳 산에 올랐다가 문득 모친이 그리워 아산 현감 배철중에게 간청하여 허락을 받고 고창의 무장 현감으로 있는 맏형 기형에게로 가서 모친을 상봉하였다. 그런데 그가 돌아온 후에 이 일이 알려져 아산 현감 배철중은 죄인을 마음대로 놓아 주었다고 문책당할 것을 우려하여 "죄인 기준이 홀로 도망쳐 갔다가 돌아왔습니다."라고 공초하였다.

　이에 기준은 배소를 이탈하였다는 명목으로 의금부로 다시 압송되어 그해 6월 함경도 온성부로 위리안치 명을 받았다. 온성으로 가는 도중 그는 주변 광경이 작년에 당직을 할 때 꿈속에서 본 광경과 너무도 똑같아 깜짝 놀랐다. 그는 말을 멈추게 하고 그때의 시를 읊으며 흐느꼈다.

　이와 유사한 일화는 정광필에게서도 찾을 수 있다. 중종 27년(1533) 정광필이 회덕에 물러나 있을 때였다. 정광필은 김안로가 "예전에 정광필이 희릉(장경왕후의 능)의 총호사가 되어 능의 땅을 불길한 곳에 잡은 적이 있다."라는 상소로 무고하여 김해로 유배를 떠나게 되었다. 비가 지척지척 내리는 가운데 적소에 당도한 정광필은 적소의 정경이 젊은 시절 꿈에서 지은 "넓고 먼 큰 들판에 항아리 쏟듯이 비가 내리고⋯⋯ 초가집은 쓸쓸하고 대나무 문이네."라는 시와 너무나 똑같아 놀라움을 금치 못했다고 한다.

한편 기준이 유배된 온성은 산으로 둘러싸여 있고 굽이도는 두만강에 둘러싸인 천혜의 유배지였다. 그는 같이 온 종인들을 모두 보내고 나이 어린 종 동복만 남겼다. 온성 부사는 그에게 위리안치된 적거지에서 다른 사람과 내왕하지 못하도록 하였는데, 그 후 조정에서는 유배된 죄인들이 마음대로 드나들며 이탈할 것을 염려하여 각 도의 감사에게 명령을 내려 불시에 배소에 가서 조사하여 보고하도록 하였다.

그해 12월 의금부 도사가 와서 울타리의 높이와 적소의 크기 등 배소를 검사하였다. 그리고 온성 부사에게 "조정에서 유배인을 따로 관리하게 하는 것은 유배인을 곤궁하게 하기 위함이다. 수령은 이 명을 이행하지 않으면 죄가 된다. 이 배소는 비록 가시울타리가 높다 하지만 엄하지 않으며 방도 비좁지 않다. 특히 가시울타리가 엉성한 곳은 빈틈없이 빽빽하게 설치해야 한다."라고 지시하였다.

이듬해 6월 온성 부사의 지휘 아래 관아에서 관부가 있는 동북쪽 모퉁이에 작은 집을 구했다. 그리고 집 주변을 날카로운 가시나무로 겹겹이 높게 세워 울타리를 둘렀다. 가시울타리의 높이는 약 4, 5길(약 10미터)이고 둘레는 50자(약 15미터) 가량으로, 처마 끝까지 둘러쳐 있어 햇빛 한 줄기 들지 않아 그 안으로 들어가면 마치 우물 속에 앉아 있는 듯하였다. 환히 밝은 낮인데도 방 안은 어스름하였으며, 공기가 통하지 않을 정도로 꽉 막혀 있었는데, 방 안에서 고개를 내밀어 위를 쳐다보아도 하늘이 보이지 않을 정도였다. 울타리 남쪽으로 음식을 들여오는 작은 구멍이 하나 뚫려 있을 뿐이었다. 그럼에도 바깥 4면에 사령들이 작은 막사를 지어 경비까지 하니, 토착민들은 이곳을 '산무덤'이라 불렀다고 한다. 이곳으로 적소를 옮긴 기준은 "해가 떠도 어두움을 밝히기는 어렵고, 바람이 불어도 마음이 답답하고 쓸쓸함은 끝이 보이지 않다."라고 자신의 신세를 한탄했다. 그리고 이곳에서 스스로 죽을 날만 기다리려고 하였으나 추위와 굶주림에 시달리자 오히려 살고 싶은 욕망이 더 생겨 괴롭고 부끄럽다고 했다.

외롭고 지친 유배 생활에서 단 한 가지 위안은 곁에서 수발을 들던 동복이었다. 그는 동복에 대한 애정을 다양한 시를 통해 표현했다. 〈제야사수〉에는 "단지 동복하고만 가까이 지내며"라며 동복과 단 둘이 사는 생활이 표현되어 있으며, 〈온성〉에는 "동복이 도리어 육친만큼 친하고"라는 표현이 등장할 정도였다. 〈견민〉에는 "동복이 바깥을 내다보고 눈물만 훔치니"라고 묘사되어 있을 정도로 동복은 주인의 답답하고 견디기 어려운 삶을 옆에서 지켜보며 위로했다.

그는 완전히 차단되고 무료한 유배 생활을 달래기 위해 재미있는 일을 한 가지 하였는데, 바로 방에 놓인 사물들에 이름을 붙이고 그들과 대화한 것이다. 이는 《육십명》이라는 책을 통해 남겨졌는데, 창문은 시창, 등잔걸이는 집희경 등 60가지의 사물에 각각 이름을 붙여 글을 썼다. 창문을 '시창(북쪽으로 난 창)'에 비유한 글에는 "창문을 아침보다 나중에 열지 않고 저녁보다 먼저 닫지 않으며"라고 표현되어 있는데, 그는 유배 생활 동안에도 아침 일찍 일어나는 선비의 자세를 그대로 유지한 것으로 보인다. 등잔걸이는 '집희경'이라 하였는데, 〈등잔걸이〉의 "불빛이 다하는 것은 기름이 말라서 없어진 탓이며…… 그 밝음을 내내 이어가야지."라는 표현은 그가 미래(해배)에 대한 희망의 끈을 놓지 않았음을 암시한다.

그러나 중종 15년(1521) 10월 신사무옥으로 그의 죄가 다시 논의되

어 그에게 자진하라는 왕명이 내려졌다. 그러나 그는 교살되었는데,
유배 명을 받은 지 2년째 되던 해였다. 그의 나이 30세였다.

유배 길을 떠나는 조선의 신하들

토사구팽

조선의 3대 임금이 되는 태종 이방원은 조선을 건국한 태조 이성계의 다섯째 아들이다. 그는 고려 우왕 8년(1382) 문과에 급제하며 출사했으며, 권력 지향형의 인물로 조선 건국 쿠데타의 주역이자 '마키아벨리스트'라고도 불린다.

이방원은 건국 후 정권 장악에 걸림돌이 되는 공신들과 형제들을 죽이고 왕위에 올랐으나, 그 이후에도 태상왕이 된 아버지 이성계부터 공신들에 이르기까지 반발 세력들이 만만치 않았다. 때문인지 그의 시대에는 모반과 무고 사건이 잇따라 일어났다. 이에 태종은 동왕 2년(1402) 창덕궁 대궐 문루에 신문고라는 북을 매달아 고변(告變)을 신고하게 하였는데, 이는 일반 백성들이 억울함을 호소하기 위하여 설치한 것이 아니라 종사에 관계된 일을 고변하는 용도로 제한 조건이 있었다. 즉, 실제로는 반란 음모 등 모반 세력을 색출하기 위한 것이었다.

그러나 이를 잘 알지 못하는 사람들이 억울하다고 마구 신문고를 두드렸다가 오히려 매만 맞고 쫓겨나는 웃지 못할 일들이 많이 일어났다. 때문에 후에는 한양의 관리들에게만 사용이 한정되었다.

태종은 개국공신을 비롯해 왕자의 난에 가담한 공신들이 잠재적인 위협 세력으로 떠오르자 왕권을 강화시키기 위하여 이들을 걸러 낼 책략을 세웠다. 이에 희생된 사람은 태종의 처남 민무구 형제, 공신 이무, 이숙번 등이었다. 태종은 동왕 6년(1406) 8월 신하들의 충성심을 확인하기 위하여 세자에게 선위하겠다고 했는데, 민무구 형제는 이 소동의 행간을 읽지 못하고 기뻐하는 빛을 얼굴에 나타내면서 태종의 계략에 걸려들었다. 이 소동은 결국 태종이 명을 거두어달라는 신하들의 요청을 마지못해 받아들이면서 끝났다.

이듬해 7월 영의정부사 이화(태조의 이복동생)가 "전년에 전하께서 양위하고자 할 때 많은 사람들이 기대하는 대로 복위하시자 유독 무구, 무질 형제만은 슬프게 여겼습니다."라고 탄핵하였다. 민무구 형제는 태종이 대군 시절 두 차례에 걸친 왕자의 난을 일으킬 때 큰 공을 세운 인물로 일등공신이었다. 태종은 민무구 형제가 어린 세자를 믿고 권력을 획책하고, 대군들을 죽이려 했다는 죄목까지 추가하여 친국하였다. 그리고 민무구를 연안, 민무질을 장단에 각각 유배하였다가 다시 삼척, 옹진에 각각 이배하였다.

태종 8년(1408) 태종의 존경받는 스승이자 형제의 아버지 민제가 병사하면서 이들의 몰락은 가속화되었다. 태종 9년(1409)에는 공신 이무가 명나라 사행을 가면서 "무구 형제는 사실 죄도 없이 억울하게 유배되었지."라고 말했다는 이유로 형제와 결탁하였다는 혐의를 받았다. 그는 창원에 유배되었다가 이후 죽주에 이배되어 그곳에서 죽었다. 아들은 재산을 몰수당하고 노비가 되었다. 그해 10월 의정부의 "무구 형제의 충성치 못한 죄는 하늘과 땅에 가득 찬 만큼 법조문대로 척결해야 합니다."라는 간언에 따라 형제는 제주목으로 유배되었다. 그리고 이듬해 3월 대사헌 김한로(세자의 장인) 등이 대궐에 들어와서 민무구 형제의 죄를 다시 논의했다.

"두 형제가 제주의 사람들을 꾀어서 변란을 일으킬지 알 수 없으며, 더구나 배를 타고 다른 나라로 도망이라도 간다면 훗날 후회할 일이 생길 것입니다."

이에 태종은 민무구 형제에게 자진 명을 내렸다. 제주로 이배된 지 6개월 만이었다. 이 일로 왕비는 폐비의 위기까지 몰렸으나 세자의 생모라는 이유로 구명되었다. 그 후 11년이 지난 세종 3년(1421) 두 형제의 노모가 보낸 노복들이 와서 형제의 유해를 거두어갔다.

외척 민씨 집안에 대한 처단은 여기에서 그치지 않았다. 태종 15년 (1415) 4월 민무휼, 민무회 형제가 황주 목사 염치용의 노비 문제에 관하여 충성스럽지 못한 말을 한 것을 듣고도 보고하지 않은 죄로 옥에 갇혔다. 6월 그동안 두 형제와 함께 행동했던 세자는 위기감을 느끼고 두 형제를 멀리했다.

"외삼촌들이 성격을 고치려는 생각이 전혀 없고 허망한 말만 하고 다녔습니다."

게다가 대간에서 두 형제를 탄핵하는 상소가 잇따르자 태종은 "자신들의 처지를 반성하고 있지 않다."'라며 불충을 이유로 직첩을 거두고 폐서인하였다. 이들은 해풍과 외방의 원하는 곳에 각각 유배되고 처자도 모두 변방으로 내쫓겼다. 12월에는 두 형제가 참고사건(왕비가 왕과 여종 사이의 소생 경녕군 이비의 모자를 추운 겨울에 방치한 사건)에도 관련되었다 하여 대간의 소청으로 국청이 설치되었다. 국문에서 민무회는 "두 형들이 죄 없이 억울하게 죽임을 당했습니다."라고 항변했다.

이 보고에 대노한 태종은 이듬해 민무휼은 원주로, 민무회는 청주로 각각 이배시키고 이어 자진하라는 명을 내렸다. 두 형제는 배소에 도착한 지 불과 4일 만에 목매어 죽었다. 왕비와 노모가 식음을 전폐하고 드러누웠다.

이듬해 이숙번은 "자신의 공과 왕의 총애를 믿고 방자하게 행동했으며 세자에게 아부했다."라는 죄목으로 탄핵을 받아 파직되고 경상도 함양으로 유배되었다. 그는 세종대왕이 《용비어천가》를 지을 때 선왕 때의 일을 잘 아는 신하들을 뽑게 되자 김돈의 천거로 한양에 돌아왔다. 그러나 "옛 버릇이 그대로 남아 있다." 하여 편찬이 끝나자 다시 함양 배소로 보내졌다가 이듬해 적사하였다.

태종은 지나치게 권세가 높아져 왕권에 위협이 되거나 걸림돌이 될만한 신하들을 무자비하게 제거함으로써 왕권을 탄탄히 했다. 태종 때 이룩된 강력한 왕권을 바탕으로 세종의 치세 때 조선은 정치적 안정을 구가하게 된다.

괘씸죄

태종 8년(1408) 관노 목인해 부부가 부마 조대림(태종과 원경왕후 사이의 소생인 경정공주의 남편)이 모반을 일으켰다는 고변을 하였다. 이에 사헌부 대사헌 맹사성과 사간원 좌정언 박안신은 왕에게 알리지 않고 이들을 잡다가 심문하였다. 태종은 부마의 인물이 유순하여 영악하지 못하다고 생각해 이들을 친국하여 무고로 이 일을 마무리하려고 했다.

그러나 맹사성과 박안신이 이에 반발했다.

"대질을 통해 철저하게 진상을 조사해야 합니다."

이를 괘씸하게 여긴 태종은 맹사성과 박안신을 의금부에 가두어 조사할 것을 명했다. 결국 맹사성은 모진 고문에 못 이기고 왕실의 권위를 약화시키려고 했다고 자백했다. 더구나 조대림의 심문 과정에서 고문까지 행해졌다는 것을 보고받자 태종은 더욱 격노했다.

"맹사성과 박안신을 당장 저자거리로 끌고 나가 거열형에 처하라."

박안신은 소달구지에 실려 형장으로 가면서 나졸에게 땅에 떨어져 있던 기와 조각을 갖다 달라고 부탁했다. 그리고 기와에 "직책을 제대로 수행하지 못해 죽는 것은 달게 받겠으나, 임금이 옳은 말로 간하는 신하를 죽였다는 이름을 남길까 두렵다."라는 시를 써서 태종에게 바치게 하였다. 이들의 처형 소식을 접한 좌정승 성석린이 병을 무릅쓰고 대궐에 들어갔다.

"전하, 맹사성과 박안신은 결코 왕실의 권위를 약화시키려 한 것이 아니고 단지 직무상 일을 처리함에 있어 본분을 다하고자 했을 뿐인데 처형하는 것은 지나치게 가혹합니다."

이어 하륜과 권근 등이 적극적으로 변호하자 태종은 "죄인 목인해를 효수하고 맹사성은 장 1백에 지방 향교의 노복으로, 박안신은 멀리 유배를 보내도록 하라."라는 전교를 내렸다. 이에 맹사성은 한주(충청도 한산)에 있는 향교의 노복으로 갔다가 지방으로 연이어 거처를 옮긴

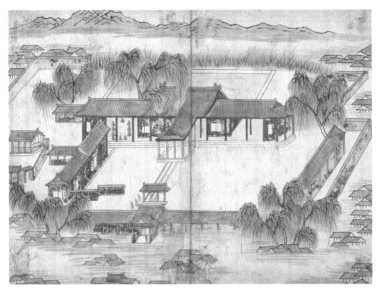

의금부 1739년(영조 15) 1월에 열린 의금부의 계회 장면을 그린 것으로, 당시 중부 견평방에 있던 의금부 관아의 전경이 담겨 있다. 건물의 입구는 망문과 대문 그리고 정문의 삼중 구조로 되어 있다. 관아 내부에는 죄인을 심문하는 장소인 호두각, 좌우에는 당상청사와 낭관청사, 뒤편에는 휴식 공간인 연지, 서쪽 편에는 부속 건물인 부군당과 죄수 구금처 등이 위치해 있다.

끝에 다시 관직에 나아갔다. 그 후 맹사성은 평생 성석린을 부모와 같이 섬겼으며 성석린이 죽은 뒤에도 그의 사당 앞을 지날 때는 반드시 말에서 내렸다고 한다.

1417년 9월 태종은 옹주의 부마감으로 이속의 아들을 점찍었다. 이속은 춘천 부사로 있다가 이방간이 첩을 들인 것을 보고하지 않았다 하여 괴산에 유배된 적이 있는 인물이었다. 태종은 점쟁이 지화를 그의 집으로 보냈다.

"아들의 사주팔자가 어떻게 됩니까?"

"무슨 까닭으로 묻는가?"

"이것은 왕명을 받은 것입니다."

"길례가 이미 끝났는데 또 궁주가 있는가? 만일 궁주의 딸이 결혼한다면 나의 자식이 있지만 만일 궁인의 딸이라면 내 자식은 죽었다. 나는 이렇게 혼인을 맺고 싶지는 않다."

지화가 궁으로 돌아와 이를 그대로 아뢰니 태종은 괘씸하게 생각했다.

"나도 혼인을 맺고 싶지 않다. 그러나 이속의 말이 심히 불경하다. 옥에 가두고 장 1백에 서인으로 하여 먼 지방에 부처하라."

그러나 대간에서 그의 불충을 이유로 교수형을 내려야 한다고 주장했다. 그해 11월 태종은 다시 그에게 위노형을 내려 창원부의 관노로 정했다. 이 일로 인해 이때부터 왕실에서는 부마도 왕비와 세자빈처럼 간택을 하게 되었다.

연안 이씨 가문의 전승에 따르면 태종이 이속에게 아들을 옹주의 사위로 삼을 것을 강혼하자 이속이 "짚신은 짚으로 삼아 신어야 하지 않겠는가?"라고 거절했다고 한다. 이 농담조의 말을 트집 잡아 태종은 그의 모든 문적을 몰수하고 재산을 빼앗았으며 자손 3대를 금고 처분하여 벼슬 길에 나가지 못하도록 하였다. 그러나 문종 1년(1451) 그의 손자 이인문과 이인충 형제가 나란히 과거에 급제하여 벼슬 길에 오른 것으로 보아 금고 처분은 훗날 해제된 것으로 보인다.

양녕대군의 폐위를 반대하다, 황희

1394년 태조는 조선 건국에 반대하며 두문동으로 들어가 은거한 고려의 유신들에게 여러 차례 사람을 보내어 회유했다. 몇 번이나 계속된 청에도 이들은 움직이지 않았고 결국 태조는 "마을 전체를 불태우겠다. 불에 타 죽든지 아니면 새 조정에 참여하든지 둘 중에 하나를 선택하라." 하며 최후의 통첩을 보냈다.

이에 두문동에서는 "우리는 고려에 충절을 지키고 젊은 인재 한 명은 조선 조정에 내보내 백성을 돌보게 하자."라는 의견이 모아졌다. 이에 황희가 조정에 출사하고 나머지 고려 유신 72명은 불에 타 숨지니, 이들이 이른바 두문동 72현이다. '두문불출'이라는 말은 여기에서 유래했다.

황희는 창왕 1년(1389) 문과에 급제한 인물로 두문동에서 나온 후 성균관 학관에 올랐다. 태종 16년(1416) 선공부정 구종수 등이 궁중 담을 넘어 세자를 데리고 궐을 빠져나가 술을 먹고, 세자가 좋아하는 매를 바쳤다가 왕에게 발각되는 사건이 일어났다. 이에 태조가 판한성부사 황희에게 어찌된 일인지를 물었다.

"구종수가 한 짓은 매나 개의 일에 불과합니다. 세자는 어립니다. 세자는 어립니다."

세자는 당시 23세였으니 어리다는 말은 맞지 않다. 황희는 다만 세자를 변호하기 위해 그렇게 말한 것으로 보인다. 이태 후 1418년 태종이 세자를 폐위하고자 하니 당시 이조판서였던 황희가 이를 막아섰다.

"장자를 폐하고 동생을 세우는 것은 재앙을 부르는 근본이 되고, 세자가 비록 미쳤다고는 하나 본래의 성품은 가히 성군이 될 것이니 폐위보다는 병을 낫게 하는 데 힘을 쏟으셔야 합니다."

왕이 2년 전의 일을 다시 물었다.

황희

　"세자가 어리다는 말은 기억나지만 매나 개에 대한 말은 기억이 나지 않습니다."

　이에 그는 임금을 속였다는 혐의로 대간의 탄핵을 받았다. 결국 6월 황희는 서인이 되어 교하(파주)로 유배되었다. 그러나 모자가 함께 거처하는 것은 허락되었다. 이때 세자 폐출에 반대했던 대사헌 강윤희도 제주목으로 유배되었다. 강윤희는 유배 길에 올라 아들과 노복을 데리고 순금사 관원, 호송 군졸들을 따라 그해 가을 제주목 납읍에 적거하니 53세였다.

　그러나 얼마 후 대간들이 다시 고하였다.

　"황희를 도성에 가까운 교하에 유배 보낸 것은 처벌의 효과가 별로 없으므로 멀리 보내어 안치해야 합니다."

　"그렇게까지 할 필요가 있겠는가? 희를 고향과 가까운 남원으로 위리안치하라."

태종은 이어 외조카 오치선을 불렀다.

"너는 교하에 가서 희에게 전해라. 내가 경을 어쩔 수 없이 남원으로 이배하니 노모와 함께 편리한 대로 떠나도록 하라고 전해라."

이어 태종은 사헌부에 명하여 그를 압송하지 말도록 조치하였고, 7월 양위하고 상왕으로 물러났다. 적소에서 황희는 일절 문 밖 출입을 삼가고 빈객을 사절하며 독서에만 열중하였다. 4년이 지난 세종 4년(1422) 2월 그는 상왕 태종의 명으로 해배되었고, 그해 10월 의정부 좌참찬에 기용되어 영의정까지 올랐다. 황희는 훗날 유관, 맹사성과 함께 조선 초기의 3대 청백리 중의 한 사람으로 선비들의 역할 모델이 되었다. 강윤희 역시 황희와 함께 해배 명을 받고, 납읍에 남겠다는 아들을 두고 혼자 배를 탔다.

사초를 고친 사관들

예종 1년(1469) 4월 신숙주, 한명회 등이 춘추관에서 《세조실록》을 편찬하기 위하여 올리는 사초를 기명(記名)하여 제출하게 하였다. 이에 사관으로 있을 때 사초에 대신들의 득실을 많이 기록했던 봉상첨정 민수는 후환이 두려워졌다. 특히 그가 한명회와 관련해 처음에 썼던 사초에는 "이시애의 난 때 한명회가 강효문과 함께 실제로 반역을 도모하였다."라는 기록도 있었다.

이에 민수는 부랴부랴 기사관 강치성에게 부탁하여 제출한 사초를 돌려받아 몰래 고쳐 다시 제출하였다. 강치성과 정언 원숙강도 아들들과 함께 사초를 수정하였다. 그런데 이 사실이 검열 양수사와 최철관에게 발각되었다.

그는 친국장에서 예종에게 눈물을 흘리며 목숨을 구걸하였고, 예종은 세자 시절 자신의 서연관이었던 그를 차마 모른 체할 수 없었다. 그리하여 강치성과 원숙강은 참형에 처하되 민수는 제주목의 관노로 영속하라는 하교가 내려졌다.

신료들은 이에 반발하며 민수의 처벌을 강력히 주장했으나 왕은 답변이 없었다. 민수는 관노로 일하다가 8년이 지난 성종 8년(1477)에 해배 명을 받아 배를 타고 제주목을 떠났다.

인종 1년(1545) 이기, 정순붕 등이 을사사화를 일으키자 사관 안명세는 그들이 무고한 선비들을 처형한 사실 등을 시정기로 작성했다. 3년 후 명종 3년(1548) 당시 그와 함께 사관으로 있었던 하지원이 그가 쓴 시정기의 내용을 이기 등에게 밀고하였다. 결국 안명세는 윤임을 찬양하였다 하여 국문을 당하고 사형되었다. 그리고 그가 쓴 시정기는 수정되었는데, 이렇게 사관을 죽이거나 사관이 쓴 기록을 고치는 일은 극히 드물었다.

판도라의 상자를 열다, 임사홍

임사홍은 효령대군의 아들 보성군 이용의 사위로, 세조 때 과거에 급제하여 성종 때 도승지에 올랐다. 그는 어명으로 월산대군 이정의 신도비명을 지을 정도로 자타가 인정하는 명필이었다. 성종 9년(1478) 4월 당시 흙비(토우)가 내리는 천변이 있어 대간의 요청이 있었다. 이에 성종은 술을 금지시켰는데, 이에 도승지였던 그가 이렇게 아뢰었다.

"천지의 재변은 운수이며 흙비도 마침 그렇게 된 것이지 어찌 재이라고 할 수 있겠습니까? 흙비가 내렸다고 천변이라 하여 삼가는 것은 지나치며, 대간의 말이라고 무조건 다 들어줄 수는 없는 일입니다."

이에 대간들이 "임사홍의 말은 하늘의 꾸지람을 겸허히 수용하는 성상의 자세를 부정하고, 그가 대간에 대해 한 말은 언로를 막으려는 음모이다."라는 상소를 올렸다. 그러나 성종은 대간들을 파직시키고, 임사홍 역시 말을 잘못했다고 하여 직첩을 거두었다. 이때 임사홍과 한 집에 같이 살던 주계부정 이심원이 왕을 면대하여 "저의 고모부는 훗날에 나라와 집안을 망하게 할 소인배이니 조정에 두어서는 안 됩니다. 작년에 일어난 도승지 현석규의 탄핵 사건은 사실 고모부가 유자광과 함께 붕당을 만들어 뒤에서 사주해서 일어난 것입니다."라고 아뢰었다.

그러나 성종은 대간들의 극렬한 탄핵에도 임사홍의 목숨을 살려 주고, 단지 조정을 문란케 했다는 죄목으로 의주로 유배 보냈다. 그리고 유자광은 동래로 유배되었다. 이심원의 조부는 아들 이위를 통해 이심원을 불효죄로 고발하게 하여, 결국 이심원은 제사권과 장자상속권을 동생에게 빼앗기고 장단으로 유배되었다.

그런데 이 일이 유배형을 받을 정도의 큰 죄였을까? 이 흙비는 요즘의 황사라고 볼 수 있다. 우리나라에서 황사가 발생한 것은 신라 아달라왕 20년(174) 1월에 "흙가루가 비처럼 떨어졌다."라는 기록이 최초이다. 이후 백제 근구수왕, 고구려 보장왕, 고려 명종 때도 내렸다고 기록되어 있다. 때문에 조선 성종 1년(1470) 4월 충청도, 경상도, 전라도에 황사가 내리자 신하들은 "예전에도 흙비가 내린 일이 있었는데 그해에 풍년이 들었다고 합니다."라고 아뢴 적이 있다.

그러나 그는 이 말 한마디가 도화선이 되어 장장 22년간이나 유배 살이를 하게 되었다. 여기에는 정치적 역학 구조가 반영되어 있을 수 있다는 견해도 있다. 사림파들은 자연의 재이(災異)에 대해서도 하늘의 꾸짖음이니 임금이 반성해야 한다고 해석했는데, 흙비는 자연의 재이가 아니니 두려워할 필요가 없다는 그의 말은 이들을 자극시키기에 충분했다는 것이다.

연산군 6년(1500) 임사홍의 아들 임숭재가 "신의 부친 임사홍은 원래 유자광과 같이 죄를 얻어 유배를 갔는데, 동래에 유배된 유자광은 이미 해배되었지만 부친은 아직도 적소에 있습니다. 신의 부친이 죄를 받은 지 22년이 되었습니다."라는 상소를 올렸다.

이리하여 임사홍은 해배되었는데, 그 이면에는 임숭재가 성종의 부마로 연산군과 나이가 비슷하여 함께 잘 어울려 연산군의 총애를 받는 인물이었기 때문이다. 성종은 신하들의 반발로 그를 해배시키지 못하자 미안하게 생각하여 혜신옹주(훗날의 휘숙옹주)를 그 아들 임숭재와 혼인시켰다고 알려져 있다.

그러나 해배되었어도 임사홍은 계속 사림들의 견제를 받아 이렇다 할 활동을 하지 못했다. 결국 그의 유배지에서의 한은 갑자사화로 이어졌다고도 볼 수 있다. 임사홍은 연산군에게 폐비 윤씨의 폐출 경위를 거론하고 말았다. 그를 간악한 소인배로 적극 간하여 귀양 가게 한 이심원은 그 후 갑자사화에 연루되어 두 아들과 함께 죽임을 당하였다.

그러나 연산군은 언젠가 생모에 대한 앙갚음을 할 시기를 노리고 있었다고 여겨진다. 임사홍은 단지 그 빌미를 제공하고 시기를 앞당긴 것뿐이었다. 연산군이 자신의 정치적 행위에 반대하는 세력은 가차 없이 척결하겠다는 사실을 학습하게 함으로써 비판 세력을 추호도 허용하지 않겠다는 강한 의지를 보인 것이라는 의견도 있다.

내관과 광대의 직간

1495년 6월 연산군이 부도덕한 행위를 자주 하자 이를 보다 못한 내관 김순손이 이를 말리며 직언을 하였다. 화가 난 연산군은 그에게 임금을 능멸했다고 하여 "내관 김순손을 의금부에 하옥하여 장 1백 대와 외방에 충군하여 힘든 일만 시키라."라고 명하였다. 이듬해 2월 대신들에게 말하지도 않고 그를 서천에 유배하였다. 이듬해 2월에는 "죄인 김순손을 대정현에 이배하여 민호에 편입시킨 후 영구히 제주인으로 살게 하고 힘든 노동을 시켜라."라는 명이 내려졌고, 3월에는 "죄인 김순손을 군역에 종사시키되 늘 고통스러운 일을 시키라."라는 명이 내려졌다. 5월에는 다시 "죄인 김순손이 대정현에 충군 중이나 임금을 능멸한 죄는 살려 둘 수가 없다."라는 명이 떨어졌다. 이에 승정원에서 "임금에 대한 오만죄는 극형에 처함이 마땅합니다. 죄인 김순손을 압송하여 구체적인 범죄 사실을 밝힌 후에 처형해도 늦지 않습니다."라고 아뢰었다. 그러자 연산군은 한치형 등 대신들을 불러모았다.

"죄인 김순손을 의금부에 압송하려면 번거로우니 제주 목사에게 명을 내려 처형하겠다."

"죄인 김순손의 죄는 좌우가 알지 못하고 신들도 알지 못하니 처형은 불가합니다."

이에 연산군은 다시 승정원에 "죄인 김순손을 제주 관헌으로 하여금 문초하여 옥에 가두었다가 삼년상 후에 처형하라."라는 전교를 내리고, 5월에는 의금부에 "죄인 김순손은 전에 임금 옆에서 시위할 때 망령되게 오만하여 그 죄는 용서할 수가 없다. 제주 목사에게 명령하여 엄히 심문한 후에 법에 의해 구금하라."라는 전교를 내렸다. 그러자 6월에 삼사에서 "김순손의 범죄는 단지 말을 잘못한 죄로 유배되었을 뿐인데 사형에 처함은 불가합니다."라는 글을 올렸다.

연산군 10년(1504) 3월 연산군은 김순손이 가족을 대정현에 데리고 갔는지의 여부를 조사하게 하였다. 그리고 그가 가족을 데리고 가지 않았다는 보고를 받자 가족들을 대정현에 유배시키고, 그달에 승정원에 "죄인 김순손이 망령되게 임금을 업신여겨 전일에 내가 처형하려고 하였는데 그때 사람의 목숨이 중하다고 아뢰는 자가 있어 사형에서 감했다. 김순손의 목을 베어 가지고 오라."라고 하명했다.

이에 이듬달 4월 의금부 도사 심함이 대정현에 가서 그의 머리를 베어 가지고 왔다. 김순손의 수급은 창덕궁 돈화문의 왼쪽에 있는 단봉문에 효시되어 내시들에게 본보기로 삼게 했다. 그후 내시부에 간직하여 내시들이 바른말하는 것을 경계하게 하였다. 연산군은 그의 시신을 매장하지 않고 들판에 버리게 했다가 이듬해 1월 쇄골표풍형에 처했다. 4월에는 그의 부친도 참형하여 효수하고 그 족친은 난신의 예에 따라 국외로 보내 노비로 삼게 하였다.

그해 4월 내시부의 최고 수장인 상선내시 김처선이 연산군에게 문란함을 간했다. 당시 연산군은 궁중에서 처용희 등 춤판을 벌이고 음란한 거동이 이루 말할 수 없었다. 연산군은 격노하여 그를 참혹하게 죽이고 시신을 범에게 주었으며, 양아들 이공신은 주살하고 부인과 며느리는 내사복시의 종으로 삼아 평생 말을 먹이는 일에 종사하게 하고, 부모의 무덤도 없애 버렸다.

심지어 모든 문자에서 김처선의 '처' 자를 사용하지 못하게 금지령을 내려 처용무를 풍두무로 고치기까지 했으며, 이름이 같은 사람은 모두 고쳐야 했다. 일설에는 연산군 11년(1505) 경상도 봉화의 권벌은 과거에 급제하였으나 과거 답안지 중에 '처' 자가 들어 있다 하여 합격이 취소된 적도 있었다고 하며, 심지어 교지에 '처' 자가 들어 있다는 이유로 한 조정 대신은 국문을 받기까지 했다.

이듬해인 연산군 11년(1505) 12월에는 광대 공길이 노 선비 장난을 하며 농담을 던졌다 화를 입었다.

"전하는 요순 같은 임금이고 저는 고요 같은 신하입니다. 요순은 어느 때나 있는 것이 아니나 고요는 항상 있는 것입니다."

요와 순은 중국 고대 전설상의 임금으로 성군의 대명사로 일컬어지며, 보통 함께 묶어 요순이라고 일컬어진다. 고요는 순 임금의 신하로 9관리의 한 사람이며 법, 형벌, 옥을 만들었다고 한다. 이어 공길은 《논어》를 외워 보였다.

"임금은 임금다워야 하고, 신하는 신하다워야 하고, 아비는 아비다워야 하고, 아들은 아들다워야 합니다. 임금이 임금답지 않고 신하가 신하답지 않으면 아무리 곡식이 있더라도 제가 어찌 먹을 수 있겠습니까?"

"네 놈의 말은 불경에 가깝다. 이놈을 당장 장을 쳐서 먼 곳으로 유배하라."

자손의 양육일기를 남긴 이문건

이조년의 8대손인 이문건은 둘째 형 이충건과 함께 조광조의 문하에서 학업을 닦았다. 그는 이충건이 사마시에 합격한 지 3년 후에 과거에 합격하였고, 중종 9년(1515) 이충건은 종형 이공장과 함께 별시에 급제하였다.

그러다 중종 13년(1519) 기묘사화가 일어났다. 이 일로 조광조가 죽은 후 그의 문인들 중 일부는 남곤과 심정의 미움을 살 것이 두려워 조문을 꺼렸다. 그러나 이문건 형제는 조광조의 빈소를 찾아 가족을 위로하고 조문하였다. 그러다가 이태 후 신사무옥에 연루되어 형 이충건은 옥에 갇혀 심문을 받다가 유배 가는 도중에 사망하고, 이문건은 과거시험에 응시하지 못하게 하는 조치가 내려졌다. 6년 뒤에 그는 사면되어 이듬해 별시문과에 급제하여 승문원, 정언 등을 지냈다.

명종 즉위년(1545) 9월 그의 큰형 이홍건의 아들 이휘가 택현설(擇賢說)의 중심 인물로 지목되었다. 택현설이란 서열에 따라서가 아니라 현명하고 어진 이를 왕위 계승자로 택하자는 주장이었다. 이에 대해서는 일찍이 태종이 충녕대군에게 왕위를 물려준 예가 있었다. 이때 그는 우승지를 제수받았지만 이휘가 추국을 받으면서 체직되었고, 이휘는 혹독한 고문으로 죄를 인정하여 능지처참을 당하였다.

이에 승정원 동부승지로 있던 그도 연좌되어 성주로 유배 명이 떨어졌다. 이충건의 장자 이염도 파직되고 함경도 경흥으로 유배 명을 받았다. 의금부 서리 최세홍 등을 따라 유배 길에 오른 그는 삼월 등의 여종과 거공 등의 노복을 앞세우고 한강을 건넜다. 그의 일행은 양지를 거쳐 처가가 있는 괴산에 도착하여 이틀을 더 머무르고 조령, 문경,

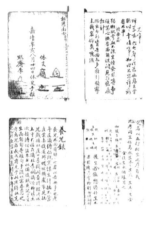

이문건이 남긴 《양아록》(좌)과 조선 시대 서당의 풍경(우)

선산에 이르렀다. 그가 지나가는 고을마다 수령들이 그를 융숭하게 대접하고 선물도 주었다.

이윽고 10월 그가 성주에 도착하자 미리 와 있던 의금부 서리 최세홍이 성주 수령에게 그를 인계하고 떠났다. 그리고 성주 관아에서 마련해 준 읍성 아래에 있는 김옥순의 집을 적소로 정했다. 그런데 적소 방문을 열어 보니 벌레가 천장에서 부지기수로 떨어지는 등 도저히 살 수가 없을 정도였다. 이에 그는 노비를 보내 관아에 수리해 줄 것을 요청했고, 판관이 와서 그날 오후 걸후음의 집으로 적소를 옮겨 주었다. 그리고 얼마 있다가 다시 배순의 집을 수리하여 살았다.

이듬해에는 부인과 외아들 이온까지 내려와 함께 살았는데, 부인은 집안일 때문에 본가와 적소를 오고간 것으로 보인다. 그는 관할 지역을 임으로 벗어나지 못하고 정기적으로 점고를 받으러 관아에 출두하는 것을 제외하고는 일반 사족과 같은 생활을 하였다. 특히 성주 목사 남궁숙과는 이전부터 친분이 있어 여러 가지 편의를 제공받았으며, 그 후의 목사들도 학문이 높고 경륜이 있는 그에게 지역사회의 동향과 조언을 구하였다. 평소에도 그는 목사들과 어울려 술잔을 기울였으며, 이들은 명절, 생일, 제사, 혼례 때 그에게 선물을 보내 주었다.

그는 슬하에 여섯 형제를 두었으나 아들 이온만 겨우 살아남아 며느리를 들였는데, 그 사이에서 손자 수봉을 보았다. 그는 손자를 돌보며 육아일기인 《양아록》을 쓰기 시작하였다. 손자가 여섯 살이 되던 해 천연두가 마을에 퍼졌다. 손자 수봉 역시 천연두로 사경을 헤맸지만 다행히 살아남았다.

아들 이온이 요절한 후 이문건은 손자에게 모든 희망을 걸었다. 그리고 직접 글을 가르치는 등 양육에 애썼으나 손자는 조부의 마음은 아랑곳없이 노는 데만 정신을 쏟았다. 어느 날은 글을 읽으라고 다그쳤으나 손자가 게으름을 피우자 그는 이튿날 손자를 불러 회초리로 궁둥이를 30대나 때렸다. 그러고 나서 그는 울적하여 "내가 종아리를 치는 것은 아이의 나쁜 습관을 없애기 위해서이다."라는 글을 썼다.

그러나 손자 수봉은 13세의 어린 나이에 술을 마시는 등 조부의 안타까운 마음을 알아 주지 않았다. 이문건은 유배된 지 결국 22년 만인 1567년 74세의 나이로 적소에서 숨졌다. 조선 시대에 일기를 남긴 사람은 적지 않으나 그가 남긴 《양아록》은 조선 시대 관리나 선비가 남긴 유일한 양육일기라는 점에서 큰 의미가 있다.

《양아록》의 마지막 부분에는 "아이가 인륜을 어기지 않고 나의 은혜에 보답해 주기를 바랄 뿐이다."라고 쓰여 있다. 그 후 이수봉은 결국 과거시험에 합격하지는 못했으나 임진왜란이 일어나자 격문을 쓰고 의병 활동을 하는 등 많은 사람들의 칭송을 받았다. 조부 이문건이 보여주었던 그동안의 열성적이고 헌신적인 노력의 결과라 할 수 있다.

이문건은 그밖에 양반의 일상생활과 유배일기를 기록한《묵재일기》도 남겼는데, 여기에 따르면 16세기까지만 해도 여성들은 혼인 이후 친정에서 지내는 것이 일반적이었던 것으로 보인다. 그래서 그의 손녀 숙희 내외 모두 처가에서 살았고, 그가 배소에서 죽을 때까지 돌아가지 않았다고 한다.

너희들은 과거시험에 응시하지 마라

중종 29년(1535) 별시문과에 급제한 뒤 부제학에 오른 임형수는 명종 즉위년(1545년) 을사사화 때 소윤의 영수 윤원형의 미움을 받아 제주 목사로 좌천되었다. 이때 그는 선왕(인종)의 산릉 일을 맡고 있었는데 "산릉의 준공을 보지 못하고, 남쪽 지방으로 자리를 옮기니 진실로 슬퍼집니다."라는 시를 써서 마음을 달랬다.

그의 시는 영특하고 재기가 빼어나 글을 다듬는 데 힘쓰기보다 그리워하는 생각을 활발히 펼치는 것이 특징이라는 평을 받았다. 게다가 활쏘기와 시문 양쪽에 능해 명나라에까지 회자될 정도로 문무를 겸비한 인물이었다. 이황은 이런 그를 아껴 매양기남자(每樣奇男子, 재주와 슬기가 남달리 뛰어나다)라고 불렀다고 한다.

그는 제주 목사로 부임하여 민생을 잘 돌보았으나 1년 만에 대윤 세력이라 하여 파직되고 고향 나주로 돌아갔다. 명종 2년(1547) 9월 양재역 벽서사건이 일어났다. 이 사건을 을사사화의 뿌리가 남아 있는 증거라고 하여 조정에서는 을사사화 때 연루되었던 사람들을 언급하기 시작했고, 그는 절도안치 명을 받았다.

그러나 양재역 벽서사건의 고발자인 부제학 정언각이 그를 너무 가볍게 처벌한다는 상소를 올렸다. 결국 그는 나주의 집에서 사약을 받으니, 이때 그의 나이 34세였다.

그는 죽기 전에 먼저 부모에게 하직 절을 올리고 어린 두 아들을 불러 유언을 남겼다.

"내가 나쁜 짓을 한 일이 없는데 끝내 이 지경에 이르렀으니 너희들은 과거에 응시하지 마라."

그러다가 그는 다시 아들들을 불렀다.

"무과일 경우는 응시해도 좋고 문과는 응시하지 마라."

이윽고 그가 담담한 표정으로 사약을 들고 마시려고 하자 한 사람이 이렇게 말했다.

"집 안에 들어가서 마시는 것이 좋겠습니다."

"아니다. 나는 천지의 신기가 있는 환한 곳에서 죽을 것이다."

그는 꿇어앉아 먼저 술을 들이켰다. 이때 노복이 울면서 안주를 올리니 그것을 물리쳤다.

"상여꾼들이 벌을 줄 때에도 안주를 쓰지 않는 법인데 이것이 어떤 술인데 그걸 먹겠느냐?"

동문 수학생이었던 김인후는 그가 죽었다는 소식을 듣고 "엊그제 베어 버린 소나무가 낙락장송이 아니런가."라며 탄식했다고 한다.

천고의 간흉으로 몰린 정철

을사사화가 일어난 이듬해 경기 관찰사 김명윤이 "유관 등 사사된 3인이 생전에 윤임의 조카인 봉성군 이완을 옹립하려고 하였으며, 선왕(인종)이 승하하면 계림군 이유를 추대하려고 모의를 하였습니다."라는 비밀장계를 올렸다. 이어 "윤임 등의 음모를 계림군 이유도 알고 있었습니다."라는 밀고가 이어졌다. 이 소식을 들은 이유는 양화도에서 배를 타고 도망하여 안변의 황룡산 기슭에 숨어 출가했다. 그는 성종의 셋째 아들 계성군의 양자로 정철의 자형이었으며 윤임의 조카였다.

이 역모에 관련되어 정철의 부친 전 돈령부 판관 정유침과 맏형 정자는 옥에 갇혀 이유의 행방에 대해 심문을 받았다. 한 달 후에 토산현감 이감남이 이유의 종 무응송을 데리고 와서 이유를 확인하고 체포하였다. 이유는 대역죄로 군기시 앞에서 참수된 뒤 머리는 저자거리에 걸렸다. 이듬해 가을 봉성군 이완도 경상도 울진에 유배되어 가는 길에 발병하여 강원도 평창으로 이배되었으나 이듬해 사사되었다. 이들은 가산이 몰수되는 것은 물론 자제들은 모두 사형되었으며 나머지 가족들은 모두 노비가 되었다.

이렇게 되자 정유침은 함경도 정평, 정자는 광양으로 유배되었는데, 이때 정철은 열 살로 부친의 배소에 따라갔다. 이듬해 윤원형은 형 윤원로를 유배 보냈다가 사사시켰다.

명종 2년(1547) 9월 양재역 벽서사건이 일어났다. 정철의 부친도 이에 연루되었다 하여 다시 경상도 영일에 이배되었고, 앞서 을사사화 때 유배되었던 맏형 정자는 압송되어 매를 맞고 함경도 경원으로 이배되어 가는 도중에 후유증으로 죽었다. 이에 정철의 둘째 형은 과거를 준비하다가 벼슬 길에 환멸을 느껴 처가가 있는 전라도 순천으로 은거하고, 정철은 다시 아버지를 따라갔다.

이듬해 윤임의 사위 이홍윤 형제가 역모를 일으켜 1백여 명의 사림이 참화를 당하였다. 명종 6년(1551) 원자 탄생에 따른 특사로 부친이 해배되자 정철의 가족은 조부의 산소가 있는 전남 담양의 창평 당지산 기슭으로 이주하여 살았다.

사림이 정권을 장악한 선조 때에도 반란은 끊이지 않았는데, 이는 붕당 간의 갈등이 한 원인이 되었다. 그중 가장 충격이 컸던 일은 정여립의 역모사건이었다. 선조 22년(1589) 10월 안악 군수 이축 등이 연명하여 황해도 관찰사 한준에게 정여립이 역모를 꾀하고 있다고 알렸다. 이에 한준은 왕에게 "전주에 사는 전 홍문관 수찬 정여립의 주도 아래 한강의 결빙기를 이용하여 금년 겨울 황해도와 전라도에서 동시에 한양으로 쳐들어가려는 음모를 꾸미고 있습니다."라는 장계를 올렸다.

이에 선조는 전라도와 황해도에 선전관과 의금부 도사를 급파하였다. 이때 정철은 두 달 전에 죽은 아들 기명의 장사를 지내기 위해 고양시 신원동에 올라와 있었다. 선조는 그에게 이 사건에 관련된 사람들을 조사하여 심판하는 최고재판관인 위관으로 임명하였다.

정여립은 관련자들이 차례로 잡혀가자 아들 정옥남과 함께 진안 죽도로 도망쳤다. 그러나 결국 관군에 포위되자 그는 부하 변승복을 죽인 후 천반산 동굴에서 자살하였다. 야사에 따르면 정여립이 죽도에 왔다가 모반을 인정하여 자결한 것으로 꾸미기 위해 살해되었다고 한다.

조정에서는 정여립의 목을 저자거리에 매달았다. 그리고 그의 아들 정옥남은 진안 현감 민인백에게 체포되어 국문을 받고 처형되었다. 그후 그의 집은 헐리고 집터는 연못이 되었다.

그런데 양천경과 양천회 형제가 "조정의 많은 신하들이 정여립과 은밀하게 내통하고 있다."라는 상소를 올렸다. 이에 정철은 정여립의 집에서 나온 서찰에 언급된 선비들, 정여립을 두둔한 동인 세력, 전라도 유림들을 잡아들이고 문초하여 혹독한 고문을 가했다. 이때 화를 입은 사람이 천여 명에 이르렀다고 한다. 이들 중 사림이 400명에 이르러 전라도 유림의 씨가 말랐다는 원성이 나왔는데, 일반 백성들도 연좌되어 끌려가니 옥이 넘치고 마을이 텅 비게 될 정도였다. 이를 기축옥사라고 한다. 이 역모 사건에 대해서는 당대뿐만 아니라 지금까지도 조작이라는 의견과 사실이라는 의견이 맞서고 있는 실정이다.

기축옥사로 인해 끌려온 인물 중에는 동인이었던 이발도 있었다. 평소 정여립과 가깝게 지냈다는 이유였다. 이발은 광산 이씨로 동생 이길과 함께 과거에 급제했고, 학문과 강직함을 인정받은 인물이었다. 그는 모진 고문에도 혐의를 완강히 부인하여 함경도에 유배 명을 받았다. 그러나 낙안 유생 선홍복이 국청에서 "정여립이 상중에 있던 이발을 찾아온 적이 있었습니다."라고 고변하였다. 그해 12월 이발은 다시 의금부에 끌려와 혹독한 고문을 받았다. 그는 옷자락에 '정심(正心)'이라는 글자를 써 가며 고통을 이겨 내려 하였지만 결국 장살되니 그의 나이 46세였다.

그의 두 동생 이길과 이직도 고문 끝에 옥사했다. 82세인 모친 윤씨는 형벌이 너무 지나치다고 꾸짖다 옥사했으며, 여덟 살 난 아들 이명철도 포승에 묶여 심한 고문으로 울부짖다가 옥사하니 의금부의 옥졸들도 눈물을 흘렸다고 한다. 조선 시대에는 원칙적으로 노인과 어린아이는 고문할 수 없었다.

정철과 이발에 관한 일화가 있다. 두 사람의 사이가 멀어지자 이이가 이들을 화합시키기 위해 술자리를 마련하였다. 그러나 취중 논쟁이 벌어졌는데, 정철이 자신을 무시하는 말을 했다며 이발의 얼굴에 침을 뱉은 사건이 발생했다. 두 사람은 끝내 화해하지 않았다. 때문에 이발이 죽자 동인 세력은 "위관 정철이 선홍복을 사주하여 거짓으로 고변하게 하여 이발을 죽였다."라고 크게 반발하였다.

이 역모 사건으로 이발 가문은 하루아침에 멸문되었다. 시신조차 수습할 수 없을 정도였는데, 이발의 절친한 친구였던 홍가신이 간신히 시신을 수습하여 이원익의 선산에 유택을 마련해 주었을 뿐이다. 다행히 이발의 아들 이만수는 종의 아들이 대신 잡혀가 목숨을 겨우 부지하여 본관을 바꾸고 숨어 살았다고 한다. 이후 두 집안은 원수가 되었다고 하는데, 당시 나주시 왕곡면 이발의 집성촌에서는 고기를 다질 때 '철, 철, 철, 철' 하고 정철에 대한 저주를 퍼부었다고 전한다.

이발과 친하다는 이유로 김우옹, 홍종록, 한백겸 등도 유배되었다. 정여립의 먼 인척이라는 이유로 우의정 정언신과 동생 정언지도 남해와 강계로 각각 유배되었다가 적사하였다. 이때 최영경은 사람들 사이에 역모의 주동자로 막연히 알려져 있던 길삼봉으로 오인되어 옥사하였는데, 당시 정적이던 정철과의 사이가 특히 좋지 않아 그의 사주로 죽은 것으로 여겨졌다. 이어 정여립을 만났다는 이유로 임제가 벌을 받게 되었으나 이미 죽어 버려 아들이 대신 형벌을 받았다. 최영경이 죽자 후에 선조는 "음흉한 성혼과 독한 정철이 나의 선량한 신하를 죽였다."라고 말했다고 한다.

선조 24년(1591) 좌의정 정철은 영의정 이산해, 우의정 유성룡과 함께 광해군의 세자 책봉을 건의하기로 하였다. 이 때 왕은 인빈 김씨를 총애하여 그녀의 소생인 신성군을 세자로 책봉하려고 했다. 이산해는 이 사실을 알고 정철을 제거하기 위해 비밀리에 인빈의 오빠 김공량에게 정철이 인빈과 신성군 모자를 모해한다고 무고했다. 김공량이 이를 인빈에게 알리자 그녀는 선조에게 이 말을 전하며 모자가 함께 궐 밖으로 나가게 해 달라고 말했다. 그 후 경연에서 이산해가 선조에게 후사를 미리 정하는 것이 어떻겠느냐고 아뢰었다. 선조는 누가 후사로 적합하느냐고 물었고, 정철은 이산해의 계략에 빠졌다.

"전하, 나라가 어려울 때 빠른 시일 내에 세자를 책봉하는 것이 현명합니다. 광해군을 세자로 책봉하십시오."

그러나 이산해와 유성룡은 아무 말 없이 앞만 쳐다보고 침묵으로 일관했다. 이에 노한 왕은 신성군을 모함한다는 이유로 그 자리에서 정철을 체직시켰다. 이른바 건저의(建儲議)사건이다. 건저의는 '세자를 세우는 데 따르는 의론'을 뜻한다. 이 발언으로 정철의 정치 생명은 실질적으로 끝나게 되었다.

그해 3월 결국 정철은 파직되고 명천으로 유배되었다가 6월에 진주로 이배되었다. 이배되는 날 아침 둘째 딸이 죽었다는 기별을 받았으나 그는 딸의 빈소에도 찾아가 보지 못하고 길을 떠났다. 배소에서 그는 딸과 영결함을 애통하는 제문을 보냈다고 한다. 그 후 다시 강계로 이배되어 위리안치되었다. 그러는 동안 정국이 바뀌어 동인이 집권하자 양천경 형제는 무고죄로 옥에 갇혀 심문을 받다가 유배 명을 받았으나 장독으로 죽었다.

　이즈음 동인은 정철의 처벌을 둘러싸고 대립했다. 이산해 등 강경파들은 그를 사형시켜야 한다고 주장했고, 유성룡과 우성전 등 온건파들은 그를 유배 보내는 선에서 마무리하자고 주장했다. 이때 동인은 북인과 남인으로 갈라졌는데, 이산해가 한강 북쪽에 살고 이발이 북악산 밑에서 살았다고 하여 북인, 유성룡이 영남 출신이고 우성전이 남산 밑에서 산다고 하여 남인이라고 불렸다.

　이듬해 임진왜란으로 선조가 개성으로 피란했다. 이에 정철을 해배하고 곁으로 부르자 그는 평양에서 선조를 맞이하고 의주까지 호송하였다.

　이듬해 5월 정철은 명나라에 사은사로 갔으나 지원병을 얻지 못하고 11월에 돌아왔다. 그러자 동인 세력은 "정철이 명에 가서 왜구가 다 회군했으니 구원병을 더 이상 보내지 않아도 된다고 하여 빈손으로 돌아왔다."라고 탄핵했다. 이에 그달 그는 관직을 사임하고 강화도 송정촌으로 들어가 12월에 죽었다. 그의 나이 58세였다.

　그러나 이후에도 "정철은 사악하고 독함은 천고의 간흉"이라며 생전의 관작을 삭탈해야 한다는 상소가 백 년 동안이나 제기되었다.

옥새를 위조하다

　신숙주의 아들 신정은 부친의 후광으로 세조 12년(1466) 종친부 전첨으로 있으면서 춘시문과에 급제하였다. 그 후 성종 12년(1481) 평안도 관찰사에 임명되었으나 이듬해 고령현의 사찰에 있는 부유한 노비의 재산을 빼앗아 차지하려 하였다. 노비가 반발하자 그는 옥새를 위

임진왜란

조하여 가짜 공문을 만들어 노비를 다른 사찰에 보내려 했다. 결국 이
사건이 탄로 나 그는 의금부 옥에 갇혔다. 이에 성종은 그가 공신 신숙
주의 아들이라 죽음만은 면하게 해 주려고 일부러 의금부 앞길에서 타
고 있던 연을 세우고 그를 불러 물어보았다.

"신은 모르는 일이며 내자가 한 일입니다. 억울하고 분할 따름이며
신은 무죄입니다."

그는 뉘우침의 기색도 없이 성종을 정면으로 바라보며 대답했고, 이
런 교만함에 성종은 진노했다.

"다시 이 자를 하옥시키고 죄상을 추국하라."

옥보와 함 옥보는 임금의 존호를 새겨 넣은 인장으로, 국새라고도 한다. 국권의 상징으로 국가적 문서에 사용하던 임금의 도장이다.

결국 그는 왕의 어보를 위조하여 남의 재산을 탈취하였다는 혐의로 참형되었는데, 이 소식을 접한 신숙주는 두 번이나 쓰러졌다고 한다.

이런 사건은 광해군 4년(1612) 2월에도 일어났는데, 이 일은 정치적으로 엄청난 파급을 불러일으켰다. 중화군사 김경립이 병역을 회피하기 위해 옥새와 관인을 위조하였다가 봉산 군수 신율에게 적발되었다. 봉산 군수 신율은 이 기회에 대북파에 잘 보여서 출세하기 위하여 이 문제를 집요하게 물고 늘어졌다. 결국 그는 유팽석에게 허위 진술을 강요하여 거짓으로 자백을 받아 냈다.

"김경립이 어보와 관인을 위조하여 모반을 획책하였습니다."

이에 끌려온 김경립은 고문에 못 이겨 다음과 말했다.

"김백함은 부친의 실직에 불만을 품고 팔도도대장이 되어 8도에 각각 대장, 별장 등을 정하여 불시에 한양을 함락시키고 대북 세력과 임금을 축출하고자 하였습니다."

임진왜란 중에 전 성균관 학록 김흠이 왜적에게 살해되자 아들 김직재가 부친의 원수를 갚기 위해 상중에도 종군하였다. 그런데 도중에 술과 고기를 먹은 사실이 알려지자 대간들의 탄핵을 받아 직첩이 환수된 일이 있었다. 그 후 그는 직첩을 돌려받았으나 광해군 때 노모를 학대하였다 하여 직첩을 다시 환수당하였다. 신율은 이 사실을 알고 이용하고자 했던 것이다. 김경립의 동생 김익진도 허위 진술을 하였다.

"팔도도대장에 내정된 사람이 김백함입니다."

김직재의 아들 김백함도 심한 고문을 이기지 못하고 "부친의 실직에 불만을 품고 모의를 하였습니다."라고 말했다.

소북파인 전 성균관 학유 김직재도 매에 못 이겨 허위 자백을 하였다.

"내가 임금을 축출하려 했습니다."

그러나 그달 2월에 기록된 실록조차 "김경립의 말은…… 모두가 황당하고 두서가 없었다. 그러나 신율은 모두 주워 모아 장계에 포함시켜 대역으로 보고하였다."라고 기록되어 있다.

신율이 장계를 올리자 대사간 이이첨 등 대북파는 김직재 부자 등을 압송하여 고문하고 광해군도 김직재 부자 등을 친국하였는데, 김백함은 역모에 대해 극구 부인하다가 끝내 고문에 못 이겨 거짓 진술을 하였다.

"신이 역모의 주동자이며 연흥부원군 이호민, 전 좌랑 송상인, 신희업 등과 모의하였습니다."

그러자 선조의 유명(遺命)을 받든 대신 일곱 중 박동량 등이 상소문을 올려 이 옥사를 반대했다. 그러나 결국 이들이 진릉군 이태경을 옹립하여 이이첨 등을 제거하려고 했다는 데까지 이르렀다.

이에 유팽석은 심문 중에 죽고, 김직재 부자와 사위 황보신 등은 능지처참되고 가산은 적몰되었으며, 처자식들은 진도에 유배되었다. 송상인은 신희업과 함께 대정현에 위리안치 명을 받으니 이때가 4월이었다. 이어 10월 선조의 아들 순화군 이보에게 양자로 갔던 진릉군 이태경도 제주로 유배 가던 도중 19세의 나이로 사사되어 파양되었으며, 그의 생부 이향령도 연루되어 거제도에 유배되고, 그의 3형제도 연좌되어 강진 등으로 유배되었다.

이태경의 외조부 황혁은 앞서 이이첨을 풍자시로 빗대어 공격한 일로 미움을 받았는데, 당시 신천에 적거하고 있다는 이유로 역모에 연루되어 고문을 받다 옥사하였다. 이를 김직재의 옥이라고 하는데, 이 옥사로 소북파 100여 명이 숙청되어 양원 등이 유배를 가게 되었다. 이듬해 6월 이에 연좌되어 김직재의 노비 예순도 진도에 유배되었다. 이향령은 3년 만에 거제도 배소에서 병사했으나 자식들이 적소에 있어 장례를 치를 수 없자 임시로 익산에 가매장되었다.

이는 출세에 대한 신율의 개인적인 야망과 대북파인 이이첨 등이 불평이 많던 김직재의 일족을 제물로 삼아 영창대군 지지파였던 소북파 잔당을 몰아내기 위해 꾸민 조작극으로 보고 있다. 신율은 이 공으로 예조참판에 발탁되고 영풍군에 봉해졌다.

이밖에도 조선 시대 동안 옥새 위조 사건이 발생한 적이 있다. 권섭은 숙종의 세자 책봉 문제로 송시열이 사사되자 상소를 올려 억울함을 호소한 인물이다. 그의 장남은 옥새를 위조한 사건에 연루되어 처형되었다. 정조 때의 대전 별감 안조원은 궁궐에서 옥새를 훔쳐 경리 부정을 저질렀다 들통 나 국고금 횡령죄로 추자도에 유배되었다.

대한제국 시절에는 옥새를 위조하여 우리나라의 이권을 팔아먹는 일도 있었다. 고종 때 자객 출신으로 정상배(政商輩, 정치가와 결탁하거나 정권을 이용하여 사사로운 이익을 꾀하는 무리)였던 이일식이 옥새를 위조하여 일본인에게 각종 이권을 팔아먹은 것이다. 총리대신 이완용은 한·미 전기회사를 설립할 때 옥새를 위조해 황실의 내탕금 40만원(약 80억 원)을 횡령하였다. 1905년 을사늑약 때 황제가 비준서를 발부하지 않자 일본은 황제의 옥새를 훔쳐서 사용하기도 하였다.

그밖에 전지가 있다고 사칭한 일도 있었다. 태조의 아들 회안군 방간은 난을 일으켰다가 토벌되어 토산현에 유배되어 있었다. 태종 10년(1410) 방간의 맏사위 조신언이 충주 목사 박도간의 집에 김공화, 한봉을 보내 거짓으로 전지가 있다 하고 딸을 장인의 첩으로 취하게 하였다. 이때 박도간의 동생 박인간이 이들을 교외까지 전송하였는데, 이듬해 6월 이 사실이 알려졌다.

"이방간은 난역죄인으로 마땅히 숨어 살면서 여생을 마쳐야 하는데 몰래 장가들기를 구하고, 박인간은 조카딸을 역적에게 시집보냈으면서도 이를 숨기고 고하지 않았으며, 춘천 부사 이속도 이를 알면서도 조정에 보고하지 않았으니 이들을 국문하게 허락해 주십시오."

이에 조신언은 여흥, 박인간은 영해, 이속은 괴산으로 각각 유배되었는데, 김공화는 기록에 보이지 않는다. 이속은 후에 옹주의 부마 문제로 위노형을 받아 관노가 된 인물이다. 박인간은 해배된 후 태종 18년(1418) 7월 경상도 수군절제사로 임명되어 입궐하여 하직인사를 올렸다. 이때 이명덕이 "예전에 박인간이 범한 바가 이와 같고 군무에도 맞지 않으니 청컨대 그 직을 파직하십시오."라고 아뢰어 파직되었다.

자신을 홀대한 유배지 수령에게 관대했던 노수신

명종 즉위년(1545) 윤원형 등 소윤 세력이 대윤 세력을 몰아내는 을사사화가 일어났다. 이 사건으로 인종 때 대윤 세력으로 이기 등을 탄핵하여 파직시킨 바 있는 노수신도 파직되었다. 이태 후 3월 그는 순천에 유배되었다가 그해 9월 양재역 벽서사건에 연루되었다 하여 죄가 가중되고 진도로 이배되었다.

그는 진도에서 학문보다는 걱정과 시름에 잠긴 나머지 시와 술 그리고 낚시로 회한을 풀었다. 그러다가 그는 섬 주민들을 계몽하고 교화하는 데 힘써 학문적, 사상적으로 많은 영향을 끼쳤다. 그는 진도에 유풍(유학풍속)과 사풍(선비풍속)을 진작시킨 인물로 진도 개화의 원조로 불린다. 영암과 해남 유생들이 그에게 시를 배우기 위해 찾아오기까지 했다고 한다.

당시 진도의 풍속에는 혼례라는 것이 없고 혼인을 하려는 남자들이 중매가 아닌 힘으로 여염집 처녀들을 강탈하는 풍속이 아무렇지도 않게 자행되고 있었다. 이런 야만적인 풍습 역시 그의 계몽으로 인해 고쳐졌다고 한다.

그는 유배 중에 관리들의 횡포와 박대로 여러 수모를 당하였는데, 소윤 세력의 사주를 받은 관리들이 사사건건 트집을 잡아 문 밖 출입도 제대로 못 하였다. 진도 군수 홍인록은 "죄인이 어찌 감히 옥식(쌀밥)을 들 수가 있느냐? 산간에 사람을 보내어 좁쌀로 바꾸어서 주어라."라며 트집을 잡기도 했다. 어느 달 밝은 밤 그가 마음이 울적하여 노복 아이를 시켜 피리를 불게 하자 또 홍인록이 횡포를 부렸다.

"죄인이 어찌 연악(풍류)을 즐길 수가 있겠느냐? 저 종을 잡아다 가두어라."

그는 이 같은 진도 군수의 처사를 덧없는 인심으로 돌렸다. 그는 유배된 지 5년째 되던 해 서원골에 삼간초옥을 지었다. 그리고 자신의 호를 '소재(蘇齋)'라고 칭하고 지방 자제들을 훈학하였는데, 이때 쓴 문집이 《소재집》이다. 그는 유배 중에 이황, 김인후 등과 서신을 교환하며 학문을 토론했으며, 소실 우씨를 맞아 아들 3형제를 두었다.

그러다가 명종 20년(1565) 문정왕후가 죽고 난 후 윤원형이 삭탈관직되고 낙향하였다. 이에 그해 12월 그는 19년 만에 양이되어 충청도 괴산으로 이배되었다가 이태 후에 선조가 즉위하자 해배되어 출사하였다. 그는 교리를 거쳐 영의정에까지 올랐다. 이때 홍인록이 여론에 밀려 여러 해 동안 벼슬을 못하게 되었으나 그가 힘을 써서 풍천 부사에 제수시켰다. 이에 자신에게 홀대했던 사람에게 보복하지 않아 덕망과 도량이 넓다는 소리를 들었다.

만리 떨어져 있는 외로운 아들은 마음만 아픕니다

명종 2년(1547) 9월 부제학 정언각과 선전관 이로가 경기도 과천의 양재역 담벼락에서 "위로는 여주가, 아래로는 간신 이기 등이 권력을 휘둘러 농간하여 나라가 망하려 하니 이것을 보고만 있을 수 있는가?"라는 익명의 벽서를 발견하여 왕에게 올렸다. 여기에서 여주는 왕의 모후 문정왕후를 말하는데, 왕이 나이가 어려 수렴청정하고 있었다.

이에 문정왕후의 동생 윤원형과 이기가 "지난번 역모에 가담했던 사람을 법대로 처리하지 않고 단지 파직하거나 부처에 그쳤기 때문에 여론이 잘못되었습니다."라는 서계(書契, 결과 보고문서)를 올렸다. 지난번의 역모란 2년 전 명종 즉위년에 일어난 을사사화를 말하는데, 문정왕후가 윤임, 유관, 유인숙의 죄를 물어 숙청하라는 밀지를 내리자 유희춘이 그 부당함을 논하다가 파직된 일을 말한다.

유희춘은 이 벽서사건으로 인하여 제주도에 유배 명을 받자 논과 밭을 팔아 유배 경비로 충당하였다. 그러나 그는 도착하자마자 고향 해남에 가깝다는 이유로 다시 함경도 종성으로 이배 명을 받았다. 이때 3척의 배가 출항하였으나 거센 풍랑으로 2척은 좌초되고 그가 탄 배만 무사하였다. 그가 이배를 가던 중에 김인후가 찾아와서 밤새 술잔을 기울이며 "내일이면 먼 길을 가는데, 저 달이 몇 번이나 떠야 자네가 돌아오려나."라는 시를 써 주면서 위로의 말을 했다고 한다. 그리고는 "자네가 멀리 유배 가고 처자가 의지할 데가 없으니 자네의 아들을 나의 사위로 삼고자 하니 허락해 주게."라고 말했다. 그리하여 그의 외아들은 김인후의 셋째 딸과 혼인하였다.

적소에 머물 때 그에게 친구 김인후만이 시를 지어 안부를 물었다고 한다. 그는 적소에서 저술과 훈학에 힘써 《시서석의(詩書釋義)》 등을 남겼다. 그리고 3천 자의 한자에 음을 달고 뜻을 풀어 적은 한자 학습서인 《신증유합》을 쓰고 아이들을 훈학하며 지냈다. 그러나 모친의 부고를 듣고도 적소에서 나갈 수 없는 아픔을 겪기도 하였다.

명종 18년(1565) 봄 문정왕후가 죽자 그는 은진으로 이배되었다. 이때 조정의 부름을 받고 올라가던 이항이 방문하여 그와 학문을 토론하였다고 한다. 선조 즉위년(1567) 11월 그는 20년 만에 해배되어 성균관 직강으로 재출사하였다.

광해군 5년(1613) 8월 계축옥사에 이어 10월 이이첨의 측근 세력인 정조, 윤인이 함께 "전하께서는 모자간의 인정과 도리가 극진하다 할지라도 악이 드러난 이상 신하된 입장에서 앞으로 모후를 마땅한 예로써 대할 수 없습니다."라는 상소를 올렸다.

이듬해 2월 영창대군이 강화 부사 정항에 의해 참혹하게 증살되자 이 소식을 접한 정온은 "역모가 무엇인지도 모르는 어린 영창대군이 반역을 모의한 사실이 없었는데도 위협하여 죽게 한 강화 부사 정항을 반드시 참해야 합니다. 또 폐모론을 선창한 정조, 윤인, 정호관 등은 신하로서 차마 못할 일을 저질렀습니다."라는 〈갑인봉사〉를 올렸다. 이 격렬한 상소문에 광해군은 진노하여 이를 승정원에 보내고 이듬달 전교를 내렸다.

"정온을 하옥시키고 상소문을 저지하지 않고 받아 올린 승지를 파직하라."

이에 삼사에서 정온을 절도에 위리안치할 것을 청하자 광해군이 대신들을 빈청으로 불렀다.

"정온의 상소문 내용이 무도막심한데 삼사에서 위리안치만으로 죄를 주자는 것은 임금을 무시하는 것이 아닌가?"

이어 광해군은 여러 대신들로 하여금 의견을 교환하게 한 다음 그 의논을 빙자하여 정온을 죽이려고 하였다. 이때 우의정 정창연이 정온의 사형은 불가하다고 고했다.

원임대신 이원익, 심희수 등도 모두 반대하였다. 그러나 대북의 영수 정인홍이 "정온의 상소는 도리에 어긋나므로 처형시켜 이의를 제기하는 신하들을 길들여야 합니다."라는 차자를 올리니, 이에 광해군이 고무되었다. 정온은 원래 정인홍에게 사사받은 인물로 그의 강개한 기질과 학통을 이어 받았고, 대북이었으나 이때에 이르러 영창대군 문제로 스승과 알력이 생겨 스스로 사제의 적을 없앴다. 광해군이 대신들을 다시 불렀다.

"정인홍의 차자가 옳은 말이다. 정온을 친국하겠다."

"정온은 단지 망령될 뿐 친국하심은 불가합니다."

영의정 기자헌이 강력히 반대하였다. 그러나 광해군은 정온 등을 안문(按問, 법에 따라 조사하여 신문함)하라고 하명하였다.

안문이 시작되었다. 정항은 대질신문에서 벌벌 떨었으며 출옥 후 정온에게 사람을 보내어 사과했다. 폐모론을 주장한 정호관도 〈갑인봉사〉를 보고 깊이 뉘우치고 "나는 죄인이 되었다."라면서 날마다 술만 마시다가 술병이 나서 죽었다고 전한다. 7월에 정온은 제주에서 가장 열악한 대정현에 위리안치 명을 받았다.

정온은 일행과 함께 6일 만에 해남에 도착하여 순풍을 기다렸다가 이듬달 8월 어란포에서 출항했다. 그리고 추자도에서 다시 바람을 기다리다가 새벽 동틀 무렵 별도포에 도착했다. 그는 인근 민가에서 묵은 뒤 제주목에서 70여 리(약 28킬로미터) 떨어진 배소를 향해 떠났다. 애월포에서 하루를 묵고 이튿날 서쪽으로 대정현 막은골(안성리)에 이르러 동성 배소에 도착하였다.

적소는 너무 낮아 똑바로 설 수조차 없었다. 바닷가에 지어진 집들은 바람이 심하게 불어 낮은 것이 보통인데, 제주의 경우에는 바람이 몹시 강하고 거세어 지붕이 더욱 낮았다. 방은 좁고 한 켠에는 작은 구멍이 나 있었다. 음식이 드나드는 배식구로 쓰이는 구멍이었다. 그는 적소에서 스스로 '고고자(鼓鼓子)'라고 칭하고 글을 지으며 갇혀 있는 울적한 마음을 달랬다. 대정 현감 김정원이 적소에 서재용으로 두 칸 되는 집을 지어 준 후에는 유배 올 때 가져온 경서 등 많은 책을 비치 하고 이를 벗 삼아 독서로 일과를 삼았다. 그는 지방 유생들을 가르치 고 지방 사람들에게 예를 알려 주고 힘든 일들을 해결해 주기도 하였 다. 그러면서 울적할 때마다 시를 지어 심정을 달래고, 유배되어 있던 송상인, 이익과 어울려 시문을 교류하기도 하였다.

그는 유배지에서의 실상을 기록하여 《대정현동문내위리기》를 남겼 다. 그리고 매년 정월 초하루 새벽에 일어나 반성문을 썼는데, 이것이 《자경담》이다. 광해군 11년(1619) 대정 현감 성하종이 《역대현감선생 안》을 만들 때 발문을 써 주기도 했다.

인조반정이 일어난 후 인목대비의 어머니인 광산부부인을 모셔오 기 위해 제주에 왔던 승지 정립이 그를 찾아왔다. 정립은 그간의 고난 을 위로하며 함께 출륙하자고 권했다. 그러나 정온은 왕명 없이 동행 했다가 후에 또 다른 빌미를 주는 것이 두려워 정식으로 해배 명을 받 고 가겠다고 거절하였다. 그 후 그는 해배 명을 내리는 전지를 받고 제주에 유배되었던 이익, 송상인 등과 함께 제주를 떠났다. 육지에 도 착하자마자 그는 먼저 노모를 찾아갔는데 이때 노모의 나이는 여든을 넘어 있었다. 그는 배소에서 소실을 맞아들여 서자를 두었다.

일설에는 그가 소실과 서자를 여염집에 감추어 두고 부인에게는 매 번 친구를 만나러 간다는 평계를 대고 몰래 만났다고 한다. 이후 그는 헌납에 등용되어 대사간 등을 지냈으며, 정묘호란이 일어났을 때는 행재소로 왕을 따라갔다. 병자호란 때는 이조참판으로서 김상헌과 함께 최명길 등의 주화론을 적극 반대하고 주전론을 주장하였다. 이때 국서에 '신'이라고 칭한 것에 분통해 하며 "신이 들으니 어제 사신이 적진에 가서 신하로 칭하겠다고 아뢰었다는데 이 말이 사실입니까? 무릎을 꿇고 사느니 차라리 바른 것을 지키고 죽는 것만 못합니다." 라는 상소를 올렸다.

그러나 이듬해 1월 인조가 끝내 청 태종에게 항복했다. 그는 나라의 수치라면서 입고 있던 옷에 "임금의 부끄럽고 욕됨이 극에 이르렀는데 신하로서 어찌 늦게 목숨을 바칠 수 있나."라는 시를 쓰고 칼로 배를 찔러 자결을 시도했다. 그러나 이 광경을 목격한 아들이 급히 응급 처치를 하고 의원을 불러 가까스로 목숨을 구했다. 몸이 회복되자 그는 가족들에게 "내가 어디 갔냐고 묻는 사람이 있으면 모리(이름 없는 동네)에 들어갔다고만 대답해라."라고 말하고 집을 떠났다. 그는 고향 거창의 남덕유산으로 들어가 은거했다. 그곳에서 그는 조를 심고 고사리를 캐며 살다가 4년 후 세상을 떠났다.

그 후 영조 4년(1728) 그의 4대손 정희량이 이인좌의 난에 가담하였다가 오명항이 이끄는 관군에 체포되었다. 그는 참수되고 삼족이 멸할 위기에 처했으나 충신의 후손이라는 점이 참작되어 멸족만은 면했다고 한다. 정조는 그의 지조를 높이 사 손수 제문과 함께 "천하에 널리 드날린 바른 기개는 여전히 드높고."라는 시를 지어 보내기까지 했다. 이 시는 현판에 새겨져 지금도 동계 고택 사당에 걸려 있다.

헌종 8년(1842)에는 대정현 동성에 그의 유허비가 세워졌다. 비석에는 "……내가 순찰하는 길에 대정을 지나면서 그 유허지를 돌아보다가 드디어 석공에게 비석을 세워 표시하게 하였다. 제주 목사 이원조가 삼가 쓰다."라고 쓰여 있다. 이듬해 제주 목사 이원조가 대정현 막은골에 사당 송죽사를 세워 그의 위패를 모시고, 그 글씨를 유배인 김정희에게 쓰도록 했다고 하는데, 현재는 터만 남아 있다.

보길도에 살다

광해군 8년(1616) 12월 윤유기의 아들 성균관 유생 윤선도가 이이첨 등의 죄상을 규탄하는 상소를 올렸다. "권세가 아래로 내려가 임금의 형세가 위태롭게 되니, 권세를 마음대로 휘두르는 이이첨을 베고 임금을 배반하여 나라를 저버린 유희분과 박승종의 죄를 다스려야 합니다." 그러자 이이첨의 사주를 받은 대간에서 이에 반발하는 글을 올렸다. 윤선도는 외진 섬에 유배되는 형을 받았다. 이듬해 1월에는 유학(幼學) 이형이 "윤선도는 선비로서 종묘사직의 위태로움을 생각하여 감히 지극한 심정으로 글을 올렸을 뿐입니다."라고 그를 옹호하는 상소를 올렸다가 북관으로 유배를 갔다. 그러자 그달 귀천군 이수, 금산군 이성윤 등 19명이 집단으로 "오늘의 삼사는 전하의 삼사인지 이이첨의 삼사인지 알 수가 없습니다."라는 상소를 올렸다가 이수는 순천으로 유배되고, 이성윤은 해남으로 유배를 갔다가 그곳에서 병들어 죽었다.

그달에 의금부에서 윤선도의 배소를 함경도 경원으로 고쳐 정하니 광해군은 가도사에게 지시하여 유배지로 압송하게 하였다. 홍원에 이르렀을 때 기생 조생이 술과 안주를 가지고 일행을 맞이하였다.

"선비님의 행차를 기다리고 있었습니다."

윤선도는 그녀에게 "너는 알았다는데 나는 알지 못했으며, 나는 글을 읽었으나 너만 못하니."라는 시를 지어 주었다.

그는 한 달 가까이 걸려서 경원 유배지에 도착했고, 시조를 지으며 세월을 보냈다.

이듬해 이이첨이 광해군에게 아뢰었다.

"북방으로 유배 간 사람들이 많은데 이들이 오랑캐와 내통할는지 모르니 전부 남쪽으로 이배시키십시오."

실제로 그 후 인조 때 이괄의 난에 가담한 한명련이 이수백에게 살해되자 역모 혐의를 받고 있던 아들 한윤은 평안도 구성으로 도망쳤다. 이에 관군이 추격하자 이듬해 한윤은 사촌 동생 한택과 함께 후금으로 달아나서 조정의 친명외교를 거론하였고, 2년 후 정묘호란이 일어났다.

이에 윤선도는 그해 겨울 경상도 기장으로 이배되었다. 그는 이배 길에 양부인 윤유기를 만나고 갔으며, 이곳에서도 시를 지으면서 세월을 보냈다. 이듬해 4월 그는 3남 윤예미를 얻었는데, 아마 부인과 함께 기장에서 유배 생활을 했거나 부인이 그 전에 다녀간 것으로 보인다. 5월에 윤유기가 죽자 그는 양부와 외가에서 재산을 분배받았다. 그는 양부 윤유기의 부인 구씨로부터 노비 144명 중 50명을 받았으며, 후에 생부로부터도 재산을 물려받았다.

그가 기장에 이배된 지 5년 만에 인조반정으로 해배되어 의금부 도사로 제수되었으나 얼마 후 사직하고 해남으로 내려갔다. 인조 13년 (1636) 12월 병자호란이 일어나 왕이 삼전도에서 청 태종에게 항복했다는 소식을 듣고 그는 제주로 향했다가 풍랑으로 잠시 보길도에 머물렀다. 그러나 보길도의 풍광에 반해 그냥 그곳에 눌러 앉았다고 한다.

세연정 윤선도는 보길도를 "천석(泉石)이
절승하니 참으로 물외(物外)의 가경(佳境)
이요 선경(仙境)"이라고 표현했다. 세연정
은 윤선도 원림이라고도 불리는 부용동
정원의 일부로 "주변 경관이 물에 씻은
듯 깨끗하고 단정하여 기분이 상쾌해지
는 곳"이라는 의미에서 이름 붙여졌다.

3년 후 봄 그는 대동찰방과 사도시정에 임명되었으나, 병을 핑계로 부
임하지 않았다. 그러자 사간원은 여러 차례 그를 잡아들여 죄를 주어
야 한다고 간했다.

이에 윤선도는 영덕으로 유배되었다. 그러나 이듬해 2월 해배되자
다시 보길도로 돌아가 한적한 나날을 보내면서 〈어부사시사〉 40수 등
을 썼다. 〈어부사시사〉는 조선 명종 때 이현보가 쓴 〈어부사〉를 본떠
어부의 생활을 노래한 것이다.

그 후 현종 즉위년(1659) 3월 효종이 승하한 후 인조의 계비 자의대
비의 복제가 문제가 되었다. 이때 남인 허목 등은 삼년상을 주장하였

는데 이듬해 4월 남인에 속하는 그는 허목을 지지하고 송시열을 인신 공격을 하는 장문의 상소를 올렸다. 이에 부교리 김만기와 부수찬 심세정이 "전하께서는 옳음과 그름을 바르게 판단하시어 여론에 따라 윤선도의 간악한 죄를 바로잡아 주십시오."라는 상소를 올렸고, 이어 정언 권격이 "윤선도를 율에 따라 처단해야 합니다."라는 계언을 올렸다.

"윤허할 수 없다. 멀리 변방에 안치하라."

그달 윤선도가 함경도 삼수에 위리안치 명을 받자 대비전, 중궁전, 대왕대비전에서 그에게 표리(表裏. 옷의 겉감과 안감)를 보냈다. 배소에 도착한 그는 자신의 주장이 옳다는 예설 두 편을 써서 보내니 승지 조원석이 임금에게 올렸다.

이듬해 4월 가뭄이 극심하자 우참찬 송준길이 윤선도를 좀 나은 곳으로 양이하자고 아뢰었다. 이에 왕이 그를 북청으로 이배하라고 명했다. 이때 행부사직 조경이 "윤선도가 무슨 죄가 있습니까? 죄가 있다면 단지 선왕(효종)을 위해 의견을 내어 글로 쓴 죄밖에 없습니다."라며 그의 무죄를 옹호하는 상소를 올렸다가 노여움을 사 이틀 뒤에 파직되었다. 6월 그가 삼수 유배지에서 지어 올린 예설이 문제가 되어 임금이 영상 정태화, 부제학 유계 등을 불러 의견을 나누었다. 이때 유계 등이 아뢰었다.

"예설의 내용을 보니 예를 논한다고 하면서 요사스러운 말을 지어내니 그 의도가 흉측합니다."

"윤선도가 사악한 설을 지어내고 있다 하니 그대로 두어라."

이리하여 그를 북청으로 이배하라는 명은 도로 거두어져 삼수에서 계속 유배 생활을 하게 되었다.

현종 3년(1662) 3월 영중추부사 이경석의 건의로 위리를 철거하였으며, 이어 읍내에서 선화원으로 적소를 옮겼다. 현종 6년(1665) 2월에는 유학 성대경이 "이제는 윤선도를 용서하여 석방할 때가 되었습니다."라는 상소를 올렸으나 반대하는 신하가 있어 그를 양이하기로 하였다. 이 배지에 대해서는 다소의 논란이 일었으나 결국 광양으로 결정되었다. 4월에 그는 삼수를 출발했고, 함경도 수령들이 그에게 노비 40여 명과 말 20여 필을 제공하였다. 또 가마꾼들을 접경지역마다 대기시켜 두고 기다리게 하였다.

그의 일행은 6월 광양에 도착하여 백운산 아래 옥룡동에 배소를 정했다. 이때 사간 김만기가 아뢰었다.

"지난 4월 윤선도가 광양 이배 길에 각 고을 수령들이 법을 어기고 지나치게 대접하였으므로 이들을 처벌하십시오."

"해당된 고을 수령들에게 속전을 받도록 조치를 취해라."

그러나 이듬해 3월 대사간 정만화가 다시 아뢰었다.

"작년에 윤선도를 광양으로 양이할 때에 각 고을의 수령들이 그를 대접하는 태도가 마치 봉명사신의 행차를 보는 듯하였습니다. 이렇게 법을 무시하고 사사로이 호위한 그들의 죄는 속전만 받고 끝낼 일이 아닙니다. 이들에게 모두 파직의 명을 내리십시오."

이와 관련된 수령들은 모두 파직되었다.

이듬해 7월 왕이 희정당에서 여러 대신들을 불러모아 윤선도를 석방하라고 말하자 일부 대신들이 그의 석방을 반대하였다. 그러자 왕은 웃으면서 이렇게 대답했다.

"선도의 나이가 많아 이제 살면 얼마를 더 살겠는가? 석방하되 그 이유를 나이가 많아 석방한다는 뜻으로 알고 더 이상 논하지 말라."

이에 그는 81세에 해배되어 해남으로 갔다가 이듬달 보길도 부용동에 가서 4년 후 낙서재에서 죽었다.

효도의 중함은 친모나 계모가 다름이 없습니다

백사 이항복은 고려 대학자 이제현의 8대 후손으로 선조 13년(1580) 25세에 알성문과 병과에 급제하여 승문원 부정자에 올랐다. 이듬해 그는 검열이 되었는데, 이때 그의 영원한 친구가 되는 한음 이덕형이 20세의 나이로 문과 을과에 급제하였다. 두 사람은 일평생 돈독한 우정을 나누었는데 이들의 우정은 우리에게 오성과 한음이라는 일화로 잘 알려져 있다.*

광해군 5년(1613) 이이첨의 사주를 받은 삼사가 영창대군의 처형과 폐모론을 주장했다. 이덕형은 이를 극력 반대하였고, 이에 삼사는 이덕형의 처형을 주장하였으나 관직만 삭탈당하고 용진으로 물러가 있다가 그해 병사하였다. 이덕형은 북인의 영수이자 영의정 이산해의 사위였다.

그러다가 광해군 9년(1617) 이이첨 등이 주도한 폐모론이 다시 고개를 들자 11월 영의정 기자헌이 "만약 대비를 폐모한다면 전하의 이름 대신 패덕의 이름이 만세에 남게 됩니다."라는 상소를 올려 그 불가함을 극간하다가 문외출송되었다.

이어 그달 이항복은 반신불수로 쓰러져 누워 있음에도 "춘추의 의리에는 자식이 부모를 원수로 대하지 않으며, 효도의 중함은 친모나

---

* 이항복을 오성이라고 칭하는 것은 그가 선조 35년(1602) 오성부원군으로 봉군되었기 때문이다.

계모가 다름이 없습니다."라는 상소를 올려 인목대비의 폐위를 적극 반대하였다. 이에 광해군은 진노하여 그의 관직을 삭탈하고 방귀전리 (고향으로 돌아가는 것)하라고 했다. 그러나 대북파들의 거센 반발로 중도부처되었다가 다시 원찬(遠竄, 원거리 유배)으로 처벌의 강도가 높아졌다. 그러나 그가 중풍이 재발하여 반신불수의 몸이 되는 바람에 조정에서는 그의 신병 처리를 놓고 당혹스러워했다.

그러나 형벌은 그대로 강행되었다. 그의 유배지는 처음에는 청나라 국경과 가까운 곳으로 정해졌으나 청과 내통할 우려가 있다 하여 북청으로 낙착되었다. 이때 승지 백대형이 죄인들의 유배지가 마음에 안 든다고 배소단자를 땅에 내던졌다.

"이 무리들이 어떤 죄를 지었는데 이런 편안한 곳으로 보낸단 말인가?"

이에 기자헌은 회령으로 정배되고 그는 용강, 삼수 등 6번을 고쳐서 북청으로 유배지가 정해졌다. 그달 그의 일행은 한양의 청파, 송산, 포천에 있는 선산에 성묘하고, 혹독한 추위를 뚫고 북청을 향해 떠났다. 철령에 이르렀을 때 그는 "철령 높은 재에 쉬어 넘는 저 구름아 고신원루(孤臣寃淚)를 비 삼아 띄워보다가 임 계신 구중심처(九重深處)에 뿌려 볼까 하노라."라는 시조를 읊었다. 이 시가 널리 퍼져 궁궐 안에까지 전해졌는데, 어느 날 광해군이 참석한 연회에서 누군가 이 시조를 읊자 광해군이 슬그머니 자리를 피했다고 한다.

그의 유배 길에는 심복 정충신이 수행하였다. 정충신은 원래 아전과 여종 사이에서 태어난 노비로 임진왜란이 일어났을 때 그를 따라 종군했다. 정충신은 16세의 나이에 왜군의 포위를 뚫고 의주까지 가서 권율 장군의 장계를 왕에게 올렸다. 이러한 의기를 기특하게 여긴 그가 노비에게 '충신'이라는 이름을 지어 주었고, 왕이 노비에서 면천해 주었다고 한다.

이후 정충신은 그의 주선으로 학문을 배워 무과에 급제했고, 만포첨사로 국경 수비를 맡았다. 그 후 인조 10년(1633) 조정에서 후금과 단교하기 위해 사신을 보내자 정충신은 김시양과 함께 이를 반대하여 당진에 유배되었다. 정충신은 다시 장연으로 이배되었으나 곧 해배되어 이듬해 포도대장, 경상도 병마절도사를 거쳐 금남군에 봉해졌다.

그의 일행은 함흥에 도착하여 함경도 감사의 대접을 받고 이듬달 2월 초에 목적지인 북청에 도착하였다. 약 1개월의 여정이었다. 사실 그의 유배 길은 유람 길이라 할 정도로 들르는 고을마다 극진한 대접을 받았다. 그가 지나가는 곳마다 관찰사, 절도사, 수령을 비롯한 벼슬아치들은 물론 지방의 선비들, 노인들이 나와 술과 음식을 접대하고 인사를 하러 왔다.

심지어는 함흥에서는 기생 덕선의 집에서 묵고 홍원에서는 기생 조생의 집에서 묵기도 하였는데, 특히 조생은 일전에 유배인 윤선도와의 만남으로 한양까지 이름이 알려졌다. 이에 그는 유배 길에 일부러 그녀를 만나 담론을 나누며 시작을 즐기기도 하였다.

그러나 그는 당시 혹독한 추위를 겪으며 북청까지 간 것이 무리가 되어 결국 배소에서 중풍이 재발해 그해 8월에 죽었다.

이 유배에 대해서는 그의 문집인 《백사집》과 정충신의 《북천일록》에 소상하게 담겨 있다. 《백사집》에는 인목대비 폐위 반대론과 나라와 백성의 앞날을 근심하며 쓴 〈일출도문만사회〉 등이 실려 있다. 유배 길을 수행하고 적소에서도 함께했던 정충신은 광해군 9년(1617) 11월 귀양을 가게 된 동기에서부터 이듬해 죽어 고향인 포천에 안장될 때까지의 사실을 소상히 기록한 《북천일록》을 남겼다.

하릴없이 놀고먹는 사람

인조 14년(1636) 12월 초 병자호란이 일어나자 인조는 세자비와 원손, 봉림대군 등을 전 우의정 김상용 등으로 시종하게 하여 강화도로 피란시켰다. 이에 김경징(영의정 김류의 아들)은 강도 검찰사에 임명되어 강화도 수어(守禦, 밖에서 쳐들어오는 적의 침입을 막음)의 임무를 띠고 부제학 이민구를 부장, 수찬 홍명일을 종사관으로 삼아 함께 부임하였다.

김경징은 강화도로 들어갈 때 모친과 부인을 가마에 태우고 노비를 데리고 50여 바리나 되는 짐바리를 가지고 갔다고 한다. 그는 광해군 13년(1621)에 치러진 별시에 합격했으나 파방되었다가, 인조반정으로 반정공신이 되어 그해 개시 병과에 급제했다.

이때 그는 강화도를 금성철벽으로 믿고 청군이 쉽게 건너오지는 못할 것이라 생각하여 대비에 소홀하였다. 그러나 이듬해 1월 막상 청병이 강화도로 침입하자 그는 강화 유수 장신, 이민구, 홍명일 등과 함께 나룻배로 피신하여 강화성이 함락되었다. 이에 빈궁 이하 대신 등이 청군에 잡혀 남한산성으로 호송되었다. 그러자 그의 서조모 평산 신씨, 모친, 부인, 며느리 등 4대가 투신하여 자결하였다. 그해 그는 강화도 수비 실책으로 삼사로부터 탄핵을 받았으나 인조는 "경징은 비록 죄가 크나 원훈의 외아들이니 특별히 용서하여 유배 보내라. 그리고 장신, 이민구, 홍명일 등도 유배 보내라."라고 하명했다. 이에 그는 강계로 유배되었으나 삼사의 탄핵이 워낙 완강하여 결국 그는 사사되고, 장진은 자진 명을 받았다.

한편 강화성이 함락 지경에 이르자 김상용은 강화성 남문에 올라 그곳에 쌓아 둔 화약궤 속에 올라갔다. 성균관 생원 김익겸과 빙고별좌 권순장도 함께 죽으려 그 위에 올라 앉았다. 김상용이 불을 던지자 화약궤에 앉았던 사람들과 문루가 폭발하여 날아갔다. 이 소식을 듣고 김익겸의 모친은 충격을 받아 다음 날 거처에서 자결하였다. 이때 만삭이던 김익겸의 부인은 회군하는 영남 전선을 탔다가 2월 초순 배 안에서 아들을 낳았다. 그가 김만중이다. 그녀에게는 다섯 살 난 아들 김만기도 있었다.

김만중은 현종 6년(1665) 29세의 나이로 문과에 급제하였다. 유복자로 태어난 그는 부친의 얼굴을 알지 못한 것을 평생의 한으로 여겼으며, 효심이 지극하기로 유명했다. 현종 14년(1673) 9월 홍문관 부수찬을 지내던 그는 남인의 영수인 영의정 허적을 겨냥하여 "남인은 소인당"이라고 아뢰었다가 현종의 진노를 샀다.

"만중의 행위는 용납할 수 없으니 파직시키고 문초하라."

그때 그와 같은 서인 세력인 우의정 김수흥이 아뢰었다.

"만중의 행위가 비록 용납할 수 없다 하나 문초는 지나칩니다."

이 사건은 서인들의 적극적인 변호로 그냥 넘어가는 듯했으나 결국 그는 이듬해 정월 강원도 금성(고성)으로 유배 명을 받았다. 그는 유배지로 떠나는 날 "슬픔은 마음에 맺혀 있고, 떠나는 아들은 모정과 이별하니."라는 시로 모친과의 이별을 한탄했다.

그러나 그는 형 김만기의 도움으로 2개월(일설에는 4개월) 만에 해배되었다. 그 후 김만기의 딸이 인경왕후로 책봉되었다. 숙종 13년(1687) 3월 형 김만기가 병사하자 숙종은 남인 조사석을 좌의정으로 임명했다. 이에 시중에서는 조사석이 좌의정이 된 것은 장귀인(희빈)의 모친과 친하기 때문이라는 소문이 퍼져 나갔다. 김만중에게 이 소식을 전해 준 사람은 사위 이이명과 형 이사명이었다. 이에 그는 조사석이 사사로운 연줄로 기용되었다고 비판하다가 친국을 받았다.

"그러한 소문을 들었다고? 그러면 소문 낸 자가 누구냐?"

"전하, 시중의 소문입니다. 신이 직접 의금부로 가서 처분을 기다리겠습니다."

이날 왕이 승정원에 전교하였다.

"만중을 잡아다가 문초하라는 전지를 써서 보내고 의금부로 하여금 조사하여 아뢰게 하라."

며칠 후 의금부에서 왕에게 아뢰었다.

"김만중이 엄한 심문에도 시중의 소문을 들었을 뿐이라고 진술하고 있습니다."

이에 그는 9월 평안도 선천으로 유배되었다. 그의 모친은 "내 걱정은 하지 말고 잘 지내라."라고 위로하며 그를 배웅했다.

그는 선천의 적소에서 홀어머니의 생신을 맞아 소일거리로 삼으시라고 한글로 소설을 지었다. 일설에는 하룻밤 사이에 써 내려갔다고 하는데, 그것이 바로 《구운몽》이다. 한편으로는 중국 사신으로 가게 되었을 때 어머니가 중국 소설을 사 오라고 부탁한 일을 그만 잊어버리고 귀국하여, 귀로에서 급하게 지은 글이라고도 한다. 이 소설은 인간 세상에 유배되어 태어난 양소유가 8명의 선녀와 온갖 부귀영화를 누렸으나 그것이 하룻밤 꿈이었음을 깨닫는다는 이야기로, 인간의 모든 부귀영화와 공명이 일장춘몽과 같다고 말한다.

이듬해 장숙원이 왕자(훗날의 경종)를 낳자 영의정 김수흥이 "만중에게 노모가 있는데 효성이 지극한 아들은 만중밖에 없어 사정이 딱하니 인정상 불쌍히 여길 만합니다."라는 차자를 올렸다. 이에 "만중은 죄는 몹시 괘씸하나 유배된 지 한 해가 지났고, 모자의 정이 남다르다고 하니 특별히 석방하라."라는 하교가 내려졌다.

이에 그는 유배된 지 1년 2개월 만인 11월에 해배되었다. 이듬해 숙종 15년(1689) 기사환국으로 영의정 김수항은 사약을 받았으며, 그의 숙부 김익훈도 국문 끝에 장살되었고, 전 병조판서 이사명은 전년에 윤세희, 최석항 등의 탄핵으로 삭주에 유배되었다가 이때 사사되었다. 2월 집의 박진규, 장령 이윤수 등이 그도 관련되었다는 탄핵을 받고 잡혀왔다. 이들은 예전에 왕에게 아뢴 조사석에 대해 국문을 받았다.

"이사명이 이미 실토를 했는데도 아니라고 하겠는가?"

이에 그는 관직을 삭탈당하고 극변에 안치되었다가 이듬달 3월 경상도 남해로 위리안치 명을 받았다. 이때 노모가 성문 바깥에서 그를 전송하자 그는 노모의 가마 앞에 절하여 하직하고, 가마가 먼저 출발하여 보이지 않을 때까지 기다렸다가 길을 떠났다. 그는 그때의 심정을 "근심으로 마음이 답답하고 쓸쓸하며, 모정과 이별하고 길 떠나는 내 심정은……."이라고 읊었다.

그해 5월 인현왕후가 폐출되자 전 판서 오두인 등이 연서하여 국모의 폐출은 불가하다는 상소를 올렸다. 오두인은 국문을 받고 의주로 유배를 가던 도중 파주에서 죽었다. 이때 동평군 이항이 "만기의 아들 진구, 진규도 연루되었습니다."라고 고했다.

이에 김진구는 제주목으로, 김진규는 거제도로 유배되었으며, 얼마 후에 동생 김진서마저 진도로 유배되었다.

원래 노도 섬은 멀리서 보면 섬 모양이 삿갓을 닮아 삿갓 섬이라 불렸다. 그러다가 임진왜란 당시 이 섬의 나무로 배를 젓는 노를 많이 생산한다 하여 '노도'라고 불렀다. 남해 바다가 보이는 작은 섬 노도, 그는 이 섬의 큰골허리 등배미 자리에 지은 초옥에서 적거하였다.*

노도 사람들은 그가 유배 온 뒤에 할 일 없이 놀고먹으며 지내는 사람으로 생각했다고 한다. 다른 사람들은 모두 열심히 바깥에서 일하는데 그만 적소에서 나와서 뒷짐 지고 바다와 섬을 바라다보며 온종일 빈둥빈둥 놀기만 하니 놀고먹는 사람으로 보였을 것이다. 일설에는 그가 온종일 집 안에만 박혀 놀고 있어 그렇게 불렀다고도 한다.

그러나 그는 적소에서 그냥 놀고먹지만은 않았다. 이곳에서 그는 《사씨남정기》와 《서포만필》을 집필하였다. 《사씨남정기》는 숙종이 장희빈에게 미혹되어 인현왕후를 폐출한 것을 풍자해서 쓴 소설로, 왕의 마음을 뉘우치게 하려고 지은 것이라고 알려져 있다. 《서포만필》에서

---

* 실록에는 남해라고 나와 있을 뿐 구체적인 유배지에 대해서는 기록이 없다. 그러나 남아 있는 허묘와 그가 마셨다는 우물터, 전하는 이야기 등으로 보아 남해가 바라다보이는 앵강만의 어귀에 있는 노도의 큰골 허리등배미 자리에 지은 초옥에서 적거하였다고 보고 있다. 그러나 거제도로 유배된 그의 조카 김진규가 그에게 보내려고 시를 썼으나 인편이 없어 부치지 못했다는 기록이 있다. 기묘사화로 남해에 유배된 김구가 쓴 《화전별곡》에 '왼쪽에는 망운산'이라는 글귀를 근거로 그의 적소가 망운산 변두리라고 보고 있다. 모친을 그리워하며 김만중이 쓴 시에 '용문산 위에 있는 같은 뿌리의 나무'라는 구절이 있는 것을 근거로 하여 남해군 이동면 용소리의 용문사 근처라는 주장도 제기되고 있다.

노도에 복원된 김만중의 적소 적소에서 바라보는
풍경은 노도에서의 유배 생활이 얼마나 외롭고 쓸
쓸했을지를 짐작케 한다. 김만중은 직접 우물을
파서 물을 길어먹기도 했다.

그는 "자기 나라 말을 버려두고 남의 나라 말로 시문을 짓는 것은 앵
무새가 사람의 말을 하는 것과 같다."라고 하며 조선 사람은 조선의
말로 글을 써야 한다는, 당시로서는 놀랄 만큼 진보적이며 주체적인
생각을 지니고 있었다.

그해 12월 김만중의 어머니가 73세의 나이로 별세했다. 아들과 손
자 두 형제가 유배 가자 시름에 잠긴 나날을 보낸 끝이었다. 그는 이듬
해 정월에 이 소식을 접하고 깜짝 놀라 앉아 있던 대청마루에서 굴러
떨어져 혼절했다고 한다. 그 후 그는 집에 위패를 모시고 매일 곡을 하
며 지냈고, 세상을 떠난 어머니를 위해 〈정경부인 윤씨행장〉을 썼다.
이후 병을 얻어 노복이 한약을 달여 가져오자 "내 병이 약을 쓴다고
나을 병이냐?"라며 물리쳤다.

숙종 18년(1692) 4월 김만중은 56세의 나이로 병사했다. 유배된 지 3년 만이었다. 그의 시신은 거처하던 초옥 왼편 산언덕에 묻혔다가 이듬달 5월 아들에 의하여 육지로 이장되었다고 하며, 현재는 묘지의 표지석만 남아 있다. 그가 잠시 묻혔던 묘자리(허묘)를 노도 사람들은 아직도 '노지나뭇등'이라고 부르는데, 이는 '놀고 지내던 사람이 묻힌 묘소'라는 의미라고 한다.

현재 이 섬에는 그가 생활했던 초옥이 복원되어 있고, 직접 땅을 파서 물을 길었다고 전해지는 우물터가 남아 있다. 마을 입구로 들어서는 곳에는 '서포 김만중 선생 유허비'가 세워져 있다.

표착한 이방인들

효종 4년(1653) 1월 네덜란드 동인도회사 소속의 무역선 스페르베르 호가 자카르타를 지나 일본의 나가사키를 향하다가 폭풍을 만나 표류하였다. 그해 8월 스페르베르 호는 제주의 한경면·고산리 바닷가에 파선되어 선원 64명 중 36명이 표착하였다.

이들은 제주목으로 압송되어 관덕정에서 제주 목사 이원진의 심문을 받았다. 이들은 광해군의 적소였던 곳에서 머물게 되었고, 이원진은 "이상한 배 한 척이 난파되었는데 말이 통하지 않고 문자도 다릅니다."라는 치계를 조정에 보냈다.

이듬해 5월 초 항해사가 자신이 외출할 차례가 오자 다른 선원 5명과 함께 근처에 있던 작은 배 한 척을 타고 일본으로 탈출을 시도하다가 붙잡혔다. 이들은 곤장 25대를 맞고 외출이 금지되었으며, 밤낮으로 삼엄한 감시를 받게 되었다.

이들은 표착한 지 10개월 만인 이듬해 6월 한양으로 압송 명령을 받았다. 이들은 한 손과 양발이 기둥에 묶인 채 배 4척에 나누어 태워졌다. 육지에 도착하자 다시 말을 타고 해남에 도착하여 다음 날 영암을 지나 한양에 도착했고, 사흘 후 창덕궁에서 왕을 알현했다. 통역은 인조 때 제주에 표착했다 귀화한 벨테브레(박연)였다.

"이방인들을 이 땅에서 떠나보내는 것은 이 나라의 관습이 아니므로 너희들은 여기에서 평생 살아야 한다."

이들 중 몇 명이 두 번째 탈출을 시도했으나 실패하였다. 그 후 효종 6년(1655) 3월 청의 사신 일행이 귀국할 때 얀스와 보스가 이들에게 접근해 중국을 통해 본국으로 가고 싶다는 뜻을 전했다. 왕과 대신들은 청나라 사신들에게 뇌물로 주어 청 황제에게 이 사실을 알리지 말 것을 요구했다. 《하멜표류기》에 따르면 청나라 사신이 제주도에서 건져낸 총과 물건을 넘기라고 할까 봐 그렇게 한 것 같다고 한다. 청나라 사신에게 접근했던 두 사람은 즉시 한양으로 압송되어 감옥에 투옥되었다. 《하멜표류기》에는 나중에 두 명이 죽었다고 기록되어 있는데 실록에는 얀스(조선 이름 남북산)가 애가 타서 먹지 않아 죽었다고 되어 있다. 그런데 극소수의 조정 대신들만 알 수 있는 뇌물 등의 극비 정보를 이들이 어떻게 알았는지는 의문으로 남아 있다.

이들은 탈출 사건으로 1656년 3월 강진군 병영면에 유배되어 매일 전라 병영성에서 힘겨운 노역 생활을 했는데, 이때 황토와 돌을 이용해 쌓은 네덜란드식 담장, 이른바 빗살무늬 담장(이곳에서는 하멜식 담장)이 아직도 마을 곳곳에 남아 있다. 효종 14년(1663) 3월 조정에서는 청과의 외교 문제로 이들을 여수, 남원, 순천에 분산 이배시켰는데 3

하멜표류기

년 후 9월 하멜, 얀센 등 8명이 여수 좌수영에서 어두운 밤에 돛을 올리고 출발해 나가사키 고토 섬의 나마에 도착하여 이듬해 10월 고국을 향해 떠났다.

한편 조정에서는 이들 중 남아 있던 8명을 네덜란드로 보내기로 결정하였는데, 클라슨은 남원에서 조선 여인과 결혼해서 귀국하기를 거절하였다. 에보킨이 숙종 31년(1705)에 남긴 회고록에 따르면 일행 중에는 조선인 부인을 얻어 자녀까지 낳은 사람도 있었으나 처자를 남겨 두고 귀국길에 올랐다고 한다.

효종 19년(1668) 7월 코넬리슨 등 7명은 동래(부산)를 출발하여 나가사키에 도착했고, 그해 11월 꿈에 그리던 고국으로 향하였다.

4부

유배인의 뒤안길

유배지에서 풀려나는 것을 해배라고 하는데, 일반적인 경우에는 왕에게 해배를
건의해야 했다. 그러나 이는 보통 일이 아니었다. 더구나 왕이 어떤 생각을 가지
고 있는지 의중을 파악해야 하고 잘못 건의했다가는 자신마저 같은 통속이라 하
여 죄를 받을 수 있었고, 정치적으로 이해관계가 복잡하게 얽혀 있는 터라 해배
건의 자체도 결심이 쉽지 않았다.

유배되는 조선의 왕족들

단종 1년(1453) 10월 왕위에 야심을 드러낸 수양대군은 권람, 한명회, 신숙주 등을 포섭하고 역모를 모의하여 계유정난을 일으켰다. 수양대군 등은 먼저 김종서의 집으로 가서 임운이 김종서에게 철퇴를 가하고 그의 아들 김승규를 죽였다. 이어 수양대군은 군사들을 이끌고 궁궐로 들어가 단종에게 아뢰었다.

"황보인과 김종서 등이 안평대군을 왕으로 추대하기 위해 모반하였으므로 김종서를 주륙하였는데 사변이 급작스럽게 일어나 미처 아뢰지 못했습니다. 모반에 관련된 자들을 모두 잡아들이겠습니다."

곧이어 수양대군은 어명을 사칭해 대신들에게 급히 입궐하라는 초패를 돌려 영의정 황보인을 비롯한 조정 대신들을 대궐로 불러들였다. 그리고는 한명회가 미리 준비한 살생부에 따라 황보인 등을 죽였다고 알려져 있으나 《세조실록》에서는 이런 내용을 찾아볼 수 없다. 또한 당시 그가 그런 위치에 있지 않았던 것으로 보인다는 주장도 있다. 수양대군은 안평대군도 모함하였다.

"전하, 안평대군이 황보인, 윤처공 등과 모반을 계획하여 함길도 경성에서 무기를 가져와서 전달했다고 합니다."

이어 수양대군은 "안평대군과 그의 아들 이우직은 붕당을 모의했다."라는 죄목으로 교동으로 유배시켰다. 이때 안평대군의 처벌과 관련하여 양녕대군과 육조에서 아뢰었다.

"안평대군을 규정대로 처벌해야 합니다."

이에 안평대군은 사사되고 아들 이우직은 진도로 이배되었다.

단종 3년(1455) 6월 수양대군은 수하들과 의논하여 왕의 측근인 동생 금성대군 이유에게 모반 혐의를 뒤집어씌워 체포하고 왕에게 아뢰었다.

"금성대군이 역모를 꾀하였으며 여기에는 화의군 부자, 혜빈 모자, 박상궁, 영양위 등도 관련되어 있습니다."

그리하여 혜빈은 청풍으로 유배되었다가 그해 겨울 교수형을 당했다. 금성대군은 삭녕으로, 화의군 이영 부자는 익산으로, 혜빈의 두 아들 한남군 이어는 금산으로, 영풍군 이천은 예안으로, 박상궁은 청양으로, 금성대군과 친교가 있었다 하여 영양위 정종은 영월로 각각 위리안치되었다. 그리고 단종 역시 자신의 측근들을 제거하는 수양대군의 압력을 이기지 못하고 양위하고 상왕으로 물러났다.

영양위 정종은 문종의 딸이자 단종의 누이인 경혜공주의 남편으로, 그가 위리안치되자 경혜공주는 충격을 받고 병석에 드러누웠다. 이에 왕은 영양위 정종을 경기도 양근으로 이배하였다가 병이 호전되자 다시 수원으로, 또다시 김포의 통진으로 이치하였다. 이때 경혜공주는 적소에 가서 남편과 함께 살았다. 이듬해 6월 "정종의 모든 재산을 몰수하고 전라도 광주로 이치시키고 부인이 원하면 따라가도 좋다. 그러나 그의 적소에 시종하던 남자 종들은 모두 지방의 관노로 내쫓아라." 하는 하명이 떨어졌다.

이듬해 세조 2년(1457) 6월 금성대군의 단종 복위 시도가 무위로 끝나자 10월 양녕대군이 "이영, 이어, 이천, 정종, 송현수 등 흉악한 역도들을 법에 따라 반드시 주살해야 합니다."라고 상소했다.

그달 30일 양녕대군과 효령대군은 종친들의 의견까지 수렴하여 "이유는 이미 법대로 치죄되었는데, 이영, 이어, 이천, 정종 등이 아직도 보전하고 있으니 신등은 불가하게 생각합니다. 처형해야 합니다."라고 주청하였다.

11월 의금부에서는 죄인 이영, 이어, 이천, 정종이 위리안치되어 있는 배소에 가시울타리를 치고, 바깥문은 항상 자물쇠로 잠그게 했다. 음식은 열흘에 한 번씩 주고, 마당에 우물을 파서 자급하게 하여 사람들의 출입을 엄금하였으며, 왕래하는 자는 불충으로 처벌하고, 수령은 불시에 점검했고, 수직이 규정을 어기면 처벌하기로 결정했다.

화의군 이영 부자는 익산에서, 한남군 이어는 이치된 함양에서 각각 후명을 받았다. 사육신의 한 사람인 박팽년의 사위였던 영풍군 이천은 임실에서 살해되었다. 일설에는 한남군 이어는 이치된 함양에서 병사하였다고도 한다.

세조 6년(1461) 광주에 위리안치되어 있던 영양위 정종은 답답함을 이기지 못하여 광적으로 변하고 승려 성탄과 어울렸다. 그해 7월 전라도 관찰사 함우치가 "광주에 위리안치되어 있는 정종이 갑자기 날뛰고 문과 담장을 두드리며 미친 소리를 망발했다고 합니다. ……수직이 옆에 숨어 있던 승려 성탄을 붙잡았다고 하며, 광주 목사 유곡은 이를 제대로 막지 못했습니다."라는 상소를 올렸다. 이에 왕은 의금부 진무 이번에게 그들을 한양으로 압송하여 국문할 것을 명했다.

10월 다시 하교가 있었다.

"정종과 승려 성탄은 대역부도죄로 능지처참하고, 정종의 부인은 순천에 관비로 보낸다. 그리고 광주 목사 유곡은 죄인의 관리를 소홀히 한 책임을 물어 가족을 노비로 삼으라."

이때 경혜공주에게는 세 살 난 아들 정미수가 있었고, 둘째 아이를 가진 만삭의 임산모였다. 그녀는 연좌죄로 인해 노비의 신분이 되었다. 그러나 얼마 지나지 않아 정희왕후의 도움으로 한양으로 올라와 집, 토지, 노비 등을 하사받았다.

한편 금성대군은 광주로 이배되었다가 순흥(영주)에 위리안치되자 이듬해 세조 3년(1457) 6월 순흥 부사 이보흠 등과 함께 의병을 일으켜 단종의 복위를 도모하였다. 금성대군은 순흥 부사 이보흠을 중심으로 비밀리에 그 고을의 군사와 향리를 결집시키고 영남 지방의 선비들에게 격문을 돌려 뜻을 모아 거사를 일으킬 준비를 하였다.

그러나 거사가 있기 직전 순흥부의 관노가 금성대군의 여종을 통해 격문을 훔쳐 고발하러 하사 이를 눈치 챈 풍기 군수가 쫓아가 격문을 빼앗아 먼저 고변하였다. 일설에는 세조가 일부러 금성대군의 세력인 이보흠을 순흥 부사에 임명하여 함정역모라는 견해도 있다. 7월 세조

금성대군의 묘인 금성단(위)과 사육신
묘(아래)

는 "소윤 윤자를 순흥, 우보덕 김지경을 예천, 진무 권감을 안동에 보내 관련자들을 심문하게 하고 대사헌 김순으로 하여금 역모사건을 다루라."라고 하교했다.

단종 복위 시도가 실패로 돌아가면서 순흥 땅은 그야말로 피바다가 되었고, 8월에 순흥부 또한 폐지되었다. 순흥을 가로질러 흐르는 죽계천에는 모의에 가담했던 약 300여 명의 선비와 백성 들이 흘린 피가 흘러넘쳐 하류 지역인 동촌 1리까지 이르렀다고 한다. 그때부터 그곳을 '피끝'이라고 불렀는데, 지금도 동촌 1리의 표지석에는 '피끝'이라는 지명이 남아 있다.

이어 9월 신숙주가 세조를 독대하여 금성대군과 단종을 처단해야 한다고 주장하고, 10월에 양녕대군과 효령대군이 일부러 자리를 피해 주자 신숙주 등 대신들이 들고 일어나 열흘 남짓한 사이에 단종과 금성대군을 사사하자는 주장이 여러 번 제기되었다. 의금부에서 아뢰었다.

"송현수도 이번 단종 복위사건에 금성대군과 정보를 주고받은 혐의가 있으니 역모죄로 능지처참해야 합니다."

이러한 여론이 일어나기를 기다리고 있던 세조는 그달 "금성대군을 사사하고, 평안도 박천에 유배되어 있던 이보흠은 교살하고 송현수는 추국하라."라는 하명을 내렸다. 결국 송현수는 의금부에 끌려와 추관에게 신문을 받았고, 이후 관노가 되었다가 교살되었다. 송현수는 단종의 비인 정순왕후의 아버지로, 지돈녕부사와 여량군에 봉해졌던 인물이다.

세조 12년(1467) 이시애의 난이 일어나자 구성군 이준은 사도병마도총사로 출정하여 적개공신이 되었다. 얼마 후 그는 병조판서를 거쳐 이듬해 28세로 최연소 영의정이 되었던 인물로, 세조의 동생 임영대군의 아들이었다.

세조는 종친을 기용하여 공신 세력을 견제하고 지속적으로 왕권을 강화하고자 하였다. 이때 중용되었던 인물이 바로 구성군이었다. 성종 1년(1470) 1월 구성군 이준은 사실상 날벼락을 맞아 위리안치된 경우이다. 예종이 재위 이듬해에 죽자 월산대군, 질산대군, 구성군이 물망에 올랐으나 결국 예종의 형 의경세자의 둘째 아들 질산대군이 왕위를 계승했다. 이때 대군의 나이 13세로, 한명회의 사위였다. 그달에 전 경기도 관찰사 권맹희가 좌찬성 한계미와 전 직장 최세호에게 말했다.

"구성군이 임금 될 물망에 있다고 합니다."

이때 성균관 생원 김윤생이 별시위 윤경의를 대동하고 "최세호가 나에게 말하기를 구성군이 왕이 될 수 있는 재목이라고 말했으며, 숙부 권맹희도 그 전에 구성군을 평하기를 건장하고 지혜가 있으니 가히 왕이 될 만한 인물이다."라고 했다며 승정원에 고변하였다.

이 고변이 접수되자마자 정인지, 한명회 등이 위관이 되어 연루된 자를 붙잡아 들이면서 상중에 있던 권맹희를 의금부에 소환하여 고문하였다. 최세호는 혹독한 고문에도 끝내 혐의를 부인하였으나 위관 한명회 등은 "권맹희가 구성군이 임금 될 물망에 올랐다는 말을 했다고 자백하였습니다. 이준은 세조 시절 궁중 나인과 간통한 적도 있는 비도덕한 인물로 어린 임금을 몰아내고 왕이 되려고 하였으므로 사형을 내려야 합니다."라고 대비에게 고하였다.

"이준의 공신호를 삭제하여 삭탈관직하고 위리안치시키며, 권맹희와 최세호는 반역죄로 능지처참하라."

이 역모 사건은 이후부터 종친들이 벼슬을 할 수 없게 만드는 계기가 되었다. 그달 1월에 구성군 이준은 경상도 영해(영덕)를 향해 유배길에 올라 배소에서 10년 만에 쓸쓸히 적사하였다. 이는 세조가 단종의 왕위를 찬탈한 것과 같은 일이 벌어질 것을 우려하여 한명회, 정인지가 배후에서 조정하여 일으킨 사건이라고 보는 견해도 있다.

광해군 7년(1615) 8월 익산의 선비들이 연명하여 소명국이라는 사람을 양사에 고발하였다. 패륜무도한 소명국을 치죄해 달라는 것이었다. 소명국은 의금부에 끌려가 국문받을 때 엉뚱한 무고를 하였다.

"수안 군수 신경희, 장령 윤길, 정언 양시우, 소문진 등이 역모했는데 신경희는 윤길을 시켜 능창군의 사주팔자를 감정한 일이 있습니다."

이에 신경희, 윤길 등 5인은 장살되고, 이경원 등은 위리안치되었으며, 양시우, 소문진 등은 유배되었다. 능창군은 교동에 위리안치되었다. 소명국은 역모를 고발한 공으로 석방되었다가 후에 조정을 원망하였다는 죄로 처형되었다.

능창군은 그해 11월 교동 배소에 위리안치되었다. 교동 별장 이응성의 명을 받은 수장은 날씨가 추운데도 그를 냉방에서 자게 하고, 아침과 저녁 두 번 주는 밥도 석회수로 밥을 지어 들여보내게 했는데, 그마저도 모래와 흙이 섞여 먹을 수 없었다. 그러자 그의 수발을 들던 나이 어린 관비 수생이 옆방에 있다가 날마다 자신의 밥을 덜어 주곤 하였는데, 얼마 지나지 않아 수장이 이를 눈치채고 수생에게 가시문 밖에서 밥을 먹으라고 명했다. 그러나 수생은 계속 능창군에게 몰래 밥을 주었다. 어느 날 밤 수장 등이 들어와서 문과 창문을 모두 닫고 섶을 쌓아 아궁이에 불을 지르며 위협하였다. 일설에는 독살했다고 하나 그의 묘지명에 독살이라는 표현이 없다.

능창군은 작년 영창대군이 죽은 것처럼 자신 역시 죽음을 면하지 못하리라고 생각하고, 위리안치된 지 6일째 되던 날 부모에게 작별을 고하는 편지를 써서 수생에게 전해 달라고 하고 목을 매어 자결했다. 그의 나이 17세였다. 그는 임해군이 묻힌 조릉골에 아무렇게나 묻혔으나 후일 양주 군장리에서 장사 지내졌다가 다시 광주로 이장되었다.

한편으로는 교동 현감 황정열이 그가 중병이 들었다고 고하자 광해군이 의원을 보내라고 하였는데, 며칠 후 황정열이 그가 죽었다고 보고했다고도 한다. 능창군의 죽음은 결국 형 능양군이 가담한 인조반정의 단초가 된 셈이다.

선조의 7남 인성군 이공은 광해군 때 인목대비의 폐위를 주장한 바 있다. 인조 즉위년(1623) 이귀 등에 의해 그의 처벌이 논의되었으나 왕의 불허로 무사했다. 그러나 이듬해 이괄의 난이 일어났을 때 그는 난에 가담했다 하여 간성에 유배되었다. 이어 원주로 이배되었다가 이태 후에 모친의 중병을 이유로 해배되었다.

인조 6년(1628) 1월 유효립, 허유 등이 "반정공신들이 포악무도하여 백성들이 고통에 빠져 있다."라는 등의 명분을 내걸고 광해군을 일단 복위시킨 뒤 상왕으로 모시고 인성군 이공에게 선위하려고 하였다. 이때 죽산에 사는 전 부사 허적이 이들의 계획을 고변하였다. 이에 비변사에서 밤에 잠복해 있다 동대문과 남대문으로 무기를 싣고 들어오던 자들을 체포하였다. 유효립 등도 모두 붙잡혔다. 인조반정으로 제천에 유배되어 있던 광해군의 처남 유희견의 조카 전 승지 유효립은 배소에서 부녀의 가마를 타고 비밀리에 한양으로 들어갔다. 그리고 유효립은 광해군 세력이던 신하들의 집을 방문하고 대궐의 수문장과 결탁하였다. 또 유효립 등은 배소 교동에서 광해군의 애통한 밀지를 받는 등 서로 사람을 보내어 연락을 취했다고 한다. 유효립은 공초 과정에서 이렇게 말했다.

"궁중 시녀를 통하고 환관들을 시켜 밤에 침전으로 들어가 임금을 해하려고 하였습니다."

인성군은 서인들이 반정을 모의할 때도 추대 논의가 있었던 인물로 그만큼 왕에게 위협을 주는 존재였으며, 실제로 다른 역모 주동자들도 그를 추대하려 했다는 진술도 있었다. 이에 유효립, 허유 등 관련자들을 주살하고 이공은 삭탈관직하여 가족과 함께 진도로 위리안치시키라는 명이 떨어졌다.

이어 3월에는 유학 임지후가 "심길원 등이 공신들을 제거하고 광해군을 복위시킨 뒤에 인성군에게 물려주려고 합니다."라고 고변했다. 이에 심길원은 "반정 때에도 2백 명으로 성공했소."라고 진술하여 처형되었다. 이때 이귀가 "인성군은 전에 인목대비의 폐모론에 종친을 대표하여 참석한 적이 있습니다."라고 죄줄 것을 아뢰었다. 이어 영의정 신흠, 윤방 등도 "인성군은 역적 무리들의 중심인물이므로 극형에 처해야 합니다."라고 무게를 더했다.

정온이 "하나같이 공초에만 의지하여 벌을 내린다면 매년 역적 사건이나 반역 사건에 대한 옥사가 일어날 것입니다."라고 상소를 올렸으나 받아들여지지 않았다. 5월에 다시 대신들은 인성군을 극형에 처해야 한다고 주청하니, 인조는 선전관을 보내 인성군에게 자진하라는 명을 내리고 이듬달 6월 그의 부인과 아들 5형제, 자매를 제주목에 이배시켰다.

이듬해 나이 어린 사람은 방면하라는 명이 내려 그의 4남, 5남 자매는 해배되었다. 그러다가 1남, 2남, 4남은 소실을 두어 자식을 낳았으며 막내딸은 병사했다.

그후 인조 12년(1635) 정온의 상소로 왕이 "3형제를 울진으로 양이하고 부인을 해배하라."라고 하였다. 이에 이들은 소실과 자식들을 남겨 둔 채 12월 말일경에 출항할 수 있었다. 시문에 능하던 3남 이건의 시에는 당시의 상황이 잘 드러나 있다. 이건은 배소에서 소실을 맞아들이지 않았다.

"안개는 자주 자욱하여 눈썹까지 다가오고, 기러기와 바닷새 소리
에 더욱이 눈물 적시니……."

이들은 추자도에 닿아 다시 배를 탔는데 이배 도중 진도의 벽파정을
지나게 되었다. 이건은 그곳 민가의 굴뚝에서 나오는 연기를 보고 지
난날 자진해 죽은 부친을 회상하였다고 한다. 그 후 이들 3형제는 양
양에 이배되었다가 인조 14년(1637) 봄에 인성군의 관작도 회복되고 3
형제에게도 사면령이 내려져 봉작을 받았다.

이건은 제주 배소에서 한라산과 산방굴사를 유람하고, 제주와 양양
에서의 유배 생활을 일기 형식으로 기록한 《제양일록》을 남겼다. 그리
고 이건은 정의현 적거 중에 보고 들은 제주의 풍토와 풍속을 기록해
《제주풍토기》를 남기기도 했다.

인조 22년(1644) 반정공신인 좌의정 심기원이 남한산성 수어사를 겸
하게 되었다. 그런데 3월 부하 황헌, 이원로 등이 훈련대장 구인후에
게 "수어사 심기원이 전 지사 이일원, 광주 부윤 권억 등과 함께 결계
군관 70여 명과 수어청 병사까지 동원하여 임금을 폐위시킨 후에 회
은군을 추대하여 청나라에 대해 항쟁을 벌이려고 합니다."라고 고하
였다.

이에 심기원, 이일원, 권억 등은 능지처참되고 청나라에 있던 임경
업도 역모에 관련되었다 의심받아 소환되어 국문을 받다가 옥사하였
으며, 점쟁이 채문형도 심기원을 선동하여 역모를 꾸미게 하였다 하여
처형되었다. 그러나 회은군은 종친 중에서 그리 비중 있는 인물이 아
닌데다 고령이어서 역모 사실 자체에 의구심이 제기되었다. 그러나 회

은군 이덕인은 이듬달인 4월 대정현에 위리안치 명을 받아 7월에 압송되어 사사되었다. 이때 그의 나이 91세로, 유배인 중 최고령자였다.

인조는 조귀인과의 사이에서 숭선군 이징, 낙선군 이소, 효명옹주를 두었다. 소현세자의 죽음에 관여한 것으로 알려진 조귀인은 효종의 즉위에 공이 있음에도 왕이 멀리하자 이에 반발하였다. 효종 2년(1651) 11월 자의대비(장렬왕후)가 "조귀인과 효명옹주가 주상과 나를 저주했으니 이를 조사해 주길 바라오."라고 고발하였다.

이에 조귀인과 효명옹주의 궁녀와 몸종 들이 내수사에 끌려와 가혹한 고문을 받았고, 결국 조귀인의 여종 영이와 효명옹주의 몸종 업이가 저주했다고 실토하였다. 이때 광양의 진사 신호가 "김익이 수어청 군사와 수원 군대를 동원하여 원두표, 송시열 등을 제거하고, 숭선군 이징을 추대하려는 일을 꾸미고 있습니다."라는 상소를 올렸다. 원두표가 이 역모사건을 맡아 이들을 압송해 심문했고, 결국 역모죄로 김자점, 김익, 김세룡 3대가 처형되었다. 이듬달 12월 왕은 조귀인을 사사하고 ,아들 낙선군 이소는 강화도로 유배 보냈다.

이듬해 2월 왕은 조귀인의 딸 효명옹주를 폐서인하여 강원도 통천에 위리안치하고, 역모에 관련되었다 하여 숭선군 이징도 강화도로 유배 보냈다. 폐서인이 된 효명옹주는 배소에서 적응하지 못한 것으로 보인다. 그도 그럴 것이 인조의 귀여움을 받으며 궁궐에서 무엇 하나 부족함이 없이 자란 젊은 옹주가 어느 날 갑자기 갇혀 굶주리고 고생하며 지내게 되니 서러웠을 것이다.

그녀가 배소에서 울며 지내니 그 소리가 바깥에까지 들렸다고 한다. 이 소식을 접한 인조는 "유배인 관리를 제대로 못한 통천 군수 이익한을 파직하고 세룡의 부인에게 물량을 넉넉히 주어 근심이 없도록 하라. 특별히 옷감도 주라."라고 하명하였다. 이어 9월에 "영동은 몹시 춥고 눈은 일찍 내린다고 하니 세룡의 부인을 내가 가엾게 여겨 의금부는 다른 고을로 양이하도록 하여 추위를 면하게 해 주라."라는 하교가 내려졌고, 그녀는 이천으로 이치되었다.

효종 6년(1655) 6월 "내가 듣건대 이천이 한여름에는 무덥고 비도 내려 습한 고통이 따른다고 한다. 더구나 배소는 산골짜기 안이라 더욱 심하다고 하니 세룡의 부인을 좋은 곳으로 이배하고 위리도 낮추어 편안히 살게 하라."라는 하교가 내려졌다. 이에 그녀는 교동으로 이치되어 숭선군 이징, 낙선군 이소와 함께 지내게 되었다.

숭선군 형제는 이듬해 송시열 등이 무고함을 상소하여 해배되었다. 효명옹주는 7년 후인 효종 9년(1658) 해배되어 한양으로 돌아왔으나 복호되지는 못하였다. 그녀는 해도여자(바다 섬의 여자)로 불리면서 홀로 감시 속에 살다가 64세로 죽었다.

안동 장김 세력들은 자신들의 안위와 권력을 독점하기 위하여 왕족들 중에서 왕위에 오를 만한 능력 있는 인물들을 미리 제거하였는데, 대표적인 인물이 경원군 이하전이었다. 그는 덕흥대원군의 후손으로 여덟 살 때 헌종이 후사 없이 승하하면서 왕위 계승 후보로 물망에 올랐다. 안동 김씨 세력과 풍양 조씨 세력이 왕위 계승 문제를 둘러싸고 대립했을 때, 그는 풍양 조씨 세력의 지지를 받았다. 그는 문음제로 관직에 올라 돈녕부 참봉 등을 지내며 유력한 왕위 계승자로 주목받았다.

그러나 당시 집권 세력이던 안동 김씨가 강화도에 있던 은언군 이인

철종

의 서손 이원범을 철종으로 옹립하면서 그는 주의할 인물이 되었다.

철종 13년(1862) 7월 김흥근과 김좌근의 사주를 받은 오위장 이재두가 "김순성, 이극선 등이 경원군 이하전을 임금으로 추대하려 합니다."라는 무고의 글을 올렸다.

그해 7월 이하전은 의금부에 체포, 압송되어 심문을 받았다. 그리고 그달 말경 제주목에 유배되었다가 8월 초 왕명으로 사사되었는데, 유배된 지 17일 만이었다. 당시 그의 나이 21세였다. 일설에는 이때 의금부 도사가 갖고 내려온 사약을 부인이 직접 달여서 주었다고도 한다.

고종 18년(1881)에는 경상도 예안 유생 이만손 등이 올린 영남 만인

소를 시발로 김홍집이 가져온 《조선책략》을 비난하고, 김홍집의 처벌을 요구하였다.

이에 고무되어 은둔하고 있던 전 승지 안기영, 권정호 등 홍선대원군 세력은 8월 고종을 폐위하고 대원군의 서장자 완은군 이재선을 왕으로 옹립하여 대원군을 재기시키고자 했다. 이재선은 대원군의 소실 계성월의 소생으로, 40세가 넘었어도 별군이라는 하위직에 머물러 늘 불만을 품어 왔다고 한다. 이들은 왜병을 친다는 구실로 군자금과 의병을 모집했다. 이들은 그해 9월 경기도 감시에 모인 유생들을 선동하여 왕궁을 습격하려고 계획했으나 준비가 미비한 탓에 거사는 실행되지 못했다. 그러자 이 음모에 참여했던 광주산성 장교 이풍래가 밀고하는 바람에 대원군은 이재선을 압박하여 자수하게 하고, 안기영 등을 다른 죄목을 씌워 형조에 넘겼다.

하지만 이들을 취조하는 도중에 역모 사실이 드러났고 결국 이재선과 관련자 30여 명이 체포되었다. 이리하여 안가영, 권정효 등 주모자는 모두 능지처참되고 이재선은 왕의 형이라 하여 겨우 극형을 면하고 제주에 유배되었다. 그러나 대신들의 주장으로 2개월 뒤에 사사되었다.

고종 31년(1894) 2월 전라도 고부 군수 조병갑의 탐학으로 전봉준이 이끈 제1차 동학농민운동이 일어나자 위안스카이가 이끄는 청군이 출병하고 이어 일본군도 거류민을 위한다고 출병하였다. 이에 전라도 관찰사 김학진과 전봉준이 외세 개입 없이 문제 해결을 위하여 '전주화약'을 맺어 〈폐정개혁안 12개조〉가 전격 합의되었다.

3월에는 대원군은 위안스카이와 결탁하여 고종을 폐위시키고 왕의 친형 완흥군 이재면의 아들 영선군 이준용을 옹립하려 하였다. 그러나 오히려 이준용 등 6인은 개화파 김학우를 암살한 혐의로 법무아문에 체포되어 심문을 받았다. 이어 서광범이 주재하는 특별법원에서 "이준용 등 6인은 대역모반죄, 김학우 살인죄, 모살죄 등의 죄목으로 사형을 선고한다."라는 판결이 내려졌다.

이에 대원군은 장손 이준용을 구하기 위해 일본 이노우에 공사와 각국 공사들을 찾아다니며 부탁을 하였다. 결국 이준용은 사형을 면하고 종신유배형으로 결정되었으나 4월 특별사면으로 강화부 교동도에 10년 유배형을 받았다. 그러다 특전으로 2개월 만인 6월에 석방되어 대원군과 함께 마포 공덕동 별장 아소정에 유폐되었다.

끝없이 역모에 시달리는 소현세자의 후손들

인조 13년(1636) 12월 청 태종이 10만 대군을 이끌고 조선에 쳐들어왔다. 이듬해 1월 인조는 삼전도(송파)에 설치된 수항단에서 청 태종에게 항복했고, 소현세자 부부를 비롯해 주전론자였던 홍익한, 김창협 등이 심양에 인질로 끌려가 고려관(심양관)에 억류되었다. 김수항의 아들 김창협은 심양으로 끌려가면서 "가노라 삼각산아 다시 보자 한강수야, 고국산천을 떠나고자 하랴마는, 시절이 하 수상하니 올동말동하여라."라는 시조를 지었다. 그해 11월 청나라에서 사신 정사 영아아대와 부사 마부달 등을 보내 공녀를 요구하였다. 신하들이 이 문제로 다투자 영아아대가 화를 내며 원접사 이경증에게 말했다.

"과거 명나라 때도 공녀를 보냈는데 왜 우리에게만 보내지 않겠다는 말이오?"

"이런 일을 독단적으로 해결할 수 없소. 임금이 대신들과 의논한 후에 전하의 하명이 있을 것이니 그때 회답해 드리겠소."

조선 초기에 들어서도 명나라에 공녀를 보낸 적이 있었는데, 태종 8년(1408) 최덕림, 권영균, 여귀진의 딸이 명나라에 공녀로 보내져 영락제의 후궁이 되었다. 그중 최덕림의 딸이 고국을 애타게 그리는 간절한 마음을 시에 담아 조선에 보냈다. 그 내용이 몹시 애처롭고 슬퍼 이를 들은 사람들은 그녀를 모두 가엾고 불쌍히 여겼다고 한다.

결국 인조는 이듬해 청나라에 보낼 공녀를 뽑기 위해 공노비 중에서 10명을 선발했다. 공녀로 뽑힌 공노비는 부모나 형제 중 1명을 면천시켜 주었다. 이들은 7월 환관 나업의 인솔 아래 청나라로 떠났다.

인조 22년(1645) 2월 소현세자 일행이 귀국하였다. 그러나 소현세자는 부왕 인조와 의견 충돌이 잦았고, 급기야 2개월 만인 4월에 병을 얻어 자리에 누웠다. 이에 어의 이형익이 학질(말라리아)이라는 진단을 내려 세자의 열을 내리려고 3차례 침을 놓고 약으로 치료하였다. 그러나 세자의 병이 갑자기 악화되어 전신이 흑색으로 변하고 이목구비에 선혈이 보이면서 4일 만에 창경궁 환경전에서 급사하니 세자의 나이 34세였다.

이때 양사에서 어의 이형익을 처벌해야 한다고 아뢰고, 대사헌 김광현이 상소를 올렸다.

"세자가 몸이 오슬오슬 춥고 떨리는 증상도 제대로 판단하지 못하고 어의 이형익이 날마다 세자에게 침을 놓았으니 마땅히 국문해야 합니다."

그러나 인조는 오히려 김광현에게 몹시 화를 냈으며, 나중에는 김광

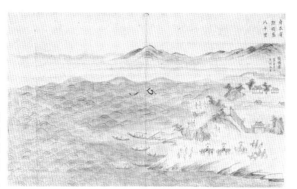

명나라 사행길 1624년
부사 오숙과 서장관
홍익한 일행이 인조의
책봉을 허가받기 위해
명나라에 파견되었다.

현이 세자빈의 오라비 강문명의 장인이라는 이유로 좌천시켜 버렸다.

어의 이형익은 세자가 죽기 3개월 전에 의관으로 특별 채용된 인물로, 소현세자 내외와 사이가 좋지 않았던 조소용의 친정에 출입하던 인물이었다. 때문에 당시 세자가 사망하자 궁중 안팎으로 인조가 이형익을 시켜 세자를 독살하였다는 소문이 무성하게 퍼졌다. 당시 인조와 세자와의 관계, 조정의 청나라를 배척하는 분위기 등을 염두에 두면 충분히 가능성이 있는 일이었다.

소현세자의 염에 참석했던 진원군 이세완의 부인이 한 말은 이 심증을 더욱 굳게 한다.

"세자의 온몸이 전부 검은 빛이었고 그 얼굴빛을 분별할 수도 없어서 마치 약물에 중독되어 죽은 사람과 같았어요."

세자가 죽고 난 뒤 곳곳에 검은 반점이 나고 시신이 빨리 부패했다는 점에서 일부 학자들은 인조의 총애를 받던 후궁 조소용이 어의 이형익을 시켜 세자를 독살했다고 주장하기도 한다. 그러나 《승정원일기》에 따르면 세자는 귀국하기 전부터 이미 건강한 상태가 아니었다고 한다. 따라서 일부 학자들은《심양일기》등을 분석하여 평소의 산증이 재발하였으나 의원이 학질로 잘못 진단하고 치료하는 바람에 죽었다고도 하며, 인조가 세자를 독살할 충분한 동기가 있다고는 하나 이미 병세가 나타나 독살할 필요가 없었으며 독살을 단정할 만한 구체적인 증거도 없기에 단순히 의료 사고가 사인일 뿐이라는 주장도 제기되고 있다.

세자가 죽고 한 달 후인 5월 인조는 심양에 있는 봉림대군에게 급히 귀국 명령을 내렸다. 그리고 대신들을 빈청에 불러들였다.

"내가 병이 있어 속히 세자를 책봉하고자 한다."

"세손 경선군으로 하여금 왕위를 계승시키는 것이 마땅합니다."

"경선군은 아직 열 살로 너무 어려 봉림대군을 세자로 삼고자 하니 경들은 그리 알라."

이에 영의정 김류와 낙흥부원군 김자점을 제외한 대신들이 반대하였으나 인조는 봉림대군의 세자 책봉을 밀어붙였다. 6월에 봉림대군이 귀국하자 인조는 서둘러 그를 세자로 책봉하였다. 이렇게 되자 강빈은 이 모든 것들이 인조와 후궁 조소용의 음모라고 생각하여 세자의 사인을 캐내려 하였다. 8월 강빈의 동생 강문성이 지관인 최남을 찾아가 세자의 장례 날짜가 불길하다고 항의하였다. 그러자 인조가 이 말을 듣고 노하여 강문성 등 4형제를 먼 고을로 유배 보냈다.

그달 세자빈의 큰 딸이 갑자기 죽자 인조는 강빈이 저주하였다고 의심하여 빈궁의 궁녀인 계환과 예향을 내수사로 끌고 가 심문하게 하였다. 궁녀들은 혹독한 고문에도 끝내 저주한 일도 없고 배후도 없다고 주장하다 9월에 옥사하였다. 그러나 인조는 강빈에게서 의심의 눈초리를 거두지 않았다. 이때 후궁 조소용이 "강빈이 왕위를 원손인 아들에게 물려주지 않는다 하여 전하를 저주한다고 합니다."라고 모함하였다.

이에 인조는 다시 원손의 보모인 최상궁과 보모상궁을 잡아다가 저주했는지를 심하게 고문하니 보모상궁은 옥사했다. 원손 경선군 이석철은 폐해졌다.

이듬해 인조 23년(1646) 1월 누군가 수라에 독을 넣은 일이 발생했다. 인조가 전복구이를 먹다가 독이 있는 것을 발견하자 후궁 조소용이 틀림없이 강빈이 벌인 짓이라고 참소하였다.

그러나 많은 궁인들은 이 치독 사건을 조소용의 짓이라고 의심하였다. 일설에는 김자점이 심복을 시켜 독약을 풀게 하였다고도 한다. 결국 강빈은 후원 별당에 유폐되었고, 처소 궁녀들은 내사옥에 하옥되어 가혹한 고문을 받게 되었다. 고문 끝에 애순이라는 궁녀가 자신이 수라에 치독하였다고 허위자백을 하였다. 이에 인조는 강빈을 폐출시켜 사사하려고 하였다. 그러나 좌의정 김자점을 제외한 대신들이 치독이 애매모호하니 사사할 수 없다고 하였다.

그러나 강빈은 친정으로 폐출된 당일 어명을 받고 사사되었다. 서른여섯의 젊은 나이였다. 여기에다 그녀는 어명으로 인해 남편인 소현세자의 곁에 묻히지도 못하고 집안의 선산에 묻혔다. 이 사건은 여기에 머무르지 않았다. 인조는 강빈의 친정 노모와 유배 중이던 4형제를 다시 압송하여 고문을 가했다. 오라버니인 문명과 문성이 누이가 한 일을 모를 리가 없다는 이유였다. 결국 두 사람은 국문을 받다 장살되고 나머지 두 형제와 모친도 처형되었다. 그리고 이듬해 5월 졸지에 고아가 된 강빈 소생 3형제마저 제주목에 위리안치되었다. 이때 경선군 이석철은 12세, 경완군 이석린은 8세, 이석견은 4세로 어린 나이였다. 이석견은 역사상 가장 나이 어린 유배인으로 기록된다. 3형제는 7월 말에 배를 타고 강진 마량포구를 출발하여 별도포에 도착하여 제주목에 위리안치되었다. 그리고 유배된 적소에는 아무도 출입하지 못하게 하라는 명이 떨어졌다. 인조는 제주에 유배되어 있던 사대부 이상의 인물들이 혹시 형제들과 내통할까 의심하기까지 했다. 이에 강빈의 사사를 반대했던 우의정 이경여는 삼수로, 강빈을 죽이려면 자신을 먼저 죽여 달라고 극간한 대사헌 홍무적은 남해(훗날 갑산으로 이배)로, 전 도승지 신득연은 진도로 각각 이배되었다.

부모 없이 어린 3형제의 적막한 적소 생활이 이어지던 이듬해 9월에 이석철이 죽었다. 유배된 지 불과 1년 2개월 만의 일이었다. 그런데 두 달 후에 또 이석린이 죽었다. 이에 인조는 손자를 죽였다는 비난을 피하고자 배소의 나인들이 잘 돌보지 않은 것이라 하여 그들을 잡아다가 의금부에서 국문하였다. 옥진이 항변하였다.

"경선군과 경완군이 죽은 것은 섬의 풍토병 때문이지 저희들의 잘못은 절대 아니옵니다."

그러나 옥진은 정강이를 때리는 형벌인 형신을 받다가 옥사하고 나머지 나인 애영, 이생은 형신을 받다가 겨우 석방되었다.

이는 사실상 인조가 앞으로 손자들이 걸림돌이 될 것으로 생각하여 죽이려고 제주에 보낸 것으로밖에 달리 해석할 수 없다. 인조는 두 손자가 죽은 뒤에야 여론을 의식해 배소의 나인들을 희생양으로 삼았던 것이다.

한편 소현세자의 참변이 청나라에 알려지자 세자와 가깝게 지냈던 용골대가 이석철을 데려다가 기르려고 조선에 왔다가 이 같은 소식을 듣고 왕과 조정을 크게 비난하였다고 한다. 이듬해 인조는 동왕 26년 (1649) 5월 두통과 고열로 이형익에게 침을 맞았지만 급사했다. 뒤를 이어 효종은 등극하자마자 이듬달 전교를 내렸다.

"석철과 석린 두 형제가 불과 1년여 만에 계속해서 죽은 것은 그 책임이 내관 김광택에게 있다고 본다. 그에게 죄를 주고 이석견은 양이하라."

이에 이석견은 남해현에 이배되었다가 효종 1년(1650) 다시 함양현에 이배, 이태 후에 강화도로 이배, 다시 교동으로 이배되었다. 그러다가 효종 7년(1656)에 방면되어 3년 후에 경안군으로 봉작을 받았는데 아들 이혼과 이엽을 두었으나 22세에 죽었다.

소현세자의 후손 문제는 당대의 문제만은 아니었다. 숙종 5년(1679) 2월 충청도 유생 송상민이 "소현세자의 손자 혼과 엽은 종실의 적장자 계통일 뿐만 아니라 영웅호걸이 될 수 있는 인물로 훗날 왕위에 옹립되어야 합니다."라는 상소를 올렸다. 이에 그는 의금부에 압송되어 국문을 받다가 옥사하였다.

3월에는 전 수사 이우에게 "소현세자의 손자가 남달리 뛰어나고 훌륭하니 임금으로 받들어 종통의 질서를 바로잡아야 합니다."라는 글이 전달되었다. 이때에는 왕후들이 일찍 죽거나 후사가 없어 적자가 없었으며 후에 세자로 책봉된 장희빈의 아들 이윤(훗날의 경종)이 태어나기 9년 전이었다. 이렇게 되자 대사간 오정위가 숙종에게 아뢰었다.

"전하, 소현세자의 손자 혼과 엽 두 형제를 그대로 두었다가는 앞으로 어떤 일이 일어날지 예측하기 어려우니 멀리 제주에 위리안치시키십시오."

"전에 두 형제의 부친도 제주목에 위리안치되었다고 하는데 이런 일이 있음을 알지도 못하는 두 형제를 어찌 먼 섬에 보낼 수 있겠는가?"

숙종이 반대하였으나 허적이 아뢰었다.

"그렇긴 하오나 요즈음 세상에 떠도는 소문에는 소현세자의 손자가 영특하여 왕으로 추대될 것이라는 유언비어가 공공연히 널리 퍼지고 있으니 두 형제를 제주에 위리안치함이 가한 줄 압니다."

"경들의 의견에 따라 두 형제를 하옥시킨 뒤에 가족과 함께 제주에 위리안치하라."

이에 두 형제는 아무 영문도 모른 채 하옥되어 부친 경안군이 유배되었던 제주목에 위리안치되었다. 이때 이혼은 17세, 이엽은 15세였는데 유배 길에 올라 제주목성 아래에 적소를 정했다. 이들의 적소는 협소한데다 담장이 높이 둘러져 있었다. 이들은 바깥에 출입할 때에도 반드시 병졸이 따라붙는 등 엄격한 감시를 받았다.

당시 제주 목사 최이헌은 이들의 적소에 노복이 출입하는 것도 엄금하고, 기회가 있을 때마다 두 형제에게 듣기 싫은 소리와 모욕을 가했다고 한다. 심지어는 적소가 제주목성 밑에 있었는데, 병졸들을 시켜성 위에 올라가서 적소를 향하여 오줌을 싸게 하는 일도 있었다. 형제의 모친은 이런 모욕에 분하고 억울하여 "불운한 별 아래 태어난 것이 죄로구나."라고 한탄했다고 한다. 이 소식을 접한 숙종은 그해 5월 전라 감사에게 하교하였다.

"듣자하니 제주 목사의 지나친 처사는 나의 본의가 아니니 두 형제에게 식량과 의복을 후하게 지급하고 노비 2명을 주라. 그리고 앞으로는 생활하는 데 불편이 없도록 하고 일반 평민과 같이 자유롭게 해 주라."

이듬해 정언 박치도가 혼과 엽 두 형제와 가족들의 유배는 너무 억울한 일이라는 상소를 올렸고, 이어 호조참판 이석도 "혼과 엽 형제들을 양이하기를 청합니다."라고 상소했다. 이에 그해 5월 숙종의 하교가 내려졌다.

"두 형제가 모친과 함께 섬 속에 살면서 중병을 여러 번 앓았다고 하니 특별히 교동에 양이하라."

이에 판중추부사 김수홍이 반대하고 나섰다.

"혼과 엽 형제를 교동으로 이배하라 하셨으나 교동은 한양과 가까우니 마음이 편하지 못합니다. 우선 섬 가까운 곳에 옮기어 함께 거처하도록 하십시오."

이에 이들은 제주목을 떠나 진도, 해남에 있다가 이듬해 삼척으로 이배되었다가 숙종 10년(1684)에 방면되어 이후 이혼은 임창군, 이엽은 임성군으로 봉작을 받았다.

숙종 33년(1707) 8월 임창군 이혼, 내관 김선필, 김선필의 노비 박의량, 임파 현령 정식 등이 역모에 관련되었다 하여 국청에 불려와 심문을 받았다. 이듬달에 박의량의 고변으로 제주 북성 밖 산지촌에서 적거하던 김춘택의 배소에 의금부 도사가 나장을 앞세워 들이닥쳤다. 그가 이때에도 옷으로 머리를 싸매고 떠나려 순풍을 기다리던 중 박의량이 무고를 한 것이 밝혀져 풀려났고 박의량은 주살되었다.

영조는 왕위에 오른 후에도 정통성 문제로 인해 끊임없이 괴소문에 시달렸다. 영조는 형인 경종을 독살했다는 소문으로 끊임없이 시달렸으며, 심지어는 '숙종의 아들이 아니다'라는 괴소문도 있었다. 영조 4년(1728) 3월 소론 강경파 김일경의 세력인 이인좌, 박필현 등이 "선왕(경종)이 억울하게 죽었다. 연잉군의 왕위 계승은 부당하며 독살당한 선왕의 원수를 갚고 소현세자의 적손 밀풍군 이탄을 왕으로 세워 왕통을 바르게 해야 한다."라는 격문을 돌리고 난을 일으켰다. 이른바 이인좌의 난이다. 원래 경종이 세자로 있을 때 소론과 남인은 세자를, 노론은 연잉군을 지지했었다.

이 난은 이인좌가 도순무사 오명항에게 패하여 처형되고 후에 박필현도 붙잡혀 참수되면서 실패로 끝났다. 이때 밀풍군 이탄도 체포되었다.

"탄에게 자진을 내리며 동생 훈도 관련되었으므로 제주목에 위리안치하라."

영조 즉위년(1724) 형조판서 윤취상이 김일경 등의 옥사에 연좌되어 국문 끝에 죽었다. 이듬해 6월 그의 아들인 전 지평 윤지가 신임사화에 연루되어 제주도 대정현에 위리안치되었다. 그는 19년 만에 나주로 이배되고 그해 고향으로 방축되었다. 그는 30여 년이 지났으나 방면되지 않은 데 대해 불만을 품고 아들 윤광철 등과 함께 영조의 치세를 비방하는 괘서를 써서 새벽에 나주 망화루에 걸었다. 이 일은 결국 들통이 났고, 그는 전라도 관찰사 조운규에게 체포되어 한양으로 압송되었다.

"윤지와 관련된 아들 광철, 윤지와 서찰을 주고받은 전 나주 목사 이하징, 박찬신은 처형하고 괘서를 붙이는 것을 막지 못한 하급관리 임천대는 대정현에 유배하라."

연잉군 시절의 영조(좌)와
즉위 후 영조의 초상(우)

조정에서는 5월 이 나주 괘서사건을 수습한 것을 경축하며 영조가
친히 참석한 가운데 '토역경과(討逆慶科)'를 실시하였다. 그런데 이 과
장의 시권(試券, 답안지) 중에 나라에 대한 불만과 경종 독살설을 다시
쟁점화하는 내용이 있었다. 응시자는 이인좌의 난에 연루되어 처형된
심성연, 심익연의 아우 심정연이었다. 그는 즉시 붙잡혀서 국문을 받
았다.

이때 노론 일색인 탕평책을 비판한 익명의 '토역경과 투서'가 날아
들었는데, 이에 관련되었다 하여 윤지의 숙부 윤혜, 김일경의 종손 김
요차, 김요백과 신치운 등이 친국을 받았다. 윤혜, 김요차 형제는 처형
되어 동시에 효시되었고 승지 신치운은 친국을 받았다.

"신은 갑진년(경종이 사망한 해)부터 게장을 먹지 않았는데, 이는 신
의 역심의 발로입니다."

이에 영조는 그의 살을 짓이길 정도로 분통을 터뜨렸다고 하는데 신치운은 결국 경상도 홍해군에 유배되었다가 처형되었다.

이 사건과 관련되어 심정연은 처형되고, 심익연의 두 아들 심래복, 심지복은 거제도에 위리안치되었다가 정언 정관현이 다시 간하여 정의현에 위리안치되었다. 윤지와 심정연의 일족 등은 제주에 나누어 유배되었고, 소론의 영수였던 조태구의 손자 조영득, 소론 강경파 유봉휘의 손자 유동훈, 윤혜의 조카 윤연 등은 대정현 등에 유배되었다.

제주에 유배된 심래복은 유배된 지 2년이 지나자 당시 유배인 조영득, 이능효(이진유의 종손), 김제해 형제(김일경의 조카), 임천대 등 16인과 서로 접촉하면서 지내다가 제주목에 위리안치된 밀운군 이훈을 알게 되어 그를 추대하기로 마음먹었다. 그러나 영조 39년(1763) 7월 이 계획이 사전에 발각되어 심래복은 즉각 압송되어 친국을 받게 되었다. 심래복은 심한 고문으로 옥사하고 관련자 20여 명도 압송되었다. 이때 밀운군 이훈은 국문을 받으면서 "신은 전년에 섬에서 병이 나서 큰 고통을 받고 있었는데 심정연의 조카가 의술이 있다 하여 와서 봐 달라고 했더니 그가 온 적이 있었습니다."라고 말했다.

한편 조태구의 손자 조영득은 대정현에 적거하면서 강익주의 딸 관기 월중매를 첩으로 삼았으며 대정 현감 조경수도 월중매의 동생을 첩으로 삼았다. 더구나 현리 원덕소 등이 국문에서 대정 현감 조경수가 관청의 쌀을 조영득의 적소에 보내고 조영득과 강익주가 소를 잡아 함께 술을 마셨다고 공초하였다. 이에 조영득과 조경수는 주살되고 심지복도 처형되었으며 이듬달 10월 의금부에 가두어져 있던 조영득의 두 동생 조영철과 조영집, 윤연, 유동훈, 이능효 등도 처형되었다. 이어 왕이 하교하였다.

"강익주는 조영득과 서로 한통속이 되었으니 엄하게 형벌을 가하여 함경도 종성에 정배하고 그의 딸 월중매는 흑산도의 관비로 보내라. 그리고 역적 이훈의 이름이 추대하는 데서 나왔으니 주살하여야 하나 종친이므로 사형을 감하여 거제부에 이배하라."

그러나 이튿날 왕은 밀운군 이훈을 국문하고 이렇게 말했다.

"내가 너를 차마 법으로 처치할 수 없으니 자진하라."

며칠 후에 밀운군 이훈은 거제부에 이배되었는데 그달 말경에 적소에서 스스로 목숨을 끊으니 유배된 지 35년 만이었다. 이어 그달에 신하들이 3년 전에 밀풍군 이탄이 자진했던 일을 다시 거론하며 아뢰었다.

"밀풍군의 가족은 결코 한양 가까운 곳에 살아 있도록 할 수는 없으니 그의 아들과 조카를 모두 절도로 안치하십시오."

"윤허한다."

이듬해 1월 대사헌 이규채가 "역적들의 왕래가 빈번했던 것은 수령들이 제멋대로 내버려 둔 까닭입니다. 제주 목사 신광익, 대정 현감 유일장을 멀리 유배 보내십시오."라고 아뢰었다. 그는 23년 전에 김만중의 증손 김원재가 부친 김용택이 위조된 시 〈숙종어제〉를 보관한 죄로 제주목에 유배되었을 때 동조하는 세력이라 하여 대정현에 가극안치되었다가 양이되어 후에 해배된 인물이다.

이듬달에는 월중매의 부친 강익주가 친국을 받아 완강하게 불복하다가 장형으로 옥사하였다.

그 후 철종 2년(1851) 황해도 문화현에 사는 채희재, 유홍림 등이 소현세자의 후손 이명섭을 추대하려다가 포도청에 발각되었다. 이에 채

희재, 이명섭은 처형되고, 이명섭의 동생 이명혁은 제주에 유배되었으며, 관련된 백대현, 임치수도 유배되었다.

고종이 즉위한 후에야 이재영, 이필용 등이 문과에 급제하고 후대받으면서 소현세자의 후손들과 역모와의 악연도 끝이 보이기 시작했다.

사도세자와 왕위에 오르는 후손들

1724년 8월 경종이 왕위에 오른 지 4년 만에 37세의 나이로 급사하자 왕세제 연잉군 이금이 왕위에 올랐다. 이가 영조이다. 영조 29년(1753) 18세였던 사도세자 이훤이 장인 홍봉한에게 "저는 본시 남모르는 울화 증세가 있는데 궁궐에서 전하를 뵙고 나오니 고열과 오래된 우울증으로 답답합니다. 이 증세를 의관에게 말할 수가 없으니 장인께서 약을 지어 몰래 보내 주시면 안 되겠습니까."라는 서찰을 보냈다.

영조는 사도세자가 돌이 지나자마자 세자로 임명할 정도로 후계자에 집착했는데 "왜 책을 안 읽느냐?"라고 힐난하는 등 엄격하게 굴었다. 영조는 세자가 놀기를 좋아하고 소설을 즐기는 등 기대에 어긋나자 미워하였다.

영조 38년(1762) 5월 정순왕후의 부친 김한구, 문숙의, 홍계희 등의 사주를 받은 형조판서 윤급의 종 나경언이 내시들이 역모를 꾸미고 있다고 형조에 고변하였다. 이에 영조가 친국을 하였는데 나경언이 시전 상인들에게 빚을 졌다는 등 세자의 비행 10여 가지를 적은 문서를 꺼내 올렸다. 영조는 크게 노하여 나경언을 참형에 처하고 세자를 불러 다그쳤다. 급기야 영조는 살려 달라는 세자의 애원에도 칼을 뽑아 자결할 것을 거듭 재촉했다. 이에 세자가 "죽으라 하시면 죽겠습니다."

라면서 자결하려고 하자 옆에 있던 세자시강원의 신하들이 통곡하며 말려 겨우 위기를 모면하였다. 이때 예문관 검열 임덕제가 내전에 들어가 11세 된 세손(훗날의 정조)을 등에 업고 나왔다.

"할바마마에게 아바마마의 잘못을 용서해 달라고 비십시오."

세손이 관과 도포를 벗고 무릎을 꿇으며 석고대죄하고 그가 세손 뒤에 엎드려 일어나지 않자 왕이 끌어내라고 명하였다. 이에 군사들이 달려들어 손을 붙잡고 끌어내려 하였다.

"이 손을 놓아라. 이 손은 오로지 사필을 잡은 소임을 다하는 손이다."

결국 그는 쫓겨 나왔는데 이때 사관 윤숙과 함께 이를 방관하고 있는 영의정 신만, 좌의정 홍봉한 등을 성토하다가 모두 유배 명을 받았다. 이후 사도세자는 폐세자되어 서인으로 강등되었다가 뒤주 속에 갇혔다. 뒤주는 밀봉한 뒤 그 위에 풀을 쌓아 놓아 통풍되지 못하게 하고 포도대장 구선복이 그 앞을 지켰다. 이때 승지 겸 분약방 제조 한광조가 이 소식을 듣고 어전에 나가서 통곡하며 아뢰었다.

"전하, 어찌 이런 일이 있을 수 있습니까? 아니 되옵니다."

한광조는 끌려 나간 뒤에도 다시 궁궐 아래에서 목 놓아 흐느끼며 강력히 반대하다가 이듬달 6월 대정현에 위리안치되었다. 그러나 곧 홍산으로 이배되었다가 이듬해 풀려나 다시 승지에 올랐다.

결국 사도세자는 창경궁 휘령전에서 뒤주에 갇혀 8일 만에 굶어 죽었다. 이때 세자의 나이 28세, 세손의 나이 11세였다. 조정은 사도세자의 문제를 지지하는 벽파와 동정하고 지나치다는 시파로 나뉘어졌다.

일설에는 사도세자가 몇몇 측근 무사들을 거느리고 영조에게로 향했다가 다시 정신이 되돌아왔는데 이 사실을 보고받은 영조가 노하여 굶어 죽게 하였다고 한다. 결국 '반란 혐의로 죽었다'는 것이다.

한편으로는 세자가 미친 게 아니라 정치적 붕당의 희생양이라는 주장도 있다. 실록에는 "왕이 9일째에 세자의 죽음을 듣고 슬픔의 눈물을 흘렸다."라는 기록이 있어 실제로 영조가 세자를 훈육하기 위해서 뒤주에 가두었을 뿐 죽이고자 하는 의도가 없었다고도 한다. 1999년 영조가 사도세자를 위해 작성한 묘지문이 발견되어 공개되었는데, "칠십이 넘는 아비에게 왜 이런 일을 당하게 하느냐."라는 글귀는 영조의 비통함을 엿볼 수 있게 한다. 세자가 죽자 영조가 "내가 언제 죽이라고 했느냐?"라고 말했다는 일화도 있다.

어느 학자는 영조 역시 사도세자가 미쳤다고 말했으며, 사도세자가 장인 홍봉한에게 보낸 편지에도 스스로 병증이 있다고 말했다고 한다. 사도세자의 비인 혜경궁 홍씨의 《한중록》*에 "사도세자는 광증이 있어……."라는 기록이나 김조순의 《영춘옥음기》에 "세손조차 우리 아버지가 병이 있다는 것은 세상이 다 알고 있는데……."라는 내용 등이 이를 뒷받침하는 근거라는 것이다.

영조 47년(1771) 계비 정순왕후의 오라버니인 노론 벽파 김귀주가 "은언군 인과 은신군 진이 외람되게 많은 하인을 거느리고 남여를 타고 다닙니다."라는 상소를 올렸다. 영조는 진노하여 "앞으로는 은언군과 은신군에게는 다시 관직에 등용되지 못하게 하라."라는 전교를 내

---

* 줄글 한글로 쓰여 난해한 《한중록》을 심도 있게 분석하여 "《한중록》은 소설이 아닌 실제를 기록한 역사책으로 다큐멘터리라고 할 수 있으며, 사도세자의 죽음은 붕당 때문이 아니라 절대 권력을 휘두르던 왕이 미친 아들을 죽인 것뿐이다."라고 주장하는 견해가 최근에 대두되었다. 《한중록》은 혜경궁 홍씨의 입장에서 서술된 거짓의 기록이라는 설과 역사의 기록이라는 상반된 평가를 받고 있는 책이다.

정조를 왕세손으로 책봉한 옥인과 함 영조는 1759년 사도세자가 남긴 아들인 이산(후에 정조)을 왕세손으로 책봉했다. 옥인에는 '왕세손인'이라고 새겨져 있다.

렸다.

여기에 더해 두 형제는 시전 상인들에게 수백 냥의 빚을 지고 갚지 않은 것이 알려져 그해 직산현에 유배되었다가 다시 제주 대정현에 위리안치되었다. 이때 두 형제의 외조부 송문명도 여기에 관련되었다 하여 대정현에 충군되었다. 결국 은신군은 위리안치된 지 얼마 되지 않은 4월에 17세로 적소에서 죽었고, 은언군은 3년이 지난 영조 50년(1774)에 해배되었다.

1776년 3월 영조가 재위 52년 만에 83세의 나이로 사망했다. 이어 세손이던 사도세자의 아들 이산이 왕위에 오르니, 이가 정조이다. 정조는 즉위식이 끝나자 경희궁 빈전 문 밖에 대신들을 불러모았다.

"과인은 사도세자의 아들이다."

정조는 즉위하자마자 자신의 등극을 막았다는 이유로 부친의 죽음과 관련된 이들을 제거하기 시작하는 정치적 탄압을 가했다. 영의정 김양택 등이 백관을 거느리고 아뢰었다.

"화완옹주는 후겸의 흉계를 도왔으며 후겸과 인한은 세손의 대리청정을 반대하고 능멸한 죄가 있었으니 죄를 주어야 합니다."

이에 정조는 화완옹주의 양자인 정후겸을 함경도 경원부로, 작은 할아버지 홍인한(홍봉한의 이복동생)을 여산부에 유배, 고금도로 이배되었다. 그리고 7월 삼사의 건의로 두 사람은 사사되었다.

이어 정조는 외조부 홍봉한을 유배하고, 할머니 정순왕후 가문의 김귀주를 제거하고, 영조의 총애를 받던 화완옹주를 정후겸의 흉계를 도왔다는 혐의로 서녀로 강등시켰다. 이후 그녀는 후사 없이 일찍 요절한 정치달의 처라는 뜻에서 '정처'라고 불리게 되었다. 3월 정조는 할아버지 영조에게 사도세자의 잘못을 일일이 일러바치던 선왕의 후궁 문숙의의 작호를 삭탈하여 사저로 내쫓았다가 사사했다. 이어 그녀가 숙의가 된 뒤로 권세를 누리던 그녀의 오빠 문성국도 연좌되어 부인과 함께 처형되고 모친은 제주도의 노비로 보내졌다.

4월 조재한이 이일화를 사주하여 "임오년의 일은 사도세자가 모함을 받았기 때문입니다."라는 상소를 올렸다. 그러나 이를 본 정조는 오히려 노하였다.

"이는 선왕을 모함하는 대역이며 흉악한 상소이다. 이들을 임금을 모욕한 대역부도죄로 처리하라."

이에 이들은 처형되고, 조재한의 가족은 연좌되어 형제들은 유배되고, 부인 단혜와 딸 덕순은 제주에 노비로, 첩 명회는 회령에 노비로, 나이 어린 아들딸들은 교형을 면하고 진도 등에 노비로 보내졌다.

정조 1년(1777)년 8월 홍상범 등이 왕을 시해하려다 실패하였다. 이에 영의정, 삼사, 대신, 종친 들이 번갈아 상소하여 은전군 이찬을 죽이라고 하였다. 그러나 홍상범의 사촌 동생 홍상길의 진술 외에는 은

전군이 모의에 가담했다는 흔적이 없어 정조는 그의 처벌을 거부하였다. 그러나 대신들은 의금부 뜰에 은전군을 끌어내 자결을 강요하였다. 은전군이 죄가 없다며 완강하게 이를 거부하자, 대신들은 승지에게 자진하라는 왕명을 쓰라고까지 압박하여 결국 은전군은 9월에 사사되었다.

한편 정조의 비인 효의왕후가 지병이 심해 후사를 기약하기 어렵자 홍국영은 누이를 후궁으로 들여보내니 원빈이다. 그러나 원빈마저 후사 없이 죽자 홍국영은 원빈의 원혼을 달래 준다는 핑계로 은언군 이인의 아들 이담을 원빈의 양자로 삼아 완풍군(훗날의 상계군)에 봉하였다. 그리고 송덕상에게 왕세자 책봉을 청하는 상소문을 올리게 하였다.

홍국영은 세손을 보호하는데 앞장서 궁궐을 지키며 역모를 차단하여 '세손의 첩'이라고 불릴 정도의 2인자로, 사실상 세도정치의 원라고 볼 수 있다. 그는 비록 신하였만 세손보다 4살 위에서 친구처럼 지낸 것으로 보인다고 한다.

그러나 이듬해 2월 김종수가 "홍국영은 후궁을 다시 들이는 일을 반대하여 왕실의 후사를 끊으려 했으니 벌을 주어야 합니다."라는 상소를 올렸다. 이에 정조는 그에게 전리방환(田里方還, 고향으로 내려감) 처분을 하여 횡성으로 보내고, 봉조하 작위를 내려 사실상 정치에 손을 떼게 하였다. 봉조하란 종2품의 관원이 퇴직한 뒤에 특별히 내린 벼슬이다. 그러나 신하들이 계속 상소를 올려 홍국영에게 죄줄 것을 청하자 정조는 그를 다시 강릉으로 보냈다. 홍국영은 노암동에 배소를 정하고 이듬해 4월 그곳에서 쓸쓸히 병사하였다.

그런데 홍국영의 잔여 세력이 은언군 이인의 아들 상계군 이담을 왕으로 옹립하려고 모의하다가 사전에 계획이 탄로나는 일이 벌어졌다. 정조는 모반죄로 상계군을 강화도로 유배시켰다. 조사 과정에서 은언 군 이인도 이 사건과 연루된 사실이 드러나 대신들의 요구로 처형 직 전까지 갔으나 정조의 특명으로 간신히 목숨을 부지하여 강화도로 처 자와 함께 유배되었다.

영조의 삼년상이 끝나자 삼사에서 화완옹주를 처벌하라는 복합상 소를 올렸다. 이에 그녀는 강화도에 위리안치되었다. 삼사에서 다시 그녀를 처형시켜야 한다고 글을 올렸으나 친고모를 죽였다는 비난을 받고 싶지 않았던 정조는 이를 불허했고, 10여 년 후에는 사실상 해배 하여 한양에 살게 하였다.

상계군 이담은 정조 10년(1786) 11월 강화도 배소에서 자살하였다. 이 에 대해 그의 부친 은언군 이인이 독을 먹여 죽게 했다는 소문이 파다 하게 퍼졌다. 이 소문이 사실이라면 은언군은 또 누가 아들을 받들고 역모를 할런지 모르며, 그랬다가 집안이 풍비박산날 것을 우려했다고 볼 수 있다.

은언군 이인은 줄곧 역모의 원흉으로 낙인찍혀 감시의 대상이 되었 다. 그러던 중 순조 1년(1801) 신유사옥 때 은언군 이인의 부인 송씨와 며느리 신씨(상담군 이담의 부인)가 청나라 신부 주문모에게 영세를 받 아 천주교인이 된 사실이 발각되어 순교하자 은언군 이인도 그들과 동 조하였다는 이유로 배소에서 사사되니 48세였다. 이에 은언군의 둘째 아들 이당과 셋째 아들 이광은 강화도로 위리안치되었다. 두 형제가 위리안치된 지 21년이 지난 순조 22년(1422) 2월 왕이 하교를 내렸다.

"의금부에 명하여 강화도에 위리안치되어 있는 이당 형제의 배소

가시울타리를 즉시 철거하고 백성들처럼 편히 살게 하라. 그리고 아직 결혼을 못했다고 하니 종친부에서 주관하여 혼사를 속히 거행하도록 하고 혼사의 비용은 내전에서 잘 살펴주어라.”

이에 두 형제는 해배되어 이당은 풍계군 봉작을 받고 이광은 전계군(후에 전계대원군) 봉작을 받았다. 그러나 풍계군 이당은 4년 후에 죽고 전계군 이광은 최씨와 결혼하여 한양 경행방(종로구 경운동)에 살면서 이원경과 영평군 이경응을 두었으며 강화도 출신 소실 염씨 사이에 덕완군 이원범(훗날의 철종)을 낳았다.

그 후 전계군 이광은 홍인문(동대문) 근처로 이사했는데 이원범은 어렸을 때 모친 및 형들의 모친도 죽고 10세 때 부친마저 죽어 3형제는 고아가 되었다. 그가 14세 때 왕족에 대한 이상한 풍문이 돌아 외가가 있는 강화도로 가서 외가인 내수골 염보길의 초가집에서 살았다.

순조가 죽고 나서 아들 효명세자 이호와 신정왕후 소생 이환이 왕위를 계승하니 이가 헌종이다. 효명세자는 순조 12년(1412)에 세자로 책봉되어 18세부터 대리청정을 하였으나 23세 때 요절하여 이환이 불과 8세의 나이로 왕위를 계승하자 순조비 순원왕후가 대비가 되어 7년간 수렴청정을 하였다.

그 후 헌종 9년(1843) 3형제는 강화 내수골에서 교동 읍내리 교동읍성 동문 쪽에 가서 살았다고 하는데 교동에 살던 잠저(왕위에 오르기 전에 살던 집)는 고종 27년(1890) 도호부사 이태권이 그 초가를 헐고 새로 정당과 외문을 세웠다.

이듬해 하급 군인 민진용이 이원덕을 포섭하여 전계군 이광의 맏아들 이원경을 왕으로 추대하기 위하여 모의하였다. 그러나 이들은 사전에 발각되어 능지처참되고 이들 3형제는 교동에서 산 지 3개월 만에 강화도의 관청리에 유배되고, 곧이어 18세의 이원경이 사사되니 이를 민진용의 옥이라고 한다.

이에 두 형제는 이곳에서 나무도 하고 농사를 짓는 농사꾼으로 살았는데 적소에서 늘 감시 대상이 되었다. 어느 날 이원범은 적소 주인 권시집의 아들과 숨바꼭질을 하다가 돌팔매로 권시집의 아들 이마를 깬 일이 있어 권시집에게 무척 구박을 받았다고 한다.

헌종 15년(1849) 6월 왕이 23세의 나이로 창덕궁 중희당에서 후사 없이 죽었다. 이때 대비전에는 3명의 대비가 있었는데 순조 비 순원대비, 익종 비, 헌종 비였다. 여기에서 가장 어른인 대왕대비 순원대비가 왕위 계승권자를 임명할 수 있게 되자 안동 김씨 세력은 안도하였다.

이때 순원대비의 명으로 이원범은 궁중에 들어가 덕완군에 봉해지고 곧 왕위에 올랐다. 이광의 아들 중 첫째 아들은 이미 사사되었고 둘째 아들 이경응은 20세가 넘었으나 이원범은 아직 19세여서 낙점되었다고 알려졌는데 더구나 소실의 아들이었다. 어쨌든 이는 안동 김씨 세력들이 허수아비 왕이 필요로 하여 이루어진 결과라고 평할 수가 있다.

이에 정원용 대감이 가마와 많은 호위 군사를 거느리고 적소 부근에 이르자 이원범은 자신을 잡으러 온 줄 알고 외가의 다락에 숨고(일설에는 언덕으로 도망가다 손톱이 빠졌다고도 한다) 형 이경응도 놀라 도망가다가 마루에서 떨어져 뒹구는 바람에 팔이 부러졌으며 그 바람에 후에 곰배대감이라고 불렸다. 결국 이원범은 정원용 대감의 설명을 듣고 가마를 타고 적소를 떠났는데, 그는 적소 주인 권시집이 가마 뒤에 따라

오지 못하게 하라고 수십 번 말했다고 전한다.

왕위에 오른 철종에게 정원용이 아뢰었다.

"무슨 책을 읽으셨는지요?"

"《통감》과《소학》을 읽었으나 오래전이라 지금은 기억이 안 나오."

순원대비가 재종동생 김흥근에게는 보낸 편지에는 이와 관련하여 "새 임금이 글도 배운 것이 없으니 학문이 있어야 나라를 다스릴 것인데 누가 가르칠 것인가?"라는 근심이 기록되어 있다.

철종은 안동 김씨의 예측대로 무식한 강화도령이었다. 이에 순원대비는 한글로 철종에게 하교를 내렸다.

"사람이 배우지 아니하면 옛일에 어둡고 옛일에 어두우면 나라를 다스릴 수 없는 것이니 수시로 유학 신하를 접견하고 경사를 토론하도록 하라."

이듬달 7월 전 정언 강한혁, 대사헌 이경재 등이 "조병현은 조정을 위협하고 견제하며 임금을 멸시한 많은 죄악이 있습니다."라는 상소를 올렸다. 이에 대왕대비는 조병현을 전라도 지도에 위리안치하라고 하였다가 다시 9월에는 조병현을 사사하라고 하였다. 이로써 조병현 등의 풍양 조씨의 핵심 세력들이 대거 중앙 정계에서 제거되고 안동 김씨가 세력을 잡았다. 이러한 작업을 마친 순원대비는 이태 후 수렴청정을 거두고 물러났다.

그러나 철종은 후사 없이 33세의 나이로 병사했다. 순원대비가 죽은 시점에서 왕실의 가장 큰 어른은 익종 비 신정대비였다. 풍양 조씨 조만영의 딸이었던 신정대비는 안동 김씨의 세력을 무력화시키기 위하여 은신군 이진의 후예인 홍선군 이하응의 둘째 아들 이재황을 왕으로 내세웠다. 이가 고종으로, 60여 년간 계속된 안동 김씨의 파행적 세도정치가 서서히 막을 내리게 되었다.

유배인의 뒤안길

고종일기가 남겨진 송시열

광해군 때 진사 송갑조는 인목대비가 서궁에 유폐되었을 때 홀로 서궁에 나아가 거적을 깔고 경건하게 절을 올리고 찾아가 뵈었다는 이유로 벼슬 길이 막히고 유학자들의 가계와 학통 등을 기록한 장부에서 삭제되었다. 그러나 인조반정 이후 그는 봉사에까지 올랐다.

송갑조의 첫째 아들 송시희와 사위 윤염은 정묘호란 때 청군에게 살해되었고, 셋째 아들인 송시열은 병자호란 때 남한산성으로 어가를 따라갔다. 송시열은 삼전도의 굴욕과 소현세자 등이 청나라에 볼모로 떠나는 것을 목격하자 관직을 사직하고 향리 회덕으로 돌아가 학문에 전념하면서 후진을 양성하였다.

그는 삼전도의 굴욕을 상상도 할 수 없는 치욕으로 여겼다. 그와 제자들은 〈삼전도비문〉을 지은 이경석을 비판하였는데, 이경석 역시 형

이경직에게 "글공부를 한 것이 천추의 한이 됩니다."라는 편지를 보냈다고 한다.

현종 즉위년(1659) 3월 예송이 일어나자 4월 남인인 윤선도가 "송시열이 선왕의 은혜를 입고도 장례 과정에서 해를 끼치는 말을 하는 것을 보면 불온한 저의가 숨어 있습니다."라는 상소를 올렸다. 그러나 오히려 윤선도가 탄핵을 받아 함경도 삼수에 위리안치 명을 받고 유배길에 올랐다. 이듬해 5월 송시열은 자신이 오해를 일으킬 빌미를 제공했다고 자책하며 사직하고 회덕으로 돌아갔다.

현종 14년(1673) 송시열은 좌의정에 임명되었고, 이듬해 효종 비 인성왕후가 죽으면서 두 번째 예송이 일어났다. 이때 그를 비롯한 서인들은 효종을 차자로 인정한 예에 따라 대비가 상복을 입어야 하는 기간을 9개월로 주장하였고, 허목 등 남인 세력은 효종을 장자로 인정하여 상복을 1년 입어야 한다고 주장하였다. 이에 현종은 자신의 부모를 적자가 아니라 차자로 대접하는 서인 세력에 반감을 가지게 되었다. 결국 남인이 정권을 잡은 후 송시열은 남인의 탄핵을 받아 파직되어 향리에 칩거하였다.

이듬해 현종이 죽고 이순이 왕위에 오르니 이가 숙종이다. 그 후 남인들의 거듭된 탄핵으로 그는 덕원, 웅천을 거쳐 장기에 이치되자 동생들, 아들, 손자, 증손자와 노복을 데리고 읍내리 오도전의 집에 적소를 정했다. 그는 5개월이 지난 후에 적소에서 "자손들은 탓하고 원망하지 마라, 생사는 인간의 뜻대로 되지 않는 법이니."라는 시를 자손들에게 남겼다.

4년 후 숙종 5년(1679) 3월 그는 거제도로 이치 명을 받아 거제도로

송시열

가면서 "임금의 덕으로 죽지 않고 섬으로 보내지니……"라며 읊었다. 동산리 동뫼에 적소를 정했는데, 이때 그의 나이 73세였다.

그는 적소에서 후학을 양성하면서 《주자대전차의(朱子大全箚疑)》 등을 저술하였다. 당시 이 섬의 선비들은 그를 흠모하여 그의 일거수일투족이나 기침 소리까지 따라 했다는 이야기가 전한다.

숙종 6년(1680) 5월 송시열은 다시 청풍으로 이배되었다. 이해 서인은 남인의 영수인 허적이 역모를 꾸몄다고 고변하여 남인 세력을 축출했다. 이 경신환국으로 그는 해배되어 10월에 영중추부사로 관직에 복귀하였다. 3년 뒤에 서인은 자체 분열되어 그를 영수로 하는 노론과 윤증을 중심으로 하는 소론으로 갈라졌고, 이때 권력의 핵심을 장악한 세력이 노론이었다. 이에 그는 책임을 지고 사직하고 향리로 돌아갔다.

숙종 15년(1689) 2월 왕이 남인계의 숙원 장씨가 낳은 왕자를 원자로 책봉하고, 장씨를 희빈으로 삼고자 했다. 향리에 칩거해 있던 봉조하 송시열은 "인현왕후가 아직 젊은데 왕의 두 살 된 서자를 원자로 정함은 시기상조이고 세자 책봉은 불가합니다. 송나라 신종이 28세에 철종을 얻었으나 후궁의 소생이어서 번왕으로 책봉하였다가 적자가 없이 죽게 되자 태자로 책봉하여 그 뒤를 잇게 한 고사가 있습니다." 라는 상소를 올렸다. 이 상소는 숙종의 진노를 샀다.

"원자를 정하고 희빈 책봉이 이미 끝났는데 한 나라의 원로라는 사람이 이미 결정된 대사에 대해 상소를 하여 정국을 어지럽게 만들고 있구나."

이때 남인 세력인 이현기 등이 송시열의 주장을 반박하는 상소를 올리자 이를 기회로 숙종은 전교를 내렸다.

"송시열의 상소는 세자 책봉에 간섭한 것이므로 그를 삭탈관직하여 멀리 섬으로 유배하라."

그달에 그는 83세의 노구를 이끌고 아들 송기태, 형제, 손자, 조카, 노복 등과 함께 태인(서산군)에서 출발하여 강진을 거쳐 제주목으로 향했다. 그의 일행은 보길도에 이르러 풍랑을 만나 잠시 바람이 잦기를 기다렸다. 그는 백도리 암벽에 올라 잠시 머물면서 "여든셋의 늙은 몸이 푸른 바다 한가운데 떠 있구나, 말 한마디가 어찌 큰 죄일까마는, 세 번이나 내쫓기니 궁하다 하겠네."라고 써서 음각하였다.

바람이 잦아들자 그의 일행은 다시 돛을 올려 별도포에 도착하여 제주목 성안 산지골에 있는 아전의 집에 적소를 정했다. 그는 향교에서 서적을 빌려다 매일 손자와 함께 읽거나 뜰을 산책하며 지냈다. 이따금 외출하면 행낭에 포나 과일을 준비해 나가 시문을 지었다.

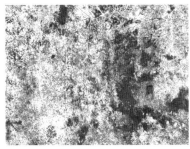
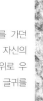

송시열이 백도리 암벽에 쓴 탄시암 유배를 가던 중에 풍랑을 만나 잠깐 피신한 송시열은 자신의 심정을 바위에 시로 남겼다. 일명 글씬바위로 우암 탄시암이라고 불리는데, 현재는 원래의 글귀를 알아보기 힘들다.

어느 날 그는 주위의 권고에 따라 귤림서원 서쪽 벼랑 오현단 서쪽의 병풍바위에 '증주벽립(曾朱壁立)'이라는 필적을 새겨 남겼다. 이는 증자와 주자의 학문이 쌍벽으로 서 있다는 뜻이다.

그가 유배된 지 불과 3개월여 만인 5월 조정 신료들이 그를 다시 국문해야 한다고 거듭 상소를 올렸다. 이에 의금부 도사 권처경이 자원하여 제주목의 적소에 와서 그를 압송했다. 일행은 배를 타러 별도포로 나갔으나 바람이 심하게 부는 바람에 열흘이 지나서야 해남으로 향할 수 있었다. 이때 그는 이미 병환 중이어서 형제와 가족 들이 동승하여 간호하려 하였으나 권처경이 이를 거부하고, 심지어는 노복의 동승도 허용하지 않았다. 이듬달 6월 초에 왕이 대신과 당상관 들을 불러 그의 국문에 대해 논의하게 하였다. 그러자 판의금 민암, 영의정

권대운, 목창명 등이 국문할 것 없이 처분하자고 아뢰니 왕이 말했다.

"대신들의 뜻이 모두 그렇다 하니 송시열을 사사하되 도사가 약을 가지고 가다가 그를 만나는 대로 사사하라. 그리고 전지 속에 국문이라는 글자를 없애고 사사로 고쳐 넣어라."

이에 사약을 든 선약도사 박이인이 한양을 출발했다. 일행이 장맛비가 주룩주룩 내리는 가운데 초산(정읍)에 도착하여 숙소를 정하자 권처경 일행의 압송행차가 잇따라 도착하였다. 숙소에서 그는 자손들에게 훈계하고 유언하였는데, 잠시 뒤에 금리가 소리쳐 금하자 작은 병풍을 쳐서 바깥을 가렸다. 이때 자손에게 남긴 친필 유서가 아직도 전해지고 있다. 이튿날 날이 샐 무렵에 선약도사 박이인이 도착하였다. 이에 여러 사람들이 "오늘이 상현이기 때문에 사약을 내릴 수 없습니다."라고 말했다.

조선 시대에는 《경국대전》에 의거하여 대전(왕과 왕비)의 탄일, 왕세자의 생신, 상현, 하현 등에는 형의 집행이 금지되어 있었다. 그러나 선약도사와 권처경은 함께 안으로 들어가 버렸다. 이에 그가 권처경에게 말했다.

"이것은 양전(효종과 명성왕후)의 어찰입니다."

"나는 사사 명을 받았을 뿐이오. 서리는 저 편지를 가져다가 자손에게 돌려줘라."

이어 권처경은 교생 이명달로 하여금 왕의 전지를 읽게 하였다. 전지는 승정원의 담당 승지를 통하여 전달되는 왕명서로, '유지'라고도 한다. 송시열은 부축을 받아 방문 밖으로 나오려 하였으나 나오지 못하고 손으로 시렁 위에 있는 두루마기를 가리켰다. 좌수 임한일이 급히 가져다가 그에게 입혀 주자 그는 옷고름과 소대를 매고는 무릎을 꿇고 부복하여 조용히 전지를 경청하였다.

이에 이후진이 무릎을 꿇고 사약을 달여서 주었는데 사약을 마셔도 숨이 끊어지지 않아 계속해서 사약 세 보시기를 마셨다. 이후진이 그를 부축해서 베개에 누이고는 밖으로 나오니 잠시 후에 죽었다. 이때 제자 권상하가 그의 눈을 감기고 민진강이 임종 순간 등을 기록하여 고종일기인 《초산일기》를 남겼다. 학자 황덕길이 그의 사사 전지 등을 기록한 《조야신필》도 있다.

나양좌의 문집 《명촌잡록》에는 "그가 사약을 받던 날 효종과 명성왕후의 어찰을 빌어 목숨을 구걸했다. 그러나 받아들여지지 않자 그는 다리를 뻗고 드러누웠다. 그가 끝내 마시지 않으니 약을 든 사람이 손으로 그의 입을 벌리고 약을 부었는데 한 그릇 반이 지나지 못해 죽었다."라고 되어 있는데, 이는 《초산일기》 등과 기록이 다르다.

말을 지급받은 유생 이필익

유배 길에 올랐다가 도중에 유배지가 변경되는 경우도 있었다. 숙종 즉위년(1674) 10월 경기 유생 이필익이 "곽세건이 어진 이(송시열을 지칭)를 시기하여 나라를 병들게 하고 있으니 유배를 보내고 어진 이는 불러 좌우에서 모시게 하십시오."라는 상소를 올렸으나 승지가 선왕과 관련된다면서 받지 않자 그가 말했다.

"받아 주지 않으면 상소문에 언로를 막았다고 쓰겠습니다."

"마음대로 하게."

할 수 없이 물러난 그는 이튿날 아침 다시 상소를 올렸다. 이에 왕이 하교하였다.

"예설로써 상소하는 자는 중한 율로 다스리겠다고 이미 하교하였는데 또 이런 상소를 올리니 허물을 가려내 벌을 주어 폐해를 막으라."

이필익은 이에 함경도 경흥으로 유배 명을 받았다. 그러자 부수찬 윤지완이 그를 석방해 달라고 청했다. 그러나 도리어 꾸지람만 듣고 물러났으며, 이어 대사간 정제가 그의 유배 명을 환수해 달라고 청했을 때는 아무 말도 듣지 못했다. 이필익이 유배형을 받은 그날 한밤중에 의금부 나졸이 집으로 찾아왔다.

"유배 명이 내렸으니 즉시 출발해야 합니다. 관례대로 술, 의복, 쌀, 삼베를 지급해 주십시오."

"길이 급한데 그것을 어찌 구한단 말인가?"

그가 웃으며 거절하자 옆에 있던 친구들이 쌀 몇 되를 모아서 보냈다. 몇 시간 후에 다시 형조의 아전 4, 5명이 와서 대문 밖에서 소리를 질렀다.

"유배 죄인 이필익은 집에 있소? 배소가 함경도 경흥으로 정해져 당장 출발해야 하니 즉시 나오도록 하시오."

원래 유배인이 유생인 경우 압송 책임은 형조에서 담당하여 역졸들이 번갈아 가며 압송했다. 그는 급히 망건을 쓰고 도포를 입고 친구들과 함께 말을 끄는 노복을 데리고 형조로 갔다. 그러나 압송관 문후백이 사대문이 열리면 출발하자고 하여 집으로 되돌아왔다. 친구들과 식사와 반주를 하고 새벽에 길을 떠났는데, 저녁 무렵 양주에 도착하여 친구 변무완 집에서 밥을 먹고 있을 때 아전이 찾아왔다.

"유배죄인은 이곳에 있소? 관문이 왔소."

"관문의 내용이 무엇이오?"

"말을 지급하여 재촉하라는 내용이오."

이튿날 새벽 형리들이 말을 끌고 와서 출발한 일행은 날이 밝기 전에 포천에 도착하였다. 그가 형리를 불러 형조의 관문을 보여 달라고 하여 보니 "죄인 이필익은 일반 죄인과는 다르다. 그가 자신의 말을 타고 가면 일이 되어 가는 형편이 곤란하니 의금부 죄인의 예에 따라 각 고을과 역참에서 그에게 말을 지급하고 군관도 배정할 것이며 형리는 각별히 호송하고, 경유지와 유배지에 도착하면 날짜를 적어 즉시 보고하라."라는 내용이었다.

이에 그는 집에 편지를 써서 노비에게 주고 노쇠한 말을 돌려보냈다. 길 떠난 지 13일 만에 그는 귀문관의 영강역에 도착하였다. 한 노인의 집에서 식사를 하고 잠시 누웠을 때 아전이 찾아왔다.

"경흥부에 정배된 죄인 이필익이 이곳에 있소?"

"그렇소."

"감영의 관문이 왔소."

그가 받아 펼쳐 보니 "영의정 허적이 여러 번 아뢰어 죄인 이필익의 유배지를 안변부로 변경할 것을 윤허받았으니 즉시 말을 돌려 안변부로 가라." 하는 내용이었다. 이에 그가 발길을 다시 남쪽으로 돌려 7일 만에 함흥에 도착하니 관찰사가 아전을 보내 초청하여 접대를 받았다.

마침내 유배지인 안변부에 도착하자 형리가 서문 밖 김예길의 집에 적소를 정해 주었는데 23일 일정에 2,824리(약 1,130킬로미터)였다. 그해 12월 그는 적소에서 안변 부사로부터 조보도 받아 보았는데, 당시 조보에서 "박세채가 파직되고 이윤악 등 유생들이 상소를 올려 곽세건을 비판하였다."라는 기사를 접하기도 하였다. 그는 배소에서 점고를 받기도 했으나 관찰사가 식량 등을 넉넉히 보내 주는 등 후대받았으며 안변 부사와 왕래하며 술 등을 선물받고 행사에 초대까지 받았다. 또 그에게 공주서원, 고원향교 등에서 쌀, 포 등을 보내 주었다.

그는 6년 만인 숙종 5년(1679) 12월 해배되어 흡곡 현령의 도움을 받아 길을 떠났다. 적소에서 유배살이 동안의 일상 생활을 기록한 유배 일기 《북찬록》을 남겼다.

사문난적으로 몰린 윤휴

윤휴는 당대 석학이었던 송시열에게서 "나의 30년 독서가 참으로 가소롭구나."라는 이야기를 들을 정도로 상당한 수준의 학문적 성취를 이룬 인물이었다. 그러나 그 후 그는 주자의 경전해석을 비판하고 독자적으로 해석했다 하여 사문난적으로 몰리게 되었다.

숙종 6년(1680) 서인이었던 병조판서 김석주의 사주를 받은 정원로 등은 남인 영수 허적의 서자 허견 등이 복선군 이남(효종의 동생 인평대군 이요의 아들)을 추대하여 역모를 꾸몄다고 무고했다. 이에 허견은 주살되고, 복선군 3형제는 역모죄로 유배되었다가 사사되었으며, 나머지 남인들도 축출되는 경신환국이 일어났다. 우찬성 윤휴는 이때 복선군 형제와 친했다는 혐의를 받아 갑산에 유배 명을 받았다. 그는 유배된 지 한 달여 만에 압송되어 오다가 서대문 밖의 한 여염집에서 사약을 받았다. 그리고 "조정에서는 어찌 유학자를 죽이려고만 하는지……"라는 유언을 남겼다고 한다.

그는 맨 정신으로 도저히 사약을 마실 엄두가 나지 않아 소주를 달라고 했다. 일설에는 그가 자식들에게 유언을 남기려고 지필묵을 달라고 했으나 의금부 도사가 이를 거절했다고도 한다.

왕의 신체 결함을 발설하다

경종 1년(1721) 좌의정 겸 주청사 이건명, 동지 겸 주청 부사 윤양래 등이 연잉군을 세제로 책봉받기 위해 베이징에 사신으로 갔다. 이건명은 마제라는 신료의 주선을 받아 겨우 옹정제를 알현하였다.

"왕과 왕비가 아직 젊은데 왜 동생을 세제로 책봉하려고 하느냐?"

"임금이 위증이 있어 세제를 세우려 합니다."

위증이란 양기가 없어 여자를 가까이하지 못하는 병으로, 이들은 옹정제로부터 겨우 승낙을 받았다. 그러나 이듬해 3월 신임사화가 일어나 노론이 역모한다는 목호룡의 고변으로 이들은 소론으로부터 "청나라에 가서 왕의 신체 결함을 함부로 발설했다."라고 탄핵받았다. 이에 파직되고 위리안치 명을 받았다.

노론 4대신이었던 이건명은 의주로 위리안치되었다가 이듬달 4월 흥양 나로도에 이치되었다. 그가 유배 길에 올라 성산을 지나자 빈객과 옛 친구들이 찾아와서 서로 눈물을 흘렸으나 오히려 그는 기쁜 안색으로 대했다고 한다.

그러나 8월 삼사에서 "이건명을 처참하는데 선전관과 의금부 도사를 보내어 입회를 청합니다."라고 고했다. 이에 선전관 이언환, 의금부 도사 이하영이 적소에 가 전지를 전했다. 그는 "죽고 사는 것을 하늘에 맡기었지만 오늘 임금의 신임을 받지 못하고 죽는 신하의 이 슬픔은……"이라는 절명시를 남기고 참형을 받았다.

나머지 세 대신에게 모두 사사 명이 내려졌는데 그 혼자만 참혹한 죽음을 당한 것은 왕의 위증을 발설했다는 죄목이 추가되어 최석항의 격렬한 탄핵을 받았기 때문이라고 알려졌다.

그런데 아무리 역신이라도 대신을 참형에 처하는 것은 유례가 없는 일이라는 간언이 이따르자 결국 취소하라는 명이 내려졌다. 그러나 의금부 도사가 섬에 도착했을 때는 이미 참형이 집행된 뒤였다고 한다.

한편 그해 6월 윤양래도 함경도 갑산으로 위리안치 명을 받아 그날로 의금부 도사를 따라 길을 떠났다. 그러나 그는 출발할 때와는 달리 중도부터 압송관과 동행하지 않고 따로 길을 떠났다. 그는 유배지로 가는 길에 성묘도 하고, 함흥에서는 노기 가련이 찾아와 한담하면서, 지나는 지역의 수령들로부터 술, 음식, 노자 등을 제공받았다. 심지어는 수령들이 주는 물건이 많아 말이 자꾸 넘어지는 바람에 주는 것을 일부 사양하기도 했다고 한다. 금화 현령 홍중성은 직접 와서 보지 않고 아전 편에 물건을 보냈다고 섭섭해하며 필요 없는 물건이니 가져가라고 돌려보내기도 했다.

중도에서 압송관 일행과 만나 동행할 때는 의금부 도사가 그를 위해 많은 배려를 했다. 함흥에서 갑산까지 가는 길에는 수많은 고개를 넘어야 했는데 말을 타고 올라가면 위험하기도 하고 고생스러웠다. 이에 의금부 도사는 자신이 먼저 남여를 타고 고개를 넘어간 후 남여를 다시 보내 그가 고개를 넘어오도록 편의를 제공해 주었다. 이때 그는 한양에서 출발하여 적소로 가는 도중까지 유배일기인《북천일기》를 썼다.

18일 만에 적소에 도착하니 노비들이 오랫동안 빈 집으로 있던 곳이라 폐허가 되어 살 수 없다고 이의를 제기하였다. 이에 의금부 도사는 배소를 변경하기로 했다. 새 배소 주위에 높이가 5길(약 12미터)이나 되는 울타리가 둘러쳐지자 의금부 도사는 커다란 자물쇠를 종이로 싸서 "신이 삼가 봉함하다."라고 써서 서명하고 바깥문에 걸어 잠갔다. 이는 관아의 허락 없이 함부로 열지 못하도록 봉함한 것이다. 그리고 바깥문 옆 울타리에 작은 구멍을 뚫어 생필품이 드나들 수 있게 했다. 이러한 과정을 모두 확인한 후 의금부 도사는 7월 한양으로 돌아갔다. 그 후 3년이 지나 영조 1년(1725년) 3월 예조판서 민진원의 청으로 해배되어 승지 벼슬을 받았다.

탕평책을 반대하다

영조의 탕평책은 원래 붕당을 없애려는 뜻으로 만들어진 것이었다. 왕은 노론의 영수 민진원과 소론의 영수 이광좌를 불러들여 화목을 권하고, 호응하지 않는 신하들은 축출하였으며, 노론과 소론 중 탕평책을 따르는 자들만 등용하고, 관직도 노론과 소론을 양측에서 등용하였다. 그러나 왕권 자체가 노론의 지지로부터 비롯된 것이었기에 모든 붕당에 공평하게 정국을 운영해 가는 데에는 한계가 있었다. 영조는 재위 초반부터 이 정책을 추진하였지만 결국 자신을 지지해 준 노론을 물리칠 수가 없었다.

영조는 왕위에 오르자마자 자신의 왕위 계승을 반대한 소론 세력인 김일경 등을 유배 보냈다가 처형시켰다. 게다가 탕평책으로 소론 4대신의 한 사람으로 유봉휘를 좌의정에 임명했으나 이듬해인 1725년 그가 신임사화를 일으킨 장본인이라 하여 면직시켰다. 그해 다시 이봉익과 민진원의 논책을 받아들여 그를 함경도 경흥에 위리안치시켰는데, 이태 후에 그는 적사하고 말았다.

영조 1년(1725) 2월 장령 임징하는 "전하께서는 어찌 편안함만 찾으십니까? 임금의 뜻을 넓히어 대본을 세우고, 궁궐을 엄히 단속하여 간사한 싹을 끊어야 합니다."라는 상소를 올려 소론을 처단해야 조정이 안정될 수 있음을 피력하였다. 이때 영조는 정사의 시비를 논하는 상소를 금하고 탕평책을 펴던 중이었다. 이에 그는 탕평책을 비난하고 당쟁을 조장하는 자로 몰려 평안도 순안현에 유배되었다. 탕평책을 반대하던 이병태, 유최기 등도 파면되었다. 이태 후에 소론이 집권하면서 그를 대정현에 위리안치하라고 주청을 올렸다.

이에 그는 의금부 도사를 따라 순안을 출발하여 영암, 추자도를 거쳐 이듬달 8월 별도포에 도착하였다. 이튿날 그는 제주 목성에 들어가 김진구 부자가 유배되었을 때 알게 된 홍성민의 집에 머물렀다. 이 소식을 들은 사람들이 "임사또의 손자가 왔다." 하고 서로 연락하여 그를 보러 찾아왔다. 그는 김진구의 사위이자 김춘택의 자형으로 조부는 제주 목사였던 임홍망이었다.

며칠 후 그는 종 세복에게 창고천촌(창천리)에 가서 적소를 구하게 하고 길을 떠났는데 집을 빌려 주기로 약속한 좌수 강세진이 허락하지 않는다고 하는 바람에 산속에서 잠을 잤다. 이튿날 아침 그는 세복으로 하여금 주인 아들과 다시 이야기하도록 보냈으나 거절당하자 대정현성에 세복을 보내어 의금부 도사에게 이 사실을 알렸다. 이에 의금부 도사가 화를 내며 강세진을 처벌하려고 하자 만류하고, 종 산이를 다시 감산촌에 보내어 적소를 구하게 하였다. 이윽고 산이가 돌아와 고영제의 집을 적소로 정했다. 이에 이튿날 의금부 도사가 적소 주위에 가시울타리를 높게 치고 떠나갔다. 그는 적소에서 시를 짓거나 지방 유생들을 훈학하면서 세월을 보냈다. 때로 그는 유배 와 있던 처남 김춘택과 교류하며 동병상련의 정을 나누기도 하였다.

이듬해인 영조 4년(1728) 2월 소론의 영수 이광좌가 그의 죄를 청하는 상소를 올렸다. 그를 한양으로 압송하여 국문하라는 명이 떨어졌고, 이에 의금부 도사 김류가 와서 왕명을 전했다. 그는 죽음이 문턱에 와 있음을 느끼고 제자들에게 "성현의 책을 읽어서 배우는 것이 무엇이랴, 이 마음은 천지에 부끄럼 없이 사는 것이니, 예로부터 사람이면 누군들 죽지 않았느냐."라는 시를 써 주었다. 이어 그는 의금부 도사 김류에게 이끌려 별도포로 나갔으나 풍랑이 심하여 잦아들기를 기다리다가 이듬달 바다를 건너니 6개월 만이었다.

이어 그는 의금부에 연행되어 옥에 갇혀 심문을 받았으며, 이듬해 사헌부의 요청으로 다시 역모의 죄명으로 친국을 받았다. 그는 친국장에서 끝까지 영조의 각성을 촉구하며 항거하였다. 그러나 이듬해 왕권의 확립과 국가 기강을 세운다는 명분으로 그는 여덟 차례의 고문 끝에 결국 옥사하였다.

그는 순안에서 대정으로 오는 동안의 여정을 일기로 적었는데 기러기를 벗 삼아 걸었다 하여 《수안록》, 유배 시를 쓴 《남천록》, 적거지 감산에서의 생활과 시를 쓴 《감산록》, 《제주잡시》 등을 남겼다. 그가 죽은 지 130년 후 그의 5대손 임헌대가 제주 목사로 부임하여 이를 모아 《서재집》에 수록하고, 그의 적거지에 유허비도 세웠다. 그 후 융희 3년 (1910) 8월 조정에서 "임징하는 직언을 숨기지 않았으며 죽는 한이 있어도 변치 않고 꿋꿋이 지켜 냈다. 시호를 내리는 은전을 시행하라."
라며 시호를 하사받았다.

영조 7년(1731) 7월 조태채의 차남 대사헌 조관빈이 "이인좌의 난 때
정희량 등을 지원해 준 세력이 바로 이광좌로, 역모의 우두머리입니
다."라는 소를 올렸다.

소는 상소 제도 중에서 가장 일반적인 형식으로, 사대부에서 일반
선비에 이르기까지 누구나 올릴 수 있었다. 승정원에서 이 글을 올리
자 왕은 그 상소문을 돌려주게 하고 그를 궐내에 입시하라고 명하였
다. 그리고 그를 탕평책에 어긋나는 상소를 올렸다 하여 크게 책망하
고 유배 명을 내렸다.

이에 그는 대정현에 유배되어 그의 일행은 11월 길을 떠나 10여 일
만에 강진포구에 이르렀으나 날씨가 나빠 보름 동안 후풍(候風, 배가 떠
날 때에 순풍을 기다림)하고 완도, 보길도, 추자도에서도 각각 며칠씩 머
물다 이듬달 말경에 별도포에 도착했다. 이튿날 그는 길을 떠나 대정
현성 북문 밖의 집에 적거하게 되었다.

그는 적소에서 주로 시가를 지으며 보냈는데 "추울 때나 더울 때나
거의 알몸으로 바닷물에 들어가…… 전복은 아예 내 밥상에 놓지
마라."라는 시로 잠녀(해녀)들의 고단한 삶을 여실히 표현하기도 하였
다. 그는 이듬해 6월에 방면되어 호조참판에 제수되었다.

영조 27년(1751) 3월 대사간 이존중이 "권신 김상로 형제는 신임사
화 당시 도적의 무리입니다."라고 탄핵하였다. 이에 "이존중은 당파심
을 가지고 대신들을 능멸하였으니 급히 압송하여 유배하라."라는 전

교가 내려졌다. 그는 거제부에 유배되어 적소에서 다시 "신은 대대로 나라의 녹봉을 받는 신하로서 나랏일이 잘못되어 가는 것을 목격하고 그냥 있을 수만은 없어 죽음을 무릅쓰고 이 글을 올립니다."라는 상소를 올렸다. 이에 대노한 영조는 10월 이존중을 정의현에 이배하라는 명을 내렸다.

이존중이 강진에서 배를 타고 큰 바다에 이르자 천둥, 번개, 심한 비바람과 큰 파도가 몰아쳤는데, 이때 머리와 꼬리가 무섭고 험상스러운 뿔이 달린 용을 보았다는 이야기가 전한다. 그는 적거에서 《주역》을 읽는 것을 일과로 삼았다. 이듬해 7월 그는 부친상을 당해 당시 법령에 따라 장사를 지내기 위해 귀향했다. 그는 제주 목사 윤구연이 마련해 준 배편으로 귀향하여 장사를 지낸 뒤 환배되었고, 이듬해 해배되었다.

영조 30년(1754) 부수찬 조순영은 세자에게 영의정 이천보를 매도하는 글을 올렸다가 탕평책을 언급하였다는 이유로 제주목에 유배되었다. 5년 후에 그는 영의정 유척기의 건의로 해배되어 세손강서원 익선에 기용되었다.

영조 43년(1767) 6월 정언 임관주는 "나라에 있어서 언로는 사람에게 눈과 귀가 있는 것과 같은 것입니다. 말을 하게 하여서 상을 주어도 오히려 기피하는데 현실은 그렇지 못합니다."라는 상소를 올렸다. 이에 영조는 탕평책에 대한 상소를 올렸다고 하여 처음에 "임관주를 향리로 추방하라."라고 하였다가 다시 "임관주를 시종안에서 이름을 삭제하고 대정현에 유배하라."라는 하교를 내렸다. 대신들이 그를 변호하자 가극안치하라는 명이 떨어졌다.

그는 7월 길을 떠나 영암에서 배를 탔다. 보길도에 이르렀을 때 78년 전 송시열이 제주목에 유배 가던 중 후풍시를 새겼다는 백도 암벽에 잠시 배를 멈추고 올라갔다. 그는 "나라에 우암이 있어 이 백도에도 시를 남겼네, 이분은 옛날의 멍에를 쓰고 큰 인물이 곤궁한 시절을 맞았네."라는 시를 써서 암벽에 새겼다.

　그는 다시 배를 타고 별도포에 도착하여 창고천촌에 가극안치되었다. 그는 적소에서 독서에만 열중하였다. 그가 적거한 지 두 달이 지난 9월 영조가 빈청에서 대신, 비변사의 당상관 들을 불렀다. 기회를 보아 우의정 김상철이 그의 해배에 대해 조심스럽게 말을 꺼내자 영의정 김치인도 거들고 좌의정 한익모가 아뢰었다.

　"임관주가 멀리 제주에 안치되어 있는데 70세 된 부친이 홀로 있다고 하니 인정상 불쌍하고 가엾습니다."

　이에 그의 해배가 결정되었고, 적거에서 나온 후 그는 산과 계곡을 다니며 암벽에 시를 새겼다. 안덕 계곡의 창고천촌 하류 지역의 절벽에는 "가시나무로 만든 문을 처음에 나서던 날에, 가까이에 있는 시냇물을 먼저 찾았네.", 용연에는 "백록담 물이 흐르고…… 돌아갈 나그네는 조각배만 찾는다.", 백록담에서도 "까마득히 푸르고 넓은 바다, 한 봉우리의 한라가 뜨고."를 써 석벽에 새겼다. 그는 곧바로 귀환하지 않고 산천을 두루 구경하다가 별도포에서 배를 타고 제주를 떠났다.

　제주인들은 예로부터 한라산의 백록담을 신선이 사는 곳으로 여겼다. 때문에 제주 목사 이형상 등의 관리나 유배인 김정희, 조관빈, 최익현 등이 간혹 올랐을 뿐 일반인들은 범접하지 못했다. 김정희가 겨울에 한라산에 올라 먹이 얼어붙어 입김으로 녹여 시를 썼다는 일화가 전한다.

영조 47년(1771) 전 대사간 이기경은 상소를 올렸다가 영조가 쓴 《유곤록(裕昆錄)》의 내용에 위배된다 하여 유배 명을 받았는데, 이때 동생 이기정도 관련되었다 하여 함께 유배를 가게 되었다.

그해 자의 권진응 역시 증조부 권상하의 일로 《유곤록》에 대한 소를 올려 논하였다가 탕평책을 반대하는 상소라 하여 탄핵을 받아 대정현에 유배되었다. 그는 길을 떠나 거친 파도를 무릅쓰고 별도포구에 도착하여 하룻밤을 자고 이튿날 다시 길을 재촉하여 대정현 창고천촌에 적소를 정했다. 그는 적소를 '창주정사'라고 부르며 독서로 소일하고 지방 자제들에게 글을 가르쳤다. 이듬해 그는 해배되자 송시열이 유배 중에 머물렀던 가옥을 돌아보고 선비들에게 말했다.

"우암 선생은 훌륭한 덕과 위대한 업적을 이루신 분인데 아직 백 년도 되지 않아 그 유적마저 찾아볼 수 없게 되었으니 선비들의 수치가 아니겠소?"

이에 그가 인근 고을의 선비들과 협의하고 제주 목사 양세현의 도움을 받아 직접 비문을 써서 세워진 것이 '우암 송선생 적려유허비'이다. 그는 제주를 떠나 집으로 돌아간 지 3년 후 병사하였다. 그 후 헌종 때 대정에 위리안치되었던 김정희가 제주목에 있던 이 비를 둘러보고 "길 가는 사람들도 이 비 앞에서는 말에서 내리며……."라는 시를 지었다.

유배인의 첫사랑

정조가 즉위하자 사도세자를 죽음으로 몰아간 나경언의 고변을 배후 조종했던 홍계희 집안의 불안은 커졌다. 홍계희의 아들 홍지해는 홍인한, 정후겸 등과 더불어 세손의 즉위를 반대하였다가 이듬해 정조가 즉위하자 파직당하고 북도에 유배되었다. 이후 홍지해는 추자도로 이배되었다. 아들 홍찬해는 흑산도에 유배되었으며, 또 다른 아들 황해도 관찰사 홍술해는 백성들의 재산 4만 냥과 곡식 2천5백 석을 착취한 혐의로 사형 판결을 받았다가 감형받고 흑산도에 위리안치되었다.

이에 홍술해의 사주로 아들 홍상범은 경빈 박씨 소생의 은전군 이찬을 옹립하려고 모의했다. 그는 호위군관 강용휘와 천민 출신의 장사 전흥문을 포섭하고, 별감 강계창과 궁중 나인인 월혜를 궁중의 안내자로 삼았다. 그리하여 정조 1년(1777) 7월에 홍상범 등이 왕을 제거하려 했으나 실패하고 이듬달 궁궐에 잠입하다가 붙잡혀 홍상범은 책형을 받고 은전군 이찬은 사사되었으며 홍지해 형제 등은 주살되었다. 왕을 죽이려고 실제로 자객을 보내 궁궐을 침입한 일은 조선 역사상 최초였다.

이 역모에 관련되어 홍지해의 사위 조정철도 의금부에 끌려가서 친국을 받았다. 그는 영조 51년(1775) 정시문과에 병과로 합격하여 당시 별검으로 있었다. 그런데 추국 과정에서 홍상범의 사촌 동생 홍상길의 여종이 그의 집에 드나들며 부인 홍씨와 만난 적이 있다는 것이 추국 과정에서 나와 그와 형 홍문관 수찬 조원철은 사형을 받게 되었다.

그러나 그의 증조부 조태채의 공이 참작되어 구사일생으로 구명받고 이듬해 9월 그는 제주목에 위리안치, 조원철은 경상도 기장에 위리안치, 홍대섭은 제주목에, 노성중은 장기현에 각각 유배되었다. 이에 그는 대역죄인이 되어 노복을 데리고 길을 떠나니 부자가 제주목에 유배되었다. 그의 종조부 조정빈이 경종 때 신임사화로 정의현, 작은 종

조부 조관빈은 대정현으로 유배되고, 영조 때 부친 조순영은 탕평책을 언급했다 하여 제주목에 유배된 적이 있었다.

그는 부친상을 당해 상복을 입은 채로 유배 길에 올라 제주 목성 아전의 집에 적거하게 되었다. 적소에는 아무도 없어 온종일 외로이 앉아 시를 지었다. 이미 그의 부인 홍씨는 전년 9월에 8개월 된 아들을 두고 자진하였었다. 게다가 목사와 판관이 혹시 그가 쌀밥을 먹는지 의심하여 보수주인이 관아에 불려가 수시로 조사를 받는 등 핍박이 이루 말할 수 없었다. 그는 "돌아가지 못하는 괴로움과 번뇌에 쌓이고, 죽지 못해 사나 굶주림까지 오니……."라며 자신의 괴로움을 토로했다. 이듬해 12월 제주 목사로 김영수가 부임하면서 그에게 독서하는 것조차 금하게 하였다.

그러나 유배 적소에서 일하는 홍윤애가 식사와 의복을 정성으로 수발하면서부터 그는 적소를 '무릉(武陵)'이라고 하면서 "비록 속세의 소식은 끊어졌으나 무릉에는 다시 봄이 돌아온 듯하고……."라고 표현하였다. 그녀는 선친이 향리를 지낸 홍처훈이며 모친도 죽어 언니, 오빠와 함께 살았다. 그녀는 섬에서는 구하기 어렵고 귀한 문방사우 등을 상인에게 몰래 부탁해서 구하여 그에게 건네주었다고 한다.

정조 5년(1781) 2월, 홍윤애와 그 사이에 딸이 태어났다. 그와 인연을 맺은 지 몇 년이 채 되지 않은 때였다. 이듬달 3월 제주 목사로 소론 김일경 세력인 김시구가 부임하여 유별나게 혹독하게 굴었다. 김일경이 탄핵한 노론 4대신 중에 그의 증조부 조태채도 있을 정도로 김시구 가문과 조정철 가문은 구원(仇怨)이 있었다.

이에 김시구는 부임 초기부터 여러 사람들을 시켜서 제주에 있는 노론 세력의 유배인들을 염탐하게 하였으며, 특히 조정철을 겨냥하여 그의 죄상을 밀고하는 자에게는 상을 주겠다고 내걸었다. 그러나 별다른 밀고가 없자 직접 벙거지를 쓰고 변장하여 그의 적소 주변을 기웃거리기까지 했다고 한다.

5월에 이르러 홍윤애가 그와 정을 맺고 있다는 밀고를 받고 김시구는 그녀를 잡아들였다. 이윽고 김시구는 그녀를 옥에 가두어 형틀에 매달아 모진 형을 가하며 앞뒤 일을 자복하라고 강요하였다. 그녀는 가혹한 고문을 당하면서도 "공이 사는 길은 나의 죽음에 있다."라며 끝내 불복하여 그에 대한 혐의를 확인하지 못하였다. 이에 그녀는 아이를 낳은 지 얼마 되지 않은 몸으로 장 70대를 맞은 여독에다 그의 화를 늦추기 위해 스스로 목을 매 죽었다.

당황한 김시구는 그녀의 죽음을 은폐하려고 전라 감사 박우원에게 허위로 "제주 삼읍에 유배된 죄인들이 다른 사람들과 내통하여 살벌한 흉계를 꾸미고 있습니다."라는 장계를 올렸다. 박우원은 조정에 급히 치계를 올렸고, 왕은 유배된 죄인을 엄격히 단속하지 못했다 하여 7월 김시구를 파직하고 제주 목사 이양정, 판관 이형묵 등을 새로 임명하여 관선으로 급히 보냈다. 이튿날 판관 이형묵은 유배인들의 명단을 점검하고 그를 비롯한 유배인들을 잡아다가 모두 칼을 씌워 하옥시켰다.

8월에는 전 응교 박천형이 제주 순무안사로 와서 홍대섭 등 유배인들을 직접 조사하였다. 홍대섭은 섬을 돌며 행상을 하면서 장사를 한 것이 드러나 의금부에 압송되었다. 조정철의 죄목은 7가지였다. 그는 '한양 상인과 내통하여 편지를 교환하고 식량을 운반한 죄, 관원의 죄수 점검에 복종하지 않은 죄' 등을 추궁받았으나 엄한 심문에도 혐의를 극구 부인하였다. 결국 그가 적거하고 있는 보수주인 부부까지도 불려와 심문을 받았으나 혐의를 입증하지 못했다.

이때 전라 감사 박우원이 "전 제주 목사 김영수가 역적의 처를 보호하여 다른 사람과 교통하게 하고 죄인을 마음대로 행상하게 하였습니다. 제주 목사 김시구는 거짓 장계를 올렸습니다."라는 요지의 밀계를 올렸다. 그러자 홍문관 부제학 정민시가 왕에게 아뢰었다.

"이런 목사와 수령들을 엄중히 징계하지 않는다면 뒷날 폐단이 생기므로 압송하여서 심문하여 율에 따라 처벌하십시오."

"전 제주 목사 김영수를 진도의 금갑도에 유배하고 제주 목사 김시구를 즉시 체포하여 처단하고 대정 현감 나윤록과 제주 판관 황인채는 체임하라."

그러나 김시구는 처형을 면하고 대정 현감 나윤록, 제주 판관 황인채와 함께 파직으로 끝났다. 12월 박천형은 "제주목성은 배를 대는 화북포구와 가까워서 육지 상인들과 편지가 잘 통할 수 있기 때문에 조정철을 정의현으로 이배하십시오."라는 장계를 올렸다.

이듬해 정월 초 제주 순무안사 박천형은 이 사건을 자복도 받지 않고 죄인에게 군율을 적용한 죄로 파직되고, 조정철은 사형을 면하고 정의현으로 이배하라는 명이 내려졌다. 그달에 그는 이배 길에 올라 봉개마을에 이르러 "죽다가 살아난 것이 꿈만 같고, 정처 없이 동서로 떠돌게 되니……"라며 자신의 신세를 한탄했다.

드디어 그가 정의현에 도착하여 배소를 정했는데 정의 현감 이우진 등은 유배인을 감시하기 위해 번을 정하여 15명을 번갈아 세웠고 밤이면 먹, 책, 외인 왕래를 조사하였다. 뿐만 아니라 죄인의 의복을 만든 기록과 들여온 것을 일일이 대조해 가며 해코지하고자 하였다.

정조 12년(1788) 신대년 정의 현감이 부임하면서 유배인들, 특히 조정철을 심하게 핍박하였다. 우선 그에게 책을 읽지 못하게 하였고 시나 글도 짓지 못하게 하였다. 이러한 조사와 감시에 불안을 느낀 그는 자신의 기록물들의 일부를 겨우 이웃집에 숨겨 놓았는데 이웃집 주인이 관아의 문초를 염려하여 그마저도 불태워 버려 많은 시문들을 잃어버렸다.

그 후 그는 적소를 다른 집으로 옮겼는데 어느 날 의금부 도사가 그의 죄를 다시 조사하기 위해 제주에 도착해 적소의 보수주인이 관아에 끌려갔다. 이에 그는 극심한 두려움으로 "더 이상 시를 짓지 않으련다."라는 고백을 끝으로 유배 도중 더 이상 시문을 지어 남기지 않았다. 일설에는 그가 시문을 짓기는 했으되 붓으로 종이에 쓰는 게 아니라 그냥 손가락에 물을 찍어 벽에다 썼다고 한다.

그가 유배된 지 14년이 지난 정조 14년(1790) 9월 추자도로 이배되었다. 그리고 다시 13년 후 순조 때 나주목 광양 등으로 이배되었다가 순조 3년(1403) 8월 57세의 나이로 석방되어 홍문관 교리로 재기용되었다. 순조 11년(1811) 그는 제주 목사 겸 전라 방어사로 명을 받아 부임하였다. 그는 27세 때 유배되었던 섬에 무려 34년 만에 목사가 되어 찾아왔던 것이다. 그는 생명의 은인이자 연인이었던 홍윤애의 원혼을 달래주고자 제주 목사로 자원했다. 부임하자마자 그는 31년 만에 홍윤애의 무덤을 찾아 손수 글을 지어 비를 세우고 무덤을 단장했다. 그녀의 묘비문에는 그가 직접 지은 글이 새겨져 있다. "옥 같은 향기 묻힌 지 몇 해던고, 너의 슬픈 원한 그 누가 하늘에 호소하며, 황천길은 멀고 먼데 누구에게 의지할꼬."

그녀의 묘비명은 조선 시대 사대부가 여인을 위하여 세워준 유일한 시비로 유배문학의 꽃이라는 평가를 받는다. 그와 그녀 사이에서 태어난 딸이 곽지리 사람에게 출가하여 자녀를 두었다고 한다.

이듬해 그는 동래 부사로 전임되어 제주를 떠났으며 제주에서 유배인으로서의 고통과 배소에서 받은 핍박 등을 담은 시문집《정헌영해처감록》을 남겼다.

수령은 큰 도적이고 향리는 굶주린 솔개와 같다

역관 김범우는 이승훈에게 세례를 받은 후 자신의 집을 집회 장소로 제공하여 남인 학자 이벽, 이승훈, 정약전, 정약용, 정약종, 권일신 등과 함께 예배를 보다가 정조 9년(1785)에 적발되었다. 이에 형조판서 김화진은 이벽 등이 남인 양반 집안의 자제여서 곧 훈방 조치하고 중인 신분이었던 김범우만은 그대로 투옥하여 모진 형벌을 가하며 배교할 것을 강요하였다. 그러나 그가 거절하자 집회 장소를 제공한 죄로 단양에 유배되었는데, 고문의 후유증으로 이듬해 배소에서 죽었다.

정조 13년(1789) 정약용은 식년시에서 급제하여 부사정으로 관직 생활을 시작하였는데 그의 집안은 남인 세력이었다. 이듬해 그는 서문관 검열로 있다가 3월 서학을 배척하던 공서 세력의 탄핵을 받아 서산군 해미로 정배되었다. 그러나 정조의 도움으로 배소에 도착한 지 6일 만에(일설에는 10일) 해배되어 사간원 정언에 제수되었다.

정조 15년(1791) 여름 전라도 진산군의 선비 윤지충이 모친상을 당하자 외사촌 형 권상연과 함께 신주를 불태우고 제사를 지내지 않은 것이 관가에 알려져 참수형을 받았다. 11월 전주 남문 밖(전동성당 자리)에서 윤지충이 먼저 참수되니, 우리나라 천주교 사상 최초의 순교자가 되었다. 이에 권상연도 참수되었다.

정조는 천주교 교주로 지목받은 권일신을 충청도 예산으로 유배시키고 천주교 서적을 발간한 이승훈(정약용의 매제)의 관직을 삭탈하고 투옥시키는 것으로 더 이상 사건을 확대하지 않았다. 이를 신해사옥이라 한다.

권일신은 원래 제주로 유배 명을 받았으나 노모를 만날 수 있게 해준 열흘의 말미 동안 회오문을 지어 바치면서 천주교는 간사한 학문이라고 칭하였다. 권일신은 유배지가 제주에서 고향인 예산으로 바뀌었으나 유배를 가는 도중 그동안의 형벌로 인한 장독으로 죽었다. 그리고 이승훈은 옥중에서 천주를 버리겠다고 서약하여 석방되었으나 다시 천주교도로 돌아왔다.

순조 1년(1801) 1월 11세의 어린 왕을 섭정하게 된 정순대비는 천주교를 사교라 하여 금압령을 내렸다. 마침 그달 정약용의 작은 형 정약종이 신부들과 주고받은 편지와 천주교 교리서 등을 지니고 있다가 포졸들에게 체포되었다. 이에 정약종은 심문을 당하면서도 천주교를 버릴 수 없다고 하여 아들과 함께 2월 의금부에서 취조를 받고 서소문 밖 형장에서 사형당하였다.

《순조실록》에는 "이때 죄인 정약전과 정약용은 당초 천주교가 전래되었을 때 찬미하였으나, 뉘우치고 앞으로는 오염되지 않겠다는 뜻을 상소문에서 말하였다."라고 기록되어 있다. 천주교를 배교하겠다는

사의재 강진에 유배되었을 때 정약용이 기거하던 주막집으로, 그는 이곳에서 4년간 머물렀다. 사의재란 '네 가지를 마땅히 해야 할 방'이라는 뜻으로, 곧 맑은 생각과 엄숙한 용모, 과묵한 말씨, 신중한 행동을 가리킨다.

상소문을 올려 간신히 목숨을 구하고 두 형제는 3월 유배 길에 올랐다. 정약전은 전라도 신지도로, 정약용은 장기현 군교의 집에 적소를 정하였다. 이후 정약용은 적소에서 두문불출하고 독서에만 힘썼다.

9월 황사영 백서사건이 일어나자 다음 달 정약용 형제는 다시 한양으로 압송되어 위관의 심문을 받았다. 황사영은 16세 때 진사시에 장원 급제하여 그의 배다른 맏형 약현의 딸과 결혼하여 그의 조카 사위가 된 인물이었다. 이때 위관들이 "정약용을 죽이지 않으면 아무도 죽이지 못한 것과 같습니다."라며 그의 처형을 요구했으나 결국 형은 흑산도로, 동생은 강진으로 각각 이배 명을 받았다. 이에 11월 두 형제는 함께 이배 길에 올라 나주 금성산 아래 율정점 삼거리주막에서 묵었다가 이튿날 각각 유배지로 향했다.

이윽고 그달에 정약용은 강진에 도착하였으나 마을사람들이 나라에서 금한 천주교 죄인이라 하여 아무도 받아 주지 않았다. 그는 읍성 동문 밖 주막의 노파가 받아 주어 간신히 방 한 칸을 빌릴 수 있었다. "북풍에 흰 눈처럼 날려서, 남쪽의 강진 땅 주막집에 다다르니."라는 시는 이런 상황을 묘사한 것이었다.

　순조 2년(1802) 새해가 밝았다. 그는 세상이 꼴 보기 싫어 방문을 늦게 열었다고 하는데 그의 집 어린 종이 찰밥, 약술, 옷, 편지 등을 가지고 적소에 왔다.

　이듬해 순조 3년(1803) 강진 갈밭에 사는 한 농부의 아들이 태어난 지 사흘 만에 군보에 등록되었다. 농부가 군포를 체납하자 마을의 책임자인 이정이 그의 집으로 와 한 마리 밖에 없던 소를 끌고 가 버렸다. 이에 농부는 너무나 억울하고 화가 나서 자신의 생식기를 잘라 버렸고, 아내가 관가에 그 생식기를 들고 가서 세금의 가혹함을 호소했지만 오히려 내쫓기는 일이 벌어졌다. 그는 동네 사람에게서 이 이야기를 듣고 그 참상에 분노하며 붓을 들었다. "갈밭에 사는 젊은 여인의 울음소리 서럽고 서러워……."

　《목민심서》에서 그는 "감사와 수령은 대도(큰 도적)이고 향리는 굶주린 솔개와 같다."라고 표현하기도 했다. 조선 시대의 향리들은 정약용이 《목민심서》에서 표현한 것처럼 백성들을 수탈하던 부정적인 모습으로 인식된다. 그래서 고종 9년(1872)에는 각 군현의 향리들이 세습했던 서리들이 과거시험에 응시하는 것을 금지하는 조치까지 내렸다.

　순조 5년(1805) 겨울 장남 정학연이 조그마한 당나귀를 타고 먹을 것을 마련해 적소에 왔다. 이때 혜장선사가 보은산 고성암 보은산방을 내주어 거처를 옮겨 부자는 9개월을 함께 지냈다. 그는 적소에서 자신이 유배인이 되는 바람에 과거 길이 막힌 아들들이 학문을 소홀히 할까 봐 걱정하였다. 그는 적소에서 아들들을 꾸짖고 격려하고 모친을 잘 보필하라는 서신을 자주 보내었으나 결국 그의 두 아들은 관직에 나아가지 못하였다.

순조 6년(1806) 가을 그는 제자의 집으로 옮겼다가, 순조 10년(1810) 선비 윤박이 만덕산 기슭에 세운 서당 건물을 그에게 빌려 주어 생활하게 되었다. 그곳에 있던 산의 이름이 다산이어서 이때부터 호로 삼고 서당을 다산초당이라 하였다. 그해 정학연의 청으로 그는 해배 명을 받았으나 홍명주, 이기영의 반대로 석방되지 못하였다. 그는 다산초당에 머무르며 유배에서 풀려날 때까지 10년 동안 오직 학문에만 열중하면서 제자들을 가르쳤다.

순조 13년(1813) 7월 스무 살 된 정약용의 딸이 윤창모와 결혼을 하게 되었다. 그러나 그는 딸의 혼례식에 참석할 수 없어 3년 전에 부인이 보내온 치마를 잘라 "꽃이 화려하고 곱게 피었으니 열매도 주렁주렁 달리고."라는 시와 함께 〈매조도〉를 그려 딸에게 보내 주었다. 이듬달 8월 그는 소실이 딸을 낳자 홍임이라고 이름 지어 주면서, 비단 속치마를 잘라 만든 화폭 위에 "어디선가 날아온 고운 빛깔 깃의 작은 새들은, 단지 한 마리만 남아 하늘가를 맴돌고 있네."라는 시와 함께 〈매조도〉를 그렸다.

이듬해 부인이 그에게 혼례식 때 입었던 하피를 보냈다. 그는 이 치마를 잘라 두 아들에게 교훈을 주는 글씨를 써서 종이에 붙여 4첩을 만들었다. "마름질하여 작은 서첩을 만들어 아들을 일깨우는 글을 적으니 두 어버이 마음 유념하여 종신토록 가슴에 새기도록 해라."

그해 죄인 명부에서 그의 이름이 삭제되고 의금부에서 관문을 발송하여 그를 석방시키려고 했다. 강준흠이 이를 반대하자 판의금 이집두가 자신까지 연루될까 두려워 해배공문을 보내지 않았다. 이태 후 5월

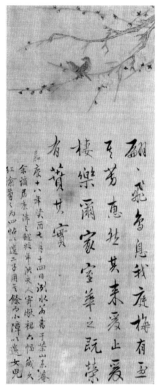

정약용이 그린 〈매조도〉

정학연이 그에게 편지를 보냈다.

"사촌 처남인 판서 홍의호에게 부탁을 하고, 또 글을 올려 해배를 반대한 이기경과 강준흠에게도 동정을 구해 보십시오."

그는 이에 대해 "내가 돌아가지 못한다면 이는 운명이다."라는 답장을 보내었다.

그리고 이듬 달 6월 정약전이 유배된 지 16년 만에 죽었다는 기별이 왔다.

순조 17년(1817) 그는 《경세유표》를 완성하였다. 이듬해 여름 김이

재가 정약용의 적소에 들렀다. 정조 24년(1800) 5월 이만수가 이조판
서에 임명되자 신하들의 반대가 극심했다. 이만수는 이에 사직상소를
올렸는데, 이때 수찬이었던 김이재는 이만수의 사직상소가 마땅치 못
하다고 논한 소를 올렸다. 이 소는 정조의 분노를 사 그는 언양현에 유
배되었다. 그리고 6월에 정조가 급서하자 나이 어린 세자가 왕위를 계
승하고 벽파의 후원자인 정순대왕대비가 수렴청정을 하였다. 김이재
는 대왕대비의 명으로 다시 고금도에 이배되었는데, 5년 후 비로소 풀
려나 행호군으로 복귀했다. 그는 10년 전에도 유배지로 편지를 보내
어 석방을 청원하는 절차를 가르쳐 주고 권유한 바 있었다.

두 사람은 정담을 나누며 밤을 지새웠다. 이튿날 그가 동구 밖 십여
리를 따라 나와 전송하면서도 아무 말이 없자 김이재가 말하였다.

"제게 부탁하실 말씀이 없습니까? 제가 전해 주겠습니다."

이에 그는 아무 말 없이 "외로운 대나무와 조각달만이 나를 지켜 주
고, 고개 들어 고향을 바라다보며 눈물만 하염없이 흐르네."라는 시를
쓴 부채를 건네주었다. 그는 해배에 힘써 달라는 말은 하지 못하고 부
채에 글을 써서 은연중에 의사표시를 한 것이었다.

김이재는 한양으로 돌아온 후 친구나 선후배들을 만날 때마다 항상
부채질을 하였다. 어느날 김조순이 그의 부채에 쓰인 시를 읽어 보고
정약용을 떠올리게 되었다. 김조순은 사간원 응교 이태순으로 하여금
"양사의 대간들이 임금에게 보고한 글이 정지되었는데도 의금부에서
석방 공문을 보내지 않은 것은 개국 이래 아직까지 한 번도 없었습니
다."라는 상소를 올리게 했다.

이에 정승 남공철이 의금부에 알리니 판의금 김희순이 해배 공문을

보내어 드디어 그는 18년간의 긴 유배 생활을 끝마칠 수 있었다. 그는 긴 유배 기간 동안 3번이나 해배 명을 받았으나 신하들의 반대로 좌절되고 4번째에서야 간신히 석방된 것이었다. 이듬달 9월 그는 고향 마재(남양주시) 소내 여유당으로 돌아갔다.

이듬해 그는 《흠흠신서》를 완성하였다. 그 후 순조 27년(1827) 그는 다시 천주학에 관련되었다는 혐의를 받았으나 무고로 밝혀졌다. 헌종 즉위년(1834) 가을 해남 대둔사(대흥사)의 승려 철선과 혜즙이 그의 집에 찾아왔다. 그는 이들과 헤어질 때 승려의 몸가짐과 소양에 관해 적은 《다산송철선증언첩》을 선물 삼아 주었다고 한다.

그 후 그는 죽기 사흘 전 "슬픔보다는 기쁨이 길었으니 성은에 감사하며, 이 밤 목란사에서 들려오는 소리가 더욱 다정하게 들리니."라는 유작을 남기고 여유당에서 죽었다. 그의 나이 75세였다.

최초의 어보를 쓴 김려

정조 21년(1797) 10월 문인화가 강세황의 손자 강이천이 김이백, 김려, 김신국 등을 집으로 불러 천주교를 소개하면서 전국 규모의 비밀 결사를 조직하려는 계획을 세웠다. 이 계획은 곧 탄로났으나 정조는 당시 천주교에 대해 관대한 정책을 펴 단순한 사기사건처럼 처리하게 하였다.

"강이천은 형신을 엄히 하여 섬에 유배해서 다시 살아나는 방도를 강구하게 하고, 김이백과 김려는 정배하고, 김신국은 방면하라."

그리하여 강이천은 제주목, 김이백은 흑산도, 김려는 부령에 각각 유배되었다. 이에 김려는 그달 11월 강행된 유배 길에서 폐병이 악화되어 하루에 서너 차례 피를 토하면서도 이듬달 12월 부령에 도착하였다. 부령 부사는 그를 감시하고 핍박하였으나 그는 아전들과 어울려 술잔을 기울이면서 세월을 보냈다.

그러나 순조 1년(1801) 3월 주문모가 자수하여 강이천 등을 만난 사실을 언급하면서 사건의 재조사가 이루어졌다. 강이천은 한양으로 압송되어 고문을 받다 옥사하였고 주문모와 함께 효수되었다. 이튿날 김건순, 김이백 등이 서소문 밖 형장에서 처형되고 김려는 우해(진해, 오늘날의 마산 진동)로 이배되었다.

적소의 창문에 그는 '사유(思牖, 생각하는 창문)'라는 편액을 붙이고 부령에서의 술친구를 그리며 "묻노니 무얼 생각하나, 그리운 저 북쪽 바닷가 부령의 친구들"이라며 쓸쓸한 심회를 읊었다. 그는 부령에서 유배살이를 할 때 배수첩 기생 연희에 대한 사랑과 그리움을 읊는 등 290편의 한시 《시유악보》를 남겼다.

그는 이곳 바닷가에서 매일 어부들이 잡아오는 물고기를 보는 재미로 어민들과 친해져 순조 3년(1803) 〈우해이어보〉를 지었다. 이는 그의 문집 《담정유고》에 남아 있다. 이 책은 정약전의 《자산어보》보다 11년 앞선 것으로 우리나라 최초의 어보이다.

여기에는 우해바다의 어류와 조개류 등 7종에 달하는 어종에 대해 각기 이름과 습성, 잡는 방법, 당시의 어촌 생활사 등이 기술되어 있는데 《자산어보》와는 달리 〈우산잡곡〉이라는 한시 39수가 같이 실려 있다. 그 후 순조 6년(1806) 그는 아들 김유악의 상소가 받아들여져 그는 6년 만에 해배되어 다시 벼슬 길에 올라 함양 군수로 재직하던 중 57세로 병사하였다.

순조 즉위년(1800) 8월 경상도 인동 부사 이갑회는 부친의 생신연에 인동의 유학자 장윤혁을 초청하기 위하여 아전을 보냈으나 거절당하였다. 이에 이갑회는 잔치 음식을 보냈으나 장윤혁의 아들 장시호가 이를 물리쳤다.

"지금 임금께서 돌아가신 상중인데 어찌 이렇게 무례한가?"

이 말을 전해들은 이갑회는 평소 장윤혁을 미워하던 아전 박성득과 공모하여 추석날 그의 집으로 소머리를 던져 놓고 허가 없이 도축했다며 그의 가노 영태를 구금해 버렸다. 이에 그의 아들 장현경 등 3형제, 친족들, 가노 등이 관아로 몰려가서 항의하는 과정에서 군졸들과 실랑이가 벌어졌다. 그러자 이갑회는 "너희들이 함부로 관아에까지 쳐들어 왔으니 죄를 면할 수 없다."라며 죄를 뒤집어씌웠다.

이어 이갑회는 경상도 감사 김이영에게 "장현경이 근거 없는 뜬소문을 퍼뜨려 조정 대신들을 죽이고 반란을 일으키려고 합니다."라고 고변하였다. 이에 이서구가 안핵사로 파견되어 이갑회에게 장현경을 체포하라는 명을 내리니, 이갑회는 군사들을 이끌고 한밤중에 횃불을 켜들고 장현경의 집을 급습하였다. 이에 놀란 장현경 3형제는 도망가다가 쫓겨 천생산 낙수암에서 투신하였고 막내 장시호만 겨우 살아남았다. 그 후 대구옥에서 장시호의 부인 배씨가 아들을 낳으니 장석규였다. 결국 장시호와 가노 영태는 처형되고 친족 장시즙 3형제가 경상 감영에 갇혔다. 장시호의 부인 배씨와 딸, 태어난 지 45일 된 아들 장석규는 신지도에 유배되니, 이 사건을 인동작변이라 한다.

9년이 지난 어느 날 관아의 아전 김덕순, 신한림 등이 한밤중에 부인의 적소에 침입하려고 하자 그녀는 열일곱 살 난 딸과 함께 뒷문으로 달아나 바다에 뛰어들어 자결하였다. 사흘 만에 모녀의 시신이 서로 안고 물에 떠오르니 마을 사람들이 슬퍼하고 장사를 지내 주었다. 이후 매년 기일이 되면 폭풍우가 크게 일어나 흉년이 들자 섬사람들이 '처자바람'이라 불렀다고 한다. 정약용의 〈기고금도장씨녀자사〉에는 이들이 고금도에 유배되었으며, 작은 딸이 이 사건을 관에 고발했으나 흐지부지 넘어가고 말았다고 한다.

홀로 남은 장석규는 성장하여 부모의 한을 풀고자 인동작변의 실체를 규명하기 위하여 순조 32년(1832)과 헌종 9년(1843) 두 차례에 걸쳐 유배지를 이탈하여 고향을 방문했다. 그러나 친지들의 반응은 시큰둥하였고, 그는 이듬해 고금도로 유배 온 판서 이기온과 헌종 15년(1849) 신지도에 유배 온 승지 윤치영에게 신원해 달라고 매달렸다. 그 후 그는 해배되어 귀환하는 윤치영에게 15세인 장남 기원을 맡기고 신원에 힘쓰게 하였다.

그러다가 김문근의 도움을 받아 드디어 철종 10년(1859) 의금부에서 재심리하는 성과를 거두었지만 해배 소식은 없었다. 이태 후에 2월 그는 신원 대신 양이되어 선산으로 이배 명을 받았다. 그러나 이듬달 그는 병이 깊어 모친과 누이의 무덤을 고향으로 옮기라는 글을 남기고 한 많은 세상을 떠나니 62세였다. 그는 옥에서 태어나서 적소에서 죽을 때까지 유배 생활을 한 유일한 인물이었다.

황사영의 부인과 아들

순조 1년(1801) 5월 신유사옥이 일어나자 천주교인 황사영이 충청도 제천 토굴 속에서 비단에 〈신유사옥의 전말과 대응책〉이라는 13,311자의 방대한 비밀서신을 적었다. "……군사 5, 6만 명과 중국 선비 서너 명을 서양의 군함 수백 척에 태워 대포 등을 싣고 서해안에 이르러 교황의 명으로 조선을 강압하여 조선에서의 신앙과 포교의 자유를 보장하게 하여 주십시오."

그는 이 서신을 옥천희의 옷 속에 숨겨 그해 10월 동지사 일행에 끼어 베이징 교구장이었던 프랑스 인 구베아 주교에게 전달하려고 한 것이다. 이 시도가 탄로나자 11월 황사영, 옥천희 등은 대역부도죄로 서소문 밖에서 능지처참되었다. 이른바 황사영 백서사건이다.

이러한 외세 의존적 행위는 조정을 더욱 자극시켜 천주교에 대한 박해를 더욱 가혹해지게 만들었다. 이 서신의 원본은 의금부에서 압수하여 보관되다가 고종 31년(1894) 갑오개혁 후 옛 문서를 파기할 때 뮈텔 주교의 손에 들어갔다. 그리고 1925년 교황에게 보내져 현재 로마 교황청에 보관되어 있다. 그의 시신은 천주교 신도들에 의해 몰래 수습되었다.

이때 그의 가족 역시 연좌법에 따라 모친, 부인 정소사(정난주), 숙부 황석필이 노비가 되어 거제도, 대정현, 함경도 경흥으로 각각 유배되고, 노비들도 모두 유배되었다. 조정에서는 그의 집을 헐어 버리고 역모가 다시 일어나지 못하게 연못으로 만들어 버리기까지 했다.

부인 정난주는 아들 황경한과 함께 강진에서 배를 타고 군영포, 고자도, 삼내도를 거쳐 추자도에 이르러 후풍하게 되었다. 이때 그녀는 몰래 지니고 있었던 패물을 사공에게 주고 사정했다.

"이 아이가 두 살이 되었는데 나와 함께 제주에 가면 얼마 후에 역적의 아들이라 하여 죽게 되니 차라리 이 섬에 두고 목숨만은 살리려고 하니 도와주세요."

그녀의 딱한 사정을 들은 사공은 호송 역졸들에게 술을 먹여서 아기가 오는 도중에 물에 빠져 죽었다고 보고하라고 설득하였다. 그녀는 사람이 그렇게 많지 않은 추자도가 아들을 숨기기에 적격이라고 판단한 듯하다. 이에 사공은 그녀로부터 아기를 넘겨받아 하추자도의 서남단 물산리 남단 인적 드문 바닷가 갯바위 부근에 데려다 놓았다. 이때 오상선이 소를 먹이기 위해서 근처에 왔다가 울고 있던 아기를 발견해서 집에 데려다 길렀다고 한다. 그 후 황경한은 슬하에 두 명의 아들을 두고 살다가 추자도에서 죽었다.

정난주는 화북포구에 도착하여 제주목 동헌에 들렀다가 모슬포 인근에 있는 대정현 관아까지 호송되었다. 모슬포는 유배인이 많이 오자 '못살포'라고까지 불린 곳이었다. 그녀는 대정 현감의 배려로 김석구의 집에 적소를 정하고 대정현의 노비로 일했다. 김석구는 그녀를 침모로 생활하게 하여 돌봐 주었다고 한다.

그녀는 어린 아들과 헤어진 뒤에 서로 연락이 닿은 것으로 보인다. 이는 그녀가 유배된 지 37년 만인 66세의 나이로 죽자 김석구의 아들 김상집이 추자도에 있는 황경한에게 "모친이 이곳에서 죽어 장례를 치르고 묘소는 모슬봉 기슭 한굴왓에 안장하였네."라는 편지를 보냈다. 그런데 황경한에게서 답신이 없자 다시 김상집이 서신을 보냈는데 그 편지가 현재 전하고 있다.

불가에 귀의하다

순조 9년(1809) 10월 아버지 김노경이 사은부사로 청나라에 갈 때 추사 김정희는 자제군관(사신의 아들이나 친척이 개인적으로 따라감)이 되어 베이징에 체류했다. 그는 베이징에서 두 달 남짓 체류하면서 학자 조강, 당대 최고의 금석학자 옹방강, 금석 등 다방면에 뛰어난 완원을 알게 되었다. 그는 완원을 스승으로 모시고 그로부터 완당이라는 호를 받았다.

순조 19년(1819) 그는 34세 때 문과에 급제하고 순조 24년(1824) 그는 충청우도의 암행어사가 되어 김우명을 권고 파직시켰다. 그 후 순조 30년(1830) 김우명이 "김노경이 권신 김로에게 아부했습니다."라는 상소를 올려 탄핵하였으나 김노경은 무사하고 오히려 김우명이 벌을 받았다.

그해 8월 전 대관 윤상도가 아들 윤한모가 함께 "호조판서 박종훈 등이 행대호군 김로에게 아부하여 나라의 비용을 자기 마음대로 함부로 썼으며, 서거한 효명세자는 덕이 없었습니다."라는 상소를 사간원에 보냈다. 효명세자 이호는 순원왕후(김조순의 딸)의 맏아들로 순조 27년(1827) 2월 대리청정을 하다가 5월에 35세의 나이로 병사한 바 있다. 이에 순조는 노하여 하교하였다.

"윤상도 부자가 군신 사이를 이간시키고 신하의 규범을 어지럽히는 글을 올렸으니 국문하라."

그러나 신하들의 극간으로 특별히 죄를 감하여 이들을 추자도에 유배했다. 이튿날에는 김로도 죄가 있다 하여 남해현에 위리안치시켰다. 이때 김노경은 "김로에게 아부하고 윤상도 옥사의 배후를 조정했다."

고 다시 탄핵되어 강진현 고금도에 위리안치되었다가 이듬해 해배되었다.

그 후 순조가 승하하고 효명세자와 신정왕후(조만영의 딸) 사이의 맏아들 이환이 여덟 살의 나이로 왕위를 계승하니 그가 헌종이었다. 이에 왕이 어려 순조의 비 순원왕후가 대비가 되어 수렴청정을 하였다. 헌종 6년(1840) 8월 김우명이 대사간, 김홍근이 대사헌이 되어 양사를 장악하면서 대사헌 김홍근은 취임한 지 열흘 만에 사직서와 함께 윤상도 부자의 죄를 다시 논의해야 한다는 상소를 올렸다. 그러자 대비가 명을 내렸다.

"김홍근의 사직서는 돌려주고 윤상도 부자를 한양으로 불러 다시 국문하라."

이에 윤상도 부자는 추자도 배소에서 압송되어 국문을 받았는데 이때 윤상도는 전 부사 허성이 관련되었다 하고 허성은 전 참판 김양순을 끌어들였다. 그러나 국청에서 김양순은 혐의를 부인하였다.

"저는 관련이 없습니다. 그 상소는 김정희가 초안했습니다."

김정희는 사절단으로 베이징에 가려고 예산의 집에 머물고 있다가 갑자기 들이닥친 의금부 도사와 나졸들에 의해 한양으로 압송되었다. 그는 극구 혐의를 부인하였으나 이때는 이미 윤상도 부자, 허성 등이 처형되고 김양순은 고문으로 옥사하여 대질도 할 수가 없어 사형을 면하기 힘들었다. 그러나 그의 죄를 참작하여 처벌하여야 한다는 우의정 조인영의 상소로 김정희는 간신히 겨우 목숨을 건지고 이듬달 9월 대정현에 위리안치되었다. 이때 그의 나이 55세였다.

유배 길을 떠난 김정희 일행은 초의선사의 처소인 일지암(대흥사 동

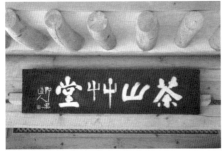

추사적거지(위) 추사가 제주에서 머물던 적소로, 주위에 탱자나무로 가시울타리가 쳐져 있었다. 현재는 그 앞에 유허비가 세워져 있다.
다산초당의 현판(아래) 추사의 글씨를 집자한 것이다.

편 계곡에 위치)에 들러 하룻밤을 지냈다. 이튿날 해남의 이진에서 완도를 거쳐 추자도에 이르러 바람이 잦아들기를 기다리다가 이튿날 아침 출항하였다. 순풍을 타고 출발했지만 오후가 되자 갑자기 바람이 몹시 불면서 험한 파도가 일었다. 천둥과 벼락까지 연달아 치니 금방이라도 배가 전복될 듯이 몹시 흔들렸다. 배는 저녁 무렵에 무사히 화북포에 닿았다. 그는 그날 밤 화북포 밑에 있는 아전의 집에 머물렀다.

이튿날은 바람이 몹시 불어 떠나지 못하고 10월 1일 아침이 되어서야 그는 의금부 도사 일행과 함께 대정현으로 떠났다. 그의 일행이 가는 도중에 교리의 집을 구해 놓았다고 하여 적소를 정했다. 의금부 도사는 적소 주위에 탱자나무로 가시울타리를 치고 돌아갔다.

이듬해 2월 허련이 그를 찾아왔다. 허련은 본래 초의선사에게 그림을 배우다가 그에게서도 그림을 배운 바 있다. 허련은 적소에서 그에게 그림, 시, 서예 등을 배우다 6월 작은 숙부가 별세하였다는 소식을 듣고 길을 떠났다.

김정희는 적소에서 지방 유생과 자제 들을 훈학하면서 지냈다. 3년 후 대정골 제일의 토호 세력인 강도순의 집으로 적소를 옮겼다. 강도순의 집은 드물게 손님 맞는 방이 따로 있을 정도로 커서 '귀양다리가 살았던 큰집'으로 불리웠다. 강도순은 그가 유배살이를 시작할 때부터 가끔씩 안부도 묻고 먹을거리도 보내곤 했다. 김정희는 강도순이 제사를 지낼 때 병풍이 없는 것을 보고 병풍 글씨를 써 주기도 했다.

헌종 8년(1842) 11월 부인이 숙병으로 죽었다. 이듬달에 그 소식을 전해들은 김정희는 애통해하는 글을 써 집에 보냈다. 그리고 "어떻게든 월로(남녀의 인연을 맺어 준다는 전설 속의 신)에게 하소연이라도 하여, 내세에는 서로 처지가 뒤바뀌어 태어나서……"라는 시를 지었다.

이때 초의선사가 부인을 잃고 슬픔에 빠져 있는 그를 위로하기 위해 적소까지 찾아왔다. 그와 초의선사는 동갑으로 함께 시를 짓고 공부하는 막역한 벗이었다. 초의선사는 적소에서 그와 함께 6개월을 머물다가 돌아갔다. 그 후 그는 초의선사에게 수십 번이나 편지를 보내 차를 보내 달라거나 적소로 방문해 달라는 편지를 보냈다. 초의선사는 그의 부탁을 지나칠 수 없어 죽로차와 키우던 차나무를 보냈다고 하며, 김정희는 해배될 때도 초의선사에게 들렀다고 한다.

이듬해 7월 온양 병사 이용현이 제주 목사로 부임하자 허련이 목사를 따라 제주에 왔다. 그는 김정희에게 그림을 배우며 이듬해 봄까지 머물렀다. 김정희는 난초 그림으로 이름이 높았으며, 대정현에 유배되었을 때 추사체라고 불리는 독특한 서법을 만든 것으로 유명하다.

헌종 10년(1844) 그는 역관 이상적에게 〈세한도〉라는 그림 한 점을 보내 주었다. 적소에서 '추운 시절의 그림'이라는 뜻으로 유배 생활의 심경이 잘 드러난 그림이었다. 이상적은 역관으로 베이징에 갈 때마다 김정희를 위하여 옹방강이 친필로 쓴 책 등을 적소에 보내 주었는데, 이를 보답하는 마음에서였다.

헌종 13년(1847) 봄 또 다시 허련이 찾아왔다. 세 번째 적소 방문이었다. 허련은 사군자, 노송 등을 잘 표현했으며 더욱이 산수화가 뛰어났다. 김정희는 허련에게 초상화를 그려 달라고 부탁했다. 이에 허련은 소동파가 혜주에 유배되었을 때 삿갓을 쓰고 나막신을 신은 평복 차림의 모습을 그린 〈동파입극도〉를 모방해 삿갓에 나막신을 신은 모습의 초상화를 그리니 이것이 〈완당선생해천일립상〉이다. 김정희는 이를 보고 소동파를 생각하며 "죄인으로 혜주 밥을 먹던 동파가, 비바람에 삿갓을 쓰고 나막신을 신고."라고 시를 읊었다.

이듬해 허련은 그림을 바치기 위해 입시했다. 허련은 김득신, 장승업 등과 함께 19세기의 대표적인 화가였다.

"제주에 3번이나 갔다 하니 대단하네. 그래 추사는 요즈음 무엇을 하며 날을 보내고 있던가?"

"동네 학동들 몇몇이 와 소일 삼아 가르치고 글씨도 쓰면서 독서로 외로움을 달래고 있었습니다."

그해 12월 이목연, 조병현, 김정희를 석방하라는 하교가 내려져 해배되니, 그가 적거한 지 8년 3개월 만이었다. 이때 적소는 창고천촌에 있었다. 이듬해 1월 그는 제자들과 작별하고 길을 떠났다. 이윽고 그의 일행이 화북포에 도착하자 그에게 도움을 주었던 제주 목사 장인식이 선편을 미리 마련해 주어 귀향하니 그의 나이 64세였다. 귀향한 후에 그는 한강변에 집을 마련하고 살았다.

철종 2년(1851) 6월 그는 진종 조례론에 휩싸이게 되었다. 영조의 맏아들 효장세자 이행은 사도세자의 친형으로 열 살에 요절하였다. 정조는 효장세자의 양자로 보위에 올랐고, 효장세자는 진종으로 추존되었다. 이때 그의 위패 문제로 대신들이 대립하였다. 안동 김씨 세력은 왕통에 따라 진종의 위패를 종묘의 본전에서 영녕전으로 모시고자 하였고, 전 영의정 권돈인 등은 아직 이르다고 반대하였다. 권돈인은 가통에 따라 먼저 헌종을 모시도록 주장했다가 파직되어 낭천으로 중도부처되었으며 결국 순흥으로 유배되었다.

이때 안동 김씨 세력이 "김정희는 권돈인을 은밀히 종용하여 이번 예설에 간섭하여 국법을 농락하였습니다. 국청을 설치하고 그를 붙잡아 심문하시고 두 아우 김명희와 김상희, 제자 오규일과 조희룡에게도 죄를 주어야 합니다."라는 상소를 올렸다. 이에 왕은 그해 7월 김정희를 함경도 북청에 유배했다. 그리고 그의 두 동생은 관련자로 몰려 향리로 추방되고, 오규일은 절도 섬에 조희룡은 임자도에 각각 유배되었다.

그는 이듬해 겨울에 해배되었으나 정계에 복귀하지는 못했다. 권돈인은 철종 10년(1859) 1월 연산에 이배되었다가 4월 유배된 지 8개월 만에 적소에서 죽었다. 김정희는 부친의 묘소가 있는 과천 관악산 기슭에 과지초당을 지어 살았다. 이때 그는 머슴 달준에게 "난화를 그리지 않은 지 20년이 되는데……"로 시작되는 〈불이선란도〉를 그려 주었다. 흥미로운 일은 자신 때문에 유배까지 갔다가 해배된 제자 소산 오규일이 이 그림을 탐내자 아예 "……처음부터 달준에게 주려고 그린 것이니…… 소산이 보고 빼앗으려고 하면 아니 된다."라고 이 그림에 썼다는 점이다. 달준은 그가 북청에 유배되었을 때 심부름을 하던 평민 출신의 아이였다. 늘 먹을 갈아 준 탓에 '먹동이'라고도 불린 그는 김정희가 해배될 때 과천까지 따라왔다. 그 후 그는 71세에 불가에 귀의하였다가 10월 과천으로 돌아와 죽었다. 그는 평생 열 개의 벼루가 뚫어지고 1천 자루의 붓을 바꿀 정도였다고 한다.

최연소 과거합격자

고종 3년(1866) 병인양요가 일어났을 때 전 대사헌 이시원은 77세의 노쇠한 몸으로 강화도에서 지내고 있었다. 주위에서 잠시 피란길을 떠나라고 말하는 사람들에게 "명색이 대부를 지낸 내가 도망간다면 후세인들이 무어라고 적겠는가?"라고 호통을 쳤다.

그는 상소문과 친지들에게 전할 유서를 작성하였다. 이 소식을 듣고 동생 이지원이 와서 함께 죽겠다고 말하니, 그달에 두 형제는 이지원의 집에서 독약을 먹고 자결하였다. 이들 옆에는 상소문, 유서를 비롯하여 "이 몸이 귀신이 되어 적을 섬멸할 것이며 형제가 말없이 손잡고 함께 가니……."라는 절명시가 놓여 있었다.

이러한 인물로는 매천 황현이 있다. 융희 3년(1910) 8월 나라가 일본에 빼앗기자 그는 "짐승도 슬피 울고 강산도 찡그리니 무궁화 나라는 이미 사라졌구나."라는 절명시를 남기고 독약을 마시려고 했다. 그리고 이 소식을 듣고 달려온 아우 황원에게 말했다.

"나도 죽을 마음은 없으나 나라가 망하는 날에 한 사람도 순국하는 사람이 없으니 애통할 따름이다. 내가 이 약사발을 마시려다가 3번이나 입에서 떼어 아직도 마시지 못하고 있네."

이렇게 그는 죽음 앞에서의 두려움과 흔들림에 대한 인간적 고뇌를 털어 놓으면서 56세로 숨을 거두었다. 그가 남긴 기록으로는 16년간 적어 온《매천야록》이 있다.

한편 강화도에서 자결한 이시원의 손자가 조선 역사상 최연소로 과거에 합격한 이건창이다. 그러나 그도 유배 길을 빗겨 나지 못했다.

이건창은 다섯 살 때 이미 문장을 구사할 만큼 재주가 뛰어나 신동이라는 말을 들었다. 고종 3년(1866) 그는 열네 살 어린 나이로 별시문과에 병과로 급제하였으나 나라에서도 너무 일찍 등과하였다 하여 19세에 이르러서야 홍문관직에 벼슬을 받았다. 고종 11년(1874) 그는 서장관으로 발탁되어 청나라에 갔다 왔다.

고종 14년(1877) 충청 감사 조병식이 탐학으로 비난을 받고 있었는데 민규호 세력과 밀접한 관계를 맺고 있어 아무도 고변하지 못했다. 이때 이건창이 충청우도 암행어사로 나가서 조병식의 탐학을 조사하여 왕에게 올렸다. 그러자 민규호 세력이 사실이 아니라고 하여 왕은 재조사를 지시하였는데 재조사 결과 탐학이 사실로 드러나 이듬해 이조참판으로 있던 조병식은 지도에 유배되었다.

그러나 그는 조병식의 역공으로 암행어사로 있을 때 죄 없는 사람을 죽였다는 무고를 받아 평안도 벽동군에 유배되었으나 이듬해 당대의 실력자 민영익이 그의 능력을 높이 사서 해배시켜 관직에 기용되었다.

고종 28년(1891) 그는 승지가 되고 이듬해 그가 올린 상소로 보성에 유배되었으나 해배되어 이태 후에 함흥부의 안핵사로 파견되었다. 그러다가 고종 33년(1896) 황해도 관찰사에 제수되었으나 그 직에서 물러나게 해 달라고 계속 간청하다가 왕의 미움을 사 마침내 고군산도에 유배되었다가 특명으로 2개월이 지난 뒤에 풀려났다.

이에 그는 향리인 강화에서 지내다가 2년 뒤에 47세로 죽었는데 저서로는 《명미당집》과 《당의통략》이 있다.

실학자 박제가

1777년 정조는 "해를 행하는 해바라기의 곁가지는 따지 않는 것이다."라면서 서얼에게도 능력이 있으면 벼슬 길을 열어 주는 〈서류소통절목(庶類疏通節目)〉을 반포하고, 규장각에 검서관직을 신설하여 인재를 모았다. 서자 출신이었던 박제가는 이로 인해 벼슬 길에 나갈 수 있었다. 이듬해 그는 정사 채제공을 따라 청나라 방문단의 수행원으로 가서 3개월 후에 귀국하여 《북학의》를 남겼다.

순조 1년(1801) 9월 전 단성 현감 윤가기의 식객 임시발이 동남 성문에 "윤가기가 세상을 개탄하는 말을 하고 다녔다."라는 내용의 글을 투서했다. 이에 윤가기의 동생 윤필기가 포도청에 끌려와 "이 말을 들은 적이 있다."라고 시인하여 윤가기는 범상부도죄로 사형되고, 윤필기는 경흥으로 유배되었다. 이때 윤가기의 노비 갑금이 국문을 받으면서 주인이 흉언을 할 때 박제가도 있었다고 증언하였다. 이에 사돈인 그도 의금부에 끌려가 혹독한 고문을 받았다. 그를 처형해야 한다는 신료들의 주장이 있었으나 정순대비의 구원으로 종성에 유배되었다. 그는 유배 길에서 "신을 불러 왕안석에 비유하신 임금의 말씀이 아직도 귀에 쟁쟁하네."를 읊었다.

그가 적소에서 남긴 시조 한 편을 소개하면 "시골에 가면 몹시 야윈 사람이 많고, 구멍 뚫린 집도 여기저기 보이건만 관아에 가 보면 제법 좋은 집들이 있으니, 나라의 곡물이 사채로 변했구나."가 있다.

이태 후 박제가에 대해 해배 명이 내렸으나 벽파의 반대로 인해 실행되지 못했다. 이듬해인 순조 4년(1804)에서야 그는 방축향리의 명을 받고 귀향하였다. 이어 이듬해 3월 그는 해배되었으나 4월에 56세로 병사하였다.

나라의 명운과 함께
스러져 간 사람들

대마도에서 죽음을 맞이한 최익현

최익현은 철종 6년(1855) 정시문과에 급제한 후 승문원 부정자로 벼슬살이를 시작하였다. 그는 당대 유림을 대표하는 인물로, 올곧은 기개와 특유의 강직성으로 수많은 선비들의 신망을 한 몸에 받았다.

고종 7년(1870) 그는 부승지로 발탁된 후 대원군에게 반기를 드는 선봉장이 되었다. 10월 그는 "요 몇 해 사이에 이르러 정사는 옛 법을 변경하고…… 조세를 매겨서 쉴 새 없이 거두니 백성들은 어육이 되고 있다."라는 상소를 통해 대원군을 탄핵했다. 고종은 "만인을 경계하는 말이 지극히 가상하다. 열성조의 업적을 본받아 호조판서에 제수한다."라고 하교하였다.

고종의 이런 처사는 대원군에 대한 정면 도전이었다. 대원군 세력들은 곧 최익현을 탄핵하기 시작하였다. 이듬달 최익현은 다시 "고관이

최익현

아닌 왕족은 다만 지위를 높이고 국록을 후하게 주되 국정에는 간여하
지 못하도록 해야 합니다."라는 상소를 올렸다. 대원군의 퇴진과 고종
의 친정을 주청한 것이다. 고종은 "상소에 임금을 능멸하는 말이 있으
니 유배의 율을 시행하도록 하라."라며 일을 마무리하려 하였다. 그러
나 대원군 세력은 크게 반발하였고, 대간들도 빈청에 모여 항의했다.

"국청을 설치하여 최익현의 죄를 물어야 합니다."

결국 최익현은 의금부에 끌려가 옥에 갇혔다. 이때 중궁전에서 그에
게 밀서를 보냈다. 국청에서 대원군의 실정을 상세히 진술하라는 내용
이었다. 국청이 끝난 후 고종은 별로 죄를 물을 만한 단서가 없다고 하
교를 했다.

그러나 승정원에서는 그에게 죄를 주어야 한다고 3번이나 상소를
올리고, 이어 대신과 의금부 당상 사이에서도 계속 국문을 해야 한다

고 아뢰었다. 일부 대신들은 성문에 나가 재고해 줄 것을 요구하며 하명을 기다렸다. 이에 고종은 "사전에 허락이 없이 성문을 나가다니 모두 파직시켜라. 그리고 최익현의 유배 보낼 곳을 초기하여 올려라."라고 하명했다. 이에 지의금부사 박규수가 단독으로 그를 제주목에 위리안치하라고 초기하여 고종에게 올렸다.

최익현이 의금부에서 잠을 자고 있을 때 권병은과 이순익이 촛불을 들고 찾아와 그를 위로했다. 이튿날 날이 밝자 그는 의금부를 나와 의금부 도사를 기다렸다. 이때 박규수가 와서 1천 꿰의 노자를 주었고, 백성들도 그를 알아보고 술을 보내 주었다. 관리들만이 혹시라도 화가 미칠까 봐 두려워서 나오지 못했다. 이튿날 눈보라가 휘몰아쳤으나 의금부 도사 이진의는 기한이 정해진 여정을 지체할 수 없다며 길을 떠나야 한다고 말했다.

최익현은 가마 한 채를 빌려 맏아들, 집안 사람 등과 함께 길을 떠났다. 의금부 도사 이진의 일행이 앞장서 한강을 건넜다. 과천에 이르렀을 때 한 민가에 찾아들어 술을 데워 먹고 자고 이튿날 다시 출발하여 길을 떠나 이틀 후에 맏아들 최영조와 작별을 고했다. 그의 일행은 다시 출발하여 수원에 도착하니 판관 정광시가 점심을, 천안에 이르니 군수 이항신이 조반을, 장성에 이르니 부사 정선시가 이틀 동안 조반과 석찬을, 나주에 이르니 목사 송인옥이 조반과 석찬을, 영암 덕진점에 이르니 종친 최경문이 3냥을, 영암에 이르니 군수 구연식이 조반과 석찬을 제공하였다.

이진에 도착하였으나 바람이 몹시 불자 의금부 도사 이진의는 바람이 잦아진 뒤에 떠나겠다는 장계를 발송하였다. 그러자 그는 그 편에 집에 편지를 부쳤고, 함께 지내던 사람들이 모두 하직 인사를 하였다. 이틀 후인 12월 비로소 바람이 잦아들자 일행은 조그마한 배 한 척을 구해 소안도를 거쳐 추자도를 지나 조천포에 이르렀다.

배에서 내린 일행은 조천진사에서 하룻밤을 지내고, 이튿날 아침 제주목성으로 들어가 칠성로에 있는 집에 적소를 정하였다. 이진의의 감독 아래 적소에는 가시울타리가 둘러지고 자물쇠가 채워졌다.

그는 적소에서 조용히 지내며, 매일《주자서》를 외거나 시를 썼다. 제주 목사 이밀희는 음식을 제공하는 등 그를 후대하였으며, 때때로 그의 명성을 듣고 이기온 등 지방 선비들이 찾아와 학문을 논했다. 그는 귤림서원을 가 보기도 하고 틈틈이 산수를 유람하기도 하였다.

이듬해 고종 12년(1875) 2월 해배한다는 특사가 내려져 이듬달 해배 공문이 당도했다. 제주 판관 이시현이 공복을 갖춰 입고 와서 울타리를 철거하였다. 적거한 지 1년 4개월 만이었다.

고종 12년(1875) 명성왕후 세력이 일본과의 통상을 논의하자 그는 "이번 강화로 일본은 앞으로 계속 탐욕을 드러낼 것입니다. 따라서 이화의는 결국 믿을 것이 못 되옵니다."라는 '병자척화상소'를 올려 조약 체결의 불가함을 주장했다. 그러나 아무 비답이 없자 그는 이듬해 1월 왕의 어가가 동대문을 나설 때 도끼를 옆에 두고 어가 앞에 꿇어 엎드렸다.

"전하, 전에 올린 신의 상소가 부당하다면 이 도끼로 저를 죽여 주십시오."

이에 고종이 노하여 하명하였다.

"아직 이루어지지도 않은 일에 함부로 상소하고 도끼까지 가지고 와서 임금의 행차길에 엎드림은 몹시 해괴하고 흉패한 일이니 당장 옥에 가두어라."

결국 강화도조약이 체결되고 그는 왕을 핍박하였다는 탄핵을 받아 9월 흑산도에 유배 명을 받았다. 이에 그달 무안에 도착하여 다경포진을 출발하여 비금을 거쳐 우이도에 도착하였다. 흑산도는 뱃길이 너무 험해 들어가기 힘들고 위험하여 의금부 관원들은 보통 유배인을 이곳에 두고갔다. 흑산도 유배인들은 이곳에 배소를 정하거나 우이도에 거주하였다. 우이도는 흑산도 앞에 있는 섬으로 귀양지를 벗어나는 것은 아니었다.

그는 마을의 어느 집에 위리안치되었다가 흑산도의 진리마을로 옮겨 적소에서 서재를 정돈하고 서당을 만들었다. 그리고 '일신당'이라는 현판을 걸고 이곳에서 학동들을 가르쳤다. 그때 그가 사용했다는 조그마한 샘(일명 서당샘)이 지금도 남아 있다. 《면암집》에는 "이때 마침 예닐곱 남자아이들이 아침저녁으로 와서 글을 물으니 유배살이에 꽤 위로가 되었다."라고 기록되어 있다. 2년여 후 그는 천촌리(여트미)로 적소를 옮겨 마을 아래 바닷가에 오두막을 짓고 학동들을 가르치며 마을 사람들의 교화에 힘썼다. 이듬해 고종 16년(1879) 그는 4년 만에 해배되어 배를 타고 귀향길에 올랐다.

고종 22년(1895) 을미사변으로 명성왕후가 시해되고 이어 김홍집 내각이 단발령을 내리자 그는 "내 머리는 자를 수 있어도 머리카락은 자를 수 없다."라며 격렬히 반발하였다.

광무 8년(1905) 11월 을사늑약이 맺어지자 이듬해 2월 그는 가묘에 하직 인사를 올렸다. 6월 그는 제자 임병찬 등과 함께 전라도 태인의 무성서원에서 "나라가 망해 가고 있는데 어찌 한번 싸우지도 않을 수 있으며, 살아서 원수의 노예가 되기보다는 죽어서 충의의 혼이 되자."라는 격문을 써서 의병을 모집하였다. 그를 비롯한 의병들은 정읍, 흥덕, 순창을 거쳐 남원까지 밀고 갔으나 저항을 받아 순창으로 회군하였다. 그럼에도 의병은 곧 800여 명으로 늘어났다. 이때 관찰사 이도재가 관원을 보내어 의병을 즉시 해산하라는 황제의 칙서를 보냈다. 이에 그는 이미 상소를 올려 자신의 뜻을 아뢰었다는 서신을 관찰사에게 보내 의지를 굽히지 않을 것을 분명히 했다. 이어 그는 다시 남원으로 의병을 이끌고 진군했으나, 당시 남원을 지키고 있던 군대는 일본군이 아니고 진위대였다. 진위대에서는 병졸을 보내 "대감께서 민병을 해산하지 않으면 앞으로 나아감만이 있을 뿐입니다."라는 서신을 3번이나 보냈다. 그러자 그는 임병찬을 불러 "이보게 돈헌, 나는 같은 동포끼리 서로 박해를 가하는 것을 원치 않으니 내 뜻을 전하고 이제 의병들을 해산시키게."라고 말했다.

그가 애초 의병을 일으켰을 때 성공하리라고 생각한 것은 아니었다. 이는 의병을 일으켰던 사람들의 공통적인 생각이었을 것이다. 의병군이 해산되고 며칠 후에 일본군들이 왔다. 그는 가마에 올라 한양으로 향하고, 끝까지 남아 있던 임병찬 등 12명은 결박되어 호송되었다. 결국 일본은 그에게 금고 3년형, 이병찬은 금고 2년형을 내리고 그를 국내에 두는 것이 위험하다고 판단하여 대마도에 유배 명을 내리니 그의 나이 74세, 임병찬은 56세였다.

이에 그해 8월 일본은 그와 제자 임병찬을 아무도 모르게 배에 태워 대마도로 보냈다. 그가 임병찬과 함께 유배된 적소는 대마도의 최남단

이자 가장 오래되고 큰 항구인 이즈하라의 언덕 위에 있는 대마도 수비대 병영이었다. 이 병영에는 이미 홍주 9의사가 유배 와 있었다. 을사늑약이 체결되자 홍주(홍성) 일원에서 유생들이 의병을 일으켰으나 패하여 이식, 유준근 등 9명이 이곳에 유배되니 이들을 홍주 9의사라고 하는데, 유준근은 이때의 일을 《마도일기》로 남겼다.

대마도까지 와서 갇힌 신세가 된 최익현은 "난 모르겠네 조물주는 무슨 심사로 내게 대마도를 보게 하는지."라는 시를 지었다. 그가 도착한 날 대마도 수비대 군인들이 병영에 몰려왔다. 수비 대장이 말했다.

"갓을 벗고 일본 밥을 먹었으니 일본식으로 머리카락을 깎아라."

"내가 일본 밥 먹은 것이 잘못이구나."

이렇게 해서 그는 그날 저녁부터 음식을 거부하였다. 이에 제자 임병찬, 이식 등도 먹지 못했다. 이어 그는 조정에 보낼 상소문을 작성했다. "신이 여기에 들어온 후 밥과 물이 모두 적으로부터 나오게 된 형세라 단식을 결심하였으며……." 이튿날 밥이 들어왔으나 그가 거절하였다.

"내 어찌 원수의 나라가 주는 밥을 먹고 살기를 바라겠느냐?"

임병찬과 함께 갇혀 있던 의병들이 눈물을 흘리며 식사를 권해도 소용없었다. 이틀 후에 문책이 두려워진 수비대장이 찾아와서 사과하였다.

"그저께의 일은 통역의 잘못으로 오해가 생긴 일로 머리카락을 깎으라는 뜻은 아니었습니다. 음식은 고국에서 보내온 것으로 만들고 우리는 경비 책임만 있을 뿐입니다."

그날 저녁 밥이 나와 임병찬이 그에게 먹기를 권했더니 죽을 조금

들었다. 이에 비로소 임병찬 등도 모두 밥을 먹었다. 그는 유배된 지 3개월 후에 풍증으로 병이 점점 깊어지자 임병찬으로 하여금 황제에게 올리는 마지막 상소를 받아쓰게 했다. "의타심을 버리시고 자립정신으로 나라를 지켜야 합니다." 결국 이듬해 1월 1일 풍증이 발병한 지 1개월 만에 최익현은 이즈하라 경비대의 감옥에서 병사하였다. 대마도에 유배 온 지 불과 4개월 만이었다. 그는 마지막으로 "아침에 황제 계신 곳에 절하니, 얼굴과 옷에 분한 눈물만 흐르네."라는 시를 남겼다. 그는 시대를 온몸으로 부딪히며 올곧게 살아온 풍운아였다. 임병찬은 이때의 일을 《대마도 일기》로 남겼다.

이식 등 의병들이 그의 마지막을 전송했고, 유해는 배소 옆에 있던 수선사에 모셔졌다. 임병찬이 제문을 읽은 후 그의 유해는 환국길에 올라 부산 초량에 도착하였다. 임병찬은 최익현의 시신과 함께 귀국하였고, 이후 1914년 2월 독립의군부를 조직하여 총사령관으로 활동하다가 일본 경찰에 붙잡혔다. 그는 옥중에서 3번이나 자살을 기도하였으나 실패하였으며, 6월에 거문도 덕촌마을에 유배되었다. 이곳에서 후학들을 양성하다가 이태 후에 적사하였는데 덕촌마을 앞에는 그를 기리는 순지비가 서 있다.

개혁의 칼을 뽑다

흥선군 이하응은 장김(안동 김씨) 세력이 권력을 독점하며 왕실과 종친에 갖가지 통제와 위협을 가하자 화를 면하려고 고의로 파락호 생활을 하였다. 그러나 흥선군은 추사 김정희의 마지막 제자로, 스승으로부터 칭찬을 받을 정도로 상당한 경지에 올라 있었으며 그의 난 그림은 호를 따서 '석파란'이라고 불리었다.

홍선군은 겉으로 드러나지 않게 정치적 야망을 키우며 기회를 엿보았는다. 홍선군은 직계가 아니고 방계의 방계였다. 은신군 이진이 제주의 대정현에 위리안치되어 있다가 17세의 나이로 후사 없이 죽자 인조의 아들 인평대군 이요의 7대손 남연군 이구를 양자로 삼았는데, 이 남연군의 넷째 아들이 홍선군이다.

철종이 죽자 왕위 계승을 결정하는 1인자는 조대비가 되었다. 그녀는 풍양 조씨를 일으키고 안동 김씨 세력을 꺾을 인물은 홍선군이라고 판단하였다. 그리하여 비밀리에 홍선군을 만나 밀계를 나눠 그의 둘째 아들이 왕위에 오르도록 하였다. 이에 12세의 이재황이 즉위하자 조대비가 수렴청정을 하였으나 곧 대원군에게 왕을 보필하라며 형식상으로 수렴청정을 행하니 이때부터 대원군이 사실상 집권하기 시작하였다.

일설에는 장김 세력이 "그를 왕위에 세우면 두 임금이 있는 격이다."라며 반대하자 대원군은 김병학의 딸을 왕비로 간택하기로 약속하고 불만을 잠재웠다고 한다. 그러나 약속을 어기고 민치록의 딸을 왕비로 삼았다.

대원군은 권력을 잡자마자 여유를 두지 않고 인사를 단행하여 안동 김씨 일문을 숙청하였다. 다만 평소에 그에게 쌀도 보내 주는 등 도와준 김병학, 김병국 형제는 제외되었다. 홍선군은 김병학을 좌의정에 임명하고 조대비와의 밀계로 풍양 조씨 세력인 조두순을 영의정으로 하고 심복 이경하를 훈련대장 겸 포도대장으로 삼았다.

고종 즉위년(1863) 12월 김좌근 등 안동 김씨 세력은 대원군을 우대하되 현실 정치에는 나서지 못하도록 제약을 하려 하였다. 그러나 대원군은 특혜를 거부하고 일반 정승들이 타는 사인교를 타겠다고 하며 정권 불간섭을 전제로 한 우대를 거절하였다. 이후 그는 사저인 운현궁에서 자신의 세력을 키우고 모든 국정을 도맡아 처리하였다. 이어 안동 김씨의 주류를 숙청하고 붕당을 초월하여 인재를 등용하였으며 부패 관리를 적발하여 파직시켰다.

고종 2년(1865) 4월 대원군은 추락할 대로 추락한 왕실의 권위 회복과 왕권 강화를 목적으로 경복궁 중건에 나섰다. 이어 양전 사업을 실시하고 삼정의 문란을 시정하기 위하여 평민에게만 받아오던 군포를 호포(동포)라 하여 양반에게도 징수하여 국가 재정을 늘어나게 하였다.

대원군을 말할 때 명성왕후를 배제하고는 설명하기 어렵다. 명성왕후는 민치록의 외동딸이다. 대원군은 세도정치 아래 외척들의 발호를 직접 목격했기 때문에 왕비 감으로 부친이 없고 형제도 없는 민치록의 딸을 적격이라고 생각하여 그녀를 왕비로 간택하였다.

고종 5년(1868) 궁인 이씨가 완화군 이선을 낳자 대원군은 완화군을 세자로 책봉하려는 움직임을 보였다. 고종 8년(1871) 왕후가 왕자를 낳지만 선천적 기형으로 며칠 만에 죽자 왕후는 그 원인이 대원군이 보낸 산삼 때문이라고 믿고 반감을 가지게 되었다고 전해진다.

그해 3월 대원군은 개혁의 일환으로 국가 재정을 축내던 서원의 피해가 심해지자 서원 철폐령을 내려 도산서원 등 47개소를 제외한 서원을 철폐하였다. 당시 서원은 양반의 소굴로 면세, 면역의 특권을 누려 국가 재정을 악화시켰으며 왕권을 견제하고 있었다. 그러나 대원군을 지지하던 이항로 등은 이때부터 그에게 등을 돌리기 시작했고 이항로의 문인 최익현은 명성왕후 세력과 손잡고 그를 탄핵하기에 이른다.

그 후 왕후는 다행히 왕자를 낳으니 이가 세자 이척(후에 순종)이었다. 왕후는 지금까지 왕조 시대의 전통적인 왕비로서의 역할을 마다하고 직접 나서서 정책 결정에 참여하였다. 왕이 쓴《어제행록》에는 "왕후는 내가 어려울 때나 근심거리가 있을 때 대책을 세워 도와주었다."라는 기록이 있는데, 이를 통해 그녀의 왕에 대한 영향력을 가늠할 수 있다.

이렇게 되면서 대원군과 왕후 간에 권력을 놓고 갈등이 벌어지기 시작했다. 고종 10년(1873) 대원군이 최익현의 탄핵을 받자 왕은 대원군이 전용하던 공근문을 사전에 예고 없이 폐쇄해 버렸다. 대원군은 10년 만에 권력을 잃고 운현궁으로 물러나 경기도 양주 직곡에 은거하였다.

고종 19년(1882) 6월 임오군란으로 대원군의 형 흥인군 이최응, 민겸호 등이 살해되고 왕후는 고향 여주를 거쳐 충주로 피신하였다. 이렇게 사태가 심각하게 확산되자 왕은 대원군에게 전권을 위임하였다. 봉기군이 왕후를 찾아내어 죽여야 한다고 주장하자 임시방편으로 "궁궐에서 도망간 왕후가 난리 중에 살해되었다."라는 허위 국상이 발표되기도 했다.

7월 한양에 입성한 청나라 장수 마건충 등은 군사 문제로 회담하고 있던 대원군에게 말했다.

"오늘 밤 남양만에서 배를 타고 톈진에 가서 황제의 유지를 받도록 하시오."

대원군이 거절했으나 마건충 등은 강제로 보교에 태워 경기도 화성군 남양만으로 압송해 갔다. 이리하여 1개월여 만에 대원군의 재집권은 무너졌다. 대원군은 톈진에 도착하여 하북성 바오딩부 씽화로 칭허 따오쑤에 유폐되었고, 고종의 친정 체제가 복구되었다. 이는 청나라가 친밀 관계가 있는 고종과 왕후를 지원하고 일본을 견제하기 위한 것으로 보고 있다.

왕후는 군란 이후 50여 일 만에 환궁하여 더욱 민씨 척족에게 의존하였다. 한편 대원군은 청나라에서 이홍장 등과 함께 국제 정세에 대해 격론을 벌이고, 난초를 그리며 분노와 한을 삭였다. 그해 12월 장남 이재면이 대원군을 방문하고 이듬해 3월 귀국하였다가 다시 5월에 방문하였다.

고종 22년(1885) 초 왕후 세력이 청나라를 견제하려하자 위안스카이는 대원군의 귀국을 주선하였다. 이 정보를 입수한 왕후는 귀국에 반대하는 밀서를 러시아 공사에게 보냈으며 민영익 등의 세력도 반발하여 신진관료 김명규를 톈진에 보내기도 하였다.

그러나 이들의 반대에도 4월 서자 완은군 이재면이 귀국하였으며, 8월에는 이재면이 다시 대원군에게 갔다. 그달 대원군은 위안스카이의 주선으로 이재면과 함께 유폐된 지 4년 만에 인천항으로 들어왔다. 그러나 대원군은 왕후 세력에 의해 운현궁에 연금당하고 정치 활동을 제약하기 위하여 제정한 〈대원군존봉의절별단〉에 따라 계속 감시를 받았다. 이에 대원군은 고종 24년(1887) 위안스카이와 결탁하여 왕을 폐위시키고 큰 아들 이재면을 옹립하여 재집권을 노렸으나 실패하였다.

고종 29년(1892) 봄 운현궁에서 화약이 터졌다. 대원군과 이준용이 거처하는 곳에도 폭약이 설치되어 있었으나 폭발하지는 않았다. 이는 18년 전에 대원군이 보낸 폭약으로 명성왕후의 오라버니 민승호가 폭사한 것에 대한 보복으로 보이는데 《매천야록》을 쓴 황현은 왕후를 배후로 지목하였다.

고종 31년(1894) 2월 동학혁명이 일어나 동학군과 미처 해결하지 못한 문제를 합의하는 과정에서 왕후 세력의 파병 요청으로 청군 3천여 명이 아산만으로 들어왔다. 그러자 7월 일본은 청군 파견을 구실로 일본군 7천여 명을 파견하여 궁궐을 점령하였다. 이어 일본군은 왕후 세력을 밀어내고 대원군을 내세워 섭정을 맡기고 갑오경장을 배후에서 지원하였다.

그러나 대원군은 7월부터 8월까지 섭정하는 동안 일본 세력을 축출하기 위해 청군과 동학농민군에게 밀사를 보내 협공하도록 하고, 적손 이준용을 왕위에 옹립하려고 하였다. 이에 일본은 10월 대원군과 이준용에게 항일 활동을 전개한 증거들을 가지고 추궁하며 공직 사퇴를 종용하니 왕도 대원군의 축출에 동의하였다.

이듬해 10월 일본이 45세의 왕후를 시해하여 불태우는 만행을 저지르는 을미사변이 일어났다. 주도자는 미우라 공사이며 왕후에게 칼을 직접 휘두른 장본인은 미야모토 일본 육군 소위로 알려졌다. 일설에는 토오 등 3명이라고도 한다.

이때 러시아 인 기사와 미국인 교관이 이 사건을 목격하여 여론이 나빠지자 일본은 대원군이 정권을 잡기 위해 일으킨 정변이라고 변명하였다. 이어 12월 대원군의 행동을 제약하는 법이 제정되어 대원군은 유폐 생활을 강요당하고, 이듬해 아관파천이 일어나자 은퇴하여 다시 양주 곧은골에 가서 은거하였다.

이태 후 1월 여흥부대부인이 죽고 이듬달 대원군은 운현궁 별장 아소당에서 79세의 나이로 죽었다.

대한문 앞을 지나는 명성황
후의 국장 행렬 명성황후가
일제에 의해 시해되었다.
국장일에 대한문 앞에 많은
인파가 몰려들어 명성황후
를 추모했다.

갑신정변의 주모자

김옥균은 훈장을 하는 김병태의 장남으로 태어났으나 부친의 강요
로 강릉 부사 김병기의 양자로 들어갔다. 고종 9년(1872) 그는 22세 때
알성문과에 장원 급제하고 성균관 전적으로 벼슬 길에 올랐다. 그해
그는 청나라 수도 베이징에 파견되면서 역관 오경석과 의원 유대치를
알게 되었다. 그리고 박지원의 손자 박규수를 만나 개화에 눈을 뜨게
되었다. 이어 그는 서광범, 박영효를 따라 각각 고문 자격으로, 서재필
을 위시한 유학생을 인솔하는 등 일본에 3차례나 다녀온 후에 쿠데타
를 모의하였다.

고종 21년(1884) 10월 그는 우정총국 개국축하연을 기회로 박영효
등과 갑신정변을 일으켰다. 그러나 이 쿠데타는 3일 만에 실패하고,
김옥균, 박영효, 서재필, 서광범 등은 일본 공사 다케조에를 따라 일본
공사관으로 향하였다가 이튿날 인천항에 정박 중이던 치도세마루 호
에 승선하여 일본으로 도망치려 하였다. 이들은 그달 말경 인천항을
출발하여 3일 뒤에 나가사키에 도착하였다. 도쿄에 살던 후쿠자와의

집에서 몇 달을 머물던 이들은 각자 헤어졌고, 김옥균은 쓰키지에 있는 외국인 거류지에 집을 구했다. 박영효도 도쿄에 정착하였다. 이들의 가족은 역적이라는 낙인이 찍혀 모두 죽거나 갇히거나 노비가 되는 등 풍비박산 났다. 가택은 파헤쳐 연못으로 만들어졌고, 가산은 모두 적몰되었다. 그의 생부와 양부는 천안에서 체포되어 천안 감옥에 감금되었고, 천안에서 살던 동생 김각균은 한양에 올라오던 중 그의 도주 소식을 듣고 칠곡으로 도망하였다. 그러나 암행어사 조병로에게 체포되어 대구 감옥에서 죽었고 부인은 7세 된 딸과 함께 도망쳤다. 서재필 가족도 부모와 부인은 함께 음독 자살하였으며, 두 살 된 아들은 돌보는 사람이 없어 굶어 죽었고, 동생은 체포되어 처형되었다. 11월 이조의 상소로 이 사건에 연좌된 친족 가운데 관작을 가지고 있는 자들이 삭탈관직되었다.

그는 오사카에서 가까운 야마토의 야마구치 집에 잠시 기숙하는 동안 야마구치의 모친과 어울려 후에 아들을 두었다. 그는 갑신정변의 동료와 사이가 좋지 않았는데, 특히 박영효와는 사이가 벌어져 같은 도쿄에 있으면서도 서로 상종하지 않았다. 박영효 역시 그를 "거짓말을 밥 먹듯이 하고 방탕아이며 엉터리 지도자이다."라고 폄하하며 가까이 하지 않았다. 그는 일본 옷을 입고 이름마저 이와다 미와로 바꿔 행세했다.

이듬해 12월 명성왕후 세력이 자객 장은규를 일본에 보내 그를 암살하고자 하였다. 장은규는 "김옥균이 무사들과 결탁하여 조선을 침공하려 한다."라는 소문을 퍼뜨려서 암살을 시도했으나 실패하였다. 이에 그는 일본 외무대신에게 신변 보호를 요청했지만 오히려 일본은 그의 추방을 추진하였다.

이듬해 3월 두 번째로 명성왕후 세력은 지운영을 특차도해포적사로 파견하고, 김옥균과 박영효를 암살하라는 밀명을 내렸다. 그는 지운영으로부터 6월에 만나자는 편지를 받았으나 거절하고 동료 유혁로 등에게 지운영을 만나 볼 것을 권유하였다. 이에 유혁로 등은 지운영을 만나 위임장을 훔쳐 일본 경찰에 고발하였다. 그렇지만 그의 문제로 조선과의 마찰이 일어나는 것을 더 이상 원치 않았던 일본 조정은 지운영을 조선으로 돌려보내고 그에게 국외 퇴거를 명하였다.

이에 김옥균은 거세게 반발하여 7월 외무대신 이노우에게 항의했다. 일본 조정에서는 그달에 그를 구속했다가 이듬달 8월 절해고도인 오가사와라 군도에 유배 명을 내렸다. 이에 그는 이윤고와 함께 단둘이 요코하마 항구에서 슈고 호를 타고 유배지 오가사와라의 치치시마에 도착하여 적소에 들어갔다. 적소에서 소일삼아 아이들을 가르쳤는데 청년 와다가 그를 흠모하여 그가 상하이에 갈 때도 동행하였다.

9월 그가 유배에 반발하여 주일 러시아 공사와 영국 변호사를 통해 항의했다. 나중에는 미국에 보내 달라고까지 하였으나 여의치 않자 다시 일본 조정에 "이곳에서 위장병을 심하게 앓았으나 약도 구하기 어렵습니다."라는 등의 편지를 여러 차례 보냈다. 그가 이곳 유배지에 있는 동안 그를 위로하러 온 사람은 바둑 고수 슈에이 한 사람뿐이었다고 한다.

이듬해 고종 24년(1888) 4월 일본 조정에서는 그를 홋카이도로 이배할 것을 결정하였다. 적소는 삿포로의 마루야마 공원 근처에 정해졌다. 그는 이곳에서도 주색에 빠져 일본 여자와의 사이에 아이가 있었다고 한다.

이태 후 7월 그에게 쿠데타 자금을 대 주었던 후견인 고토가 체신대신이 되었다. 고토의 노력으로 그해 11월 그는 해배되어 도쿄 등지에서 생활하였다. 그는 이곳에서 시, 서화 등 전시회를 열어 작품을 팔아 생계를 이어 나갔다. 그러나 여기에서도 그는 일본 여인을 가까이 하여 아들도 두는 등 여자 관계가 복잡하였다.

고종 28년(1892) 5월 이일직은 권동수 형제와 함께 명성왕후 세력인 민영소의 비밀지령을 받고 도쿄에 도착하였다. 비밀지령이란 김옥균과 박영효의 암살이었다. 서재필은 이미 도미하였고, 박영효는 같이 도미하였다가 뜻이 맞지 않아 일본으로 되돌아와 있었다. 홍종우는 2년 7개월 동안 프랑스에 갔다가 그해 7월 귀국 도중에 일본에 도착하였다. 그러다가 우연히 이일직을 알게 되어 일본에 온 목적을 듣게 되었다. 그 후 홍종우는 직접 프랑스 요리를 대접하며 그의 환심을 샀다. 이때 청나라의 주일 공사 이경방이 부친 이홍장으로부터 받았다는 서신을 그에게 전했다. 서찰에는 "공과 서로 품은 생각을 아무 거리낌 없이 솔직하게 이야기를 하고 싶으니 청나라로 와 주길 바랍니다."라는 내용이 적혀 있었다.

이듬해 고종 30년(1894) 3월 그는 청나라의 이홍장을 만나 도움을 받고자 상하이로 가고자 하였다. 이때 이일직이 홍종우를 대동하고 그를 만났다.

"저는 약종상 일을 하는 사람인데 평소 공을 존경하던 터라 이번 여행경비를 부담하겠습니다. 이 사람은 홍종우인데 이번 여행에 동행하여 도와 드릴 겁니다. 저는 할 일이 있어서 같이 동행하지는 못합니다."

이일직이 말한 일이란 박영효 암살이었다. 그러나 이 일은 실행하기도 전에 발각되었다. 이일직은 이규완 등에게 붙잡혀 일본 경찰에 인계되어 재판을 받은 후 조선으로 송환되었다.

한편 그를 비롯한 와다, 홍종우 등 일행은 고베 항구에서 사이쿄마루 호를 타고 떠나 나가사키를 거쳐 상하이에 도착하였다. 일행은 동화양행에 숙소를 정하였다. 이때 홍종우는 와다가 자리를 비운 사이 이일직에게서 받은 리볼버를 3발 쏘아 그를 암살했다. 이튿날 홍종우는 상하이 경찰에 붙잡혔다.

이때가 그가 갑신정변 후 일본으로 도망한 지 10년째 되던 해로 그의 나이 44세였다. 처음에 상하이 경찰은 와다의 요청으로 김옥균의 시신을 일본으로 운구하기로 하였으나 조선에서 그의 귀국을 교섭하자 이홍장이 "김옥균은 조선의 반역자이며 홍종우는 조선의 관원이다. 시신과 홍종우를 조선 정부에 넘기라."라고 지시했다.

이듬달 4월 홍종우와 김옥균의 시신이 청나라의 군함 위원호에 실려 인천에 도착하였다. 시신은 왕명에 따라 대역부도죄로 양화진에서 능지처참되었다. 그의 목에는 '대역부도옥균'이라고 쓰여진 커다란 천이 걸렸고 후에 시신은 8등분으로 나누어져 전국 8도에 보내졌다.

그는 내부 개혁을 통한 현실 극복이 아니라 일본의 본심을 헤아리지 못하고 일본의 힘을 빌려 일거에 쿠데타를 달성하려고 시도한 개화 지향의 엘리트였다. 그러나 그는 결국 일본 정객들에게 토사구팽되었고, 기회를 잡으려고 평소 경멸했던 청 세력을 끌어들이려 하였지만 성급하게 서두르다가 허무하게 사라져 간 당대의 풍운아였다.

그해 천안 감옥에 감금되어 있던 김옥균의 양부 김병기는 이미 3년 전에 눈이 멀어 죽은 뒤였다. 그의 시신이 돌아온 후 천안 감옥에 감금되어 있던 생부 김병태도 처형되었으며, 그의 부인은 딸을 데리고 떠돌면서 도망 다니다가 동네 사람들의 밀고로 옥천 관아에 붙잡혀 관비가 되었다.

홍종우는 귀국 후 고종의 지원으로 풀려나 보수파 대신들로부터 환대를 받았다. 그해 홍종우는 식년문과에 병과로 급제하여 교리가 되었는데, 이것은 조선의 마지막 과거시험이었다. 그래서 이는 홍종우를 제시키기 위해 치러졌다는 소문도 있었다.

먼 바다 섬에 버림받은 사람들

백령도는 서해 최북단의 섬으로 고구려 영토 때에는 섬 모양이 고니와 같아 곡도라고 불렀다. 고려 시대에 들어 흰 따오기가 날개를 펼치고 나는 모습처럼 생겼다고 하여 백령이라고 부르게 되었다.

고려 태조 13년(931) 개국공신 유검필은 갑작스럽게 군 내에서 지위가 상승하자 군 내부의 알력으로 참소를 당하여 백령도에 유배되니 최초의 인물이었다. 이듬해에 견훤의 장수인 상애 등이 대우도를 공격하자 태조는 대광 왕만세 등을 파견하였으나 패퇴하였다. 이때 그가 전쟁 소식을 듣고 백령도와 포을도의 장정들을 선발하여 군대를 편성하고 승리를 거두었다. 그 공로로 해배된 그는 이듬해 정남대장군까지 올랐다.

그 후 이 섬에 진을 설치하고, 진장과 부장을 두어 군사 요충지로 관리하였다. 고려 희종 3년(1207) 최충헌이 외조카 박진재의 세력이 커지고, 자신에게 권력을 나누어 주지 않는다고 불평하자 그를 이곳에 유배 보냈다. 조선 시대에 들어와서 이 섬은 육지로 들어가는 길목이어서 당시 중국 해적들이 이곳을 소굴로 삼고 암약했다. 섬사람들은 이 해적을 '해랑적'이라고 불렀다. 그 후 광해군 1년(1609) 이항복의 건의에 따라 이 섬에 백령진이 다시 설치되었다.

광해군 12년(1620) 정월 전 초계 군수 이대기는 대북파의 횡포를 비판하다가 삭탈관직된 김천 찰방 문경호의 신원을 요구하는 통문을 도내에 돌린 죄로 백령도에 유배되었다. 후손들은 그가 정온이 죄가 없음을 밝히고 시사를 논하는 상소문을 올렸다가 백령도에 유배되었다고 한다.

그는 유배 명을 받고 자택인 초계(합천)에서 출발하여 이곳까지 이르렀는데 이때 그의 나이 70세로 고령이었다. 그는 조식의 문하생으로 북인의 영수인 최영경에게 학문을 배운 주자학자이며, 임진왜란 때는 의병을 모아 전투에 참가한 인물이었다.

이 섬은 무속신앙이 성행하여 집집마다 굿하는 소리가 끊이지 않고, 심지어는 진의 책임자조차 관아에서 창을 세우고 굿을 하였다고 한다. 그는 이와 같은 내용을 채록한 《백령도지》와 시를 대정에 유배되어 있는 정온에게 보냈다. 정온은 이 책의 발문을 써서 보내 주었다. "역사가 시작된 이후 하늘과 땅이 감추고 숨겨 두었던 백령도의 알려지지 않은 내용을 최초로 문자로 기록하였다." 3년 후에 그는 인조반정으로 해배되었고, 간성 군수로 제수되었으나 고사했다. 이후 고향에서 선비들과 학문에 정진하면서 여생을 보냈다.

강화도는 바다로 둘러싸여 있는 천혜의 섬으로 역사적으로 큰 위치를 차지하고 있는 곳이다. 고구려와 백제의 최대 격전지로 생각되는 관미성이 강화도의 교동으로 추정될 정도이며, 외침을 받았을 때 왕실이 피란을 가기도 했다. 외침을 받았을 때 고려 고종이 강화도로 천도한 바 있으며, 조선 인조도 강화도로 가려 했으나 청군에 의해 길이 막혀 들어가지 못한 적도 있었다. 게다가 강화도와 교동도는 육지에서 거리가 가까운데다 해안과의 거리는 얼마 되지 않지만 조류가 빨라 최적의 유배지로 여겨지기도 했다. 이러한 지정학적 위치로 항상 동정을 살필 필요가 있는 주요 인물들, 즉 폐주 또는 왕족 들이 강화도로 유배보냈다가 다시 교동도로 이배되었다. 교동도는 유배지 중의 유배지라고 불리었다.

추자도는 전라도와 제주도를 잇는 징검다리 역할을 하는 섬으로 탐라로 가는 중요한 기항지 역할을 하였다. 《고려사》에는 육지와 탐라 간의 뱃길로는 3개의 경로가 있었다. 나주, 해남, 탐진(강진)에서 출발하는데, 어디에서 출발하든 반드시 추자도를 경유하여 탐라에 도착하였다. 제주 사람들은 후풍도라고 불렀는데, 바람이 거세게 불어 탐라로 건너오지 못하게 되었을 때 이곳에서 후풍한다는 의미였다. 이는 고려 원종 때 삼별초군이 제주에 들어오자 고려군과 몽골군이 그 뒤를 쫓다가 바람이 너무 거세 이곳에서 바람이 잦아들기를 기다렸다는 데서 붙여진 이름이다.

고려 공민왕 23년(1374) 4월 명나라에서 제주 말 2천 필을 징발하라고 예부주사 린미 등이 고려에 왔다. 그러나 제주의 목호 씨아우꾸뚜

부화가 줄 수 없다고 버티자 왕이 최영에게 제주 정벌을 명하였다. 이에 8월 최영은 군사들을 이끌고 보길도에 이르러 출발하였으나 악풍으로 30여 척이 파손되어 추자도에 후풍한 바 있다.

선조 34년(1601) 6월 제주에서 소덕유와 길운절이 토호 세력 20여 명과 함께 성윤문 제주 목사 등 수령을 죽이고 한양에 쳐들어갈 모의를 하였다. 이때 이들의 말을 엿들은 기생 구생이 협박하자 정황이 불리하다고 생각한 길운절이 모의를 밀고하였다(일설에는 소덕유의 부인이 밀고했다고도 한다). 결국 이들은 모두 잡혀 한양에 압송되어 능지처참되었다. 이 모반 사건의 진상을 조사하기 위해 김상헌이 제주 안무어사로 파견되었다. 그는 9월 애월포에 도착하여 공무를 마치고 이듬해 1월 조천관에서 출발했는데, 대풍을 만나 추자도에서 3일간 후풍했다는 등의 기록을 《남사록》에 남겼다.

또한 이 섬은 수참(水站)의 옛터로 알려져 있다. 가장 무서운 항해로 이름난 곳으로 거센 조류와 파도에 밀려 배를 회항하거나 우회해서 귀항하기도 하였으며, 대풍을 만나 일본, 중국, 안남(베트남)까지 표류한 사람도 있었다. 그래서 영조 때 이 섬에 위리안치된 이진유는《속사미인곡》에서 "많은 섬 가운데 하필이면 원악지를 골라 백년형극을 맛보게 함은 매우 언짢은 기분도 든다."라고 하였다.

제주와 추자도 중간 거리에 있는 무인도 관탈섬은 관복을 벗었다고 하여 붙여진 이름으로, 탐라로 오는 유배인들이 이 섬에 이르러 "이제 다 왔구나!" 하고 한시름을 놓으며 갓을 벗었다 하여 붙여진 이름이다. 이는 추자도를 비롯한 제주 섬이 '유배 1번지'라는 것을 상징적으로 표현한 것이며, 제주 목사 이원진의《탐라지》에 "이곳 섬 사이는 파도의 물결이 세차고 소리가 매우 시끄러워 배들이 표류하거나 익사하는 경우가 많다."라고 할 정도로 위험한 항로였다.

진도는 "진도에 가서 글씨, 그림, 노래 자랑은 하지 말라."라는 말이 전할 정도로 민속과 예술의 보고로 알려져 있다. 유배지로서의 역사는 고려 시대부터로 왕족, 관리, 양반, 평민, 노비 등 다양한 인물들이 유배를 왔다. 그러나 진도, 고금도 등은 산물이 풍부하여 고약한 유배지는 아니었다. 전라도 지역의 유배지로는 진도, 그다음으로 흑산도, 고금도, 강진 등이 이용되었다. 진도 배소로는 금갑도가 가장 많이 이용되었고 다음으로 금호도, 피동 순으로 이용되었다.

진도에 최초로 유배된 사람은 고려 인종 때의 이영이다. 인종 즉위년(1122) 현안인은 중서시랑평장사로 승진하였는데 대방공 왕보(인종의 작은 아버지), 문공인 등과 함께 역모를 꾀했다는 누명을 받고 이자겸에 의해 승주(순천)의 감물도(돌산현)로 유배되었다가 수장당하였다. 이때 이영은 지어사대사 보문각 학사로 올랐으나 현안인 등의 역모에 관련되었다 하여 진도에 유배되었다. 이때 그는 모친과 자식들이 노비가 된다는 소식에 분노를 이기지 못하여 자결하였다.

그러나 《진도군지》에 의하면 인종 4년(1126) 5월 척준경에 의해 이자겸의 가족이 체포될 때 아들인 이공의가 진도로 유배를 온 것이 첫 기록이라고 한다. 그 뒤 의종 때 무신정변으로 태자 왕기를 이곳으로 보낸 일이 두 번째라고 한다.

예로부터 해남에서 진도로 들어오는 나루터는 벽파진과 녹진이 있었는데, 주요 나루터는 벽파진이었다. 기묘사화로 금산에 유배되었다가 진도로 이배된 김정은 다시 의금부로 압송되어 갈 때 시 〈벽파를 건너며〉를 남겼다. 벽파진에는 사신을 맞이하고 보내는 정자 벽파정이 세워져 있다. 이에 군수, 관리, 유배인 들의 휴식처이자 진도의 명승지로 알려지기도 했다. 진도에 부임한 관리들과 유배객들은 이곳에 올라 시를 읊었다.

벽파정에 대한 최초의 시는 고려 의종 때 진도 현감 채보문과 고조기가 각각 남긴 〈진도벽파정〉이다. 유배인으로서 벽파정에 대한 시를 남긴 최초의 인물은 고려 공민왕 때의 정언 조희직이다. 그는 신돈의 비행을 탄핵하였다가 진도 가흥현 호장으로 유배되어 시를 남겼다. 이 시는 벽파정에 걸려 있었는데, 현재는 〈옥주지〉에 남아 있다고 한다.

조선이 개국되면서 연산군 4년(1498) 무오사화 때 정언 이주는 김종직의 문인이라 하여 진도에 유배되었다. 이듬해 겨울 그는 금골산에 찾아서 《금골산록》을 남겼다. 이 글은 그의 문집 《망헌집》에 수록되었으며 《동문선》에도 수록되어 있다. 6년이 지난 연산군 10년(1504) 4월 그는 제주목으로 이배되었다가 갑자사화에 연루되었다 하여 참형되고 외아들은 교형당하였으며 아버지는 부관참시되었다.

인조 때 인성군 이공의 아들 이건은 진도에 유배되었다가 정의현으로 이배되었으나 정온의 건의로 울진으로 이배 명을 받았다. 이에 이건은 이배 도중 벽파정을 지나게 되자 진도에서 자진 명을 받고 배소에서 죽은 부친을 회상하는 벽파정 시를 썼다.

《토정비결》로 유명한 이지함의 부친 이치는 갑자사화가 일어나자 이미 죽은 종조부 이파가 성종 때의 폐비 사건에 연루되었다는 이유로 진도에 유배되었다가 중종반정으로 해배되었다.

광해군 즉위년(1608) 광해군이 친형 임해군을 진도로 유배 보낼 때 그를 수행하기 위하여 따라왔던 허대는 임해군이 교동으로 이배될 때 따라가지 않고 정착했다. 허대의 후손으로는 허련 등을 꼽을 수 있다.

한편 진도는 조선 초기부터 유자의 산지로 알려져 있었는데, 전 우의정 이경여가 이곳에 유배를 왔다가 유자와 귤에 대한 시를 남길 정도로 이 지방 최고의 특산품으로 여겨졌다. 이경여는 인조 23년(1646) 2월 소현세자 빈의 폐출을 극력 반대하였다가 제주목에 유배되었는데 이듬달 3월에 진도로 위리안치되었다.

그는 관아에서 마련해 준 진도 남쪽 바닷가의 금갑진 관하마을 개인집을 빌려 배소로 정하였다. 그는 이곳 적소에서 유자와 귤을 맛보고 "가시덤불로 덮인 배소 가까운 곳에, 집집마다 유자와 귤이 숲을 이루고……."라는 시를 읊었는데, 《백강집》에 전한다. 그러나 그는 이배된 지 2년 후에 다시 삼수로 이배되었다가 효종이 즉위하자 해배되어 이듬해 효종 1년(1650) 영의정에 올랐다.

숙종 15년(1689) 남인 세력이 집권하자 2월 장령 김방걸 등이 재상 오시수 등을 함부로 죽였다는 탄핵을 받아 전 영의정 김수항은 진도로 위리안치되고, 동생 영의정 김수흥은 경상도 장기로 유배되었다.

진도에 유배 명을 받은 김수항은 아들 김창협과 김창흡을 데리고 적소에 왔는데, 이웃사람들이 전년에 재배한 유자와 귤을 가지고 와서 위로하였다. 그의 아들 김창협은 "어촌은 어물로 넘치고, 농촌은 보리가 많으며……."를 남겼다. 동생 김창흡은 이곳 학동들에게 학문을 가르치면서 소일했는데, "진도 사람들은 노래를 좋아하고, 이들의 구슬

픈 곡조는, 나의 눈물을 흘리게 하며……."가《삼연집》에 전한다.

그러나 숙종은 남인들의 주장에 따라 노론의 핵심 인물인 그를 유배한 지 2개월 만인 4월에 사사 명을 내렸다. 이때 그는 적소에서 사사되기 전에 다섯 아들에게 "자손들아, 너희들은 나를 보고 거울로 삼아 높고 화려한 요직에 오르지 말고 성명을 보전하고 집안을 이어가야 한다."라는 유언을 남겼다.

이에 부친을 따라왔던 두 아들 김창협과 김창흡은 정계를 떠나 학문에 전념했으나 장자 김창집은 그 후 노론의 거두로 활약하였다. 이어 동생 전 영의정 김수흥도 이듬해 장기 배소에서 죽었다.

숙종 46년(1720) 왕이 죽고 소론의 지지를 받은 장희빈의 아들 이윤이 왕위에 오르니 이가 경종이다. 경종은 즉위 후 신권이 너무 강해 왕권이 미약했다. 경종 즉위년 (1720) 9월 성균관 장의 윤지술이 "신사년의 일은 선왕께서 나라의 백년대계를 염려한 데에서 나온 것으로 전하께서 다른 뜻을 품을 수 없는 것이 도리입니다."라는 글을 올렸다.

신사년의 일은 왕의 생모를 사사한 해로 이에 노한 왕이 그에게 유배를 명하자 그가 성균관의 노론계 유생들을 선동하여 권당(동맹휴학)하게 하고 노론 영의정 김창집까지 "유생들의 사기를 꺾는 것이 옳지 않습니다."라고 동조해서 그를 처벌할 수조차 없었다. 이듬해 노론의 4대신 영의정 김창집, 이이명, 이건명, 조태채가 중심이 되어 최숙빈의 아들 연잉군 이금(훗날의 영조)을 세제로 책봉하는 일을 주도하고, 세제의 대리청정을 강행하려 하였다. 이에 소론은 반대하였으나 경종은 대비의 동의를 얻어 왕세제로 임명하였다. 원래 세자나 세제의 대리청정은 왕이 노쇠하거나 큰 병이 났을 때 하는 것이 관례였다.

그해 10월 노론 세력인 집의 조성복이 "전하께서 신하들과 서무를 결재할 때 세제를 참여하게 하고 인도하십시오."라는 글을 올렸다. 이러한 신하의 대리청정 주청은 그 자체가 역심의 발로였으나 경종이 하교를 내렸다.

"내가 병이 있어 정사가 많이 밀렸으니 앞으로 세제로 하여금 결재하도록 하라."

그러자 소론에서는 다시 부당함을 아뢰고 왕세제 연잉군도 상소하여 하고 거두기를 청하니 드디어 교지가 환수되었다.

이어 그해 12월 소론 세력인 대평 윤성시가 "김창집 등 4대신의 사주를 받은 조성복을 국문해야 합니다."라는 상소를 올렸다. 이에 김창집 등 4대신은 파직되고 유배 명을 받아 김창집은 거제도, 조태채는 진도로 각각 위리안치되었으며, 조성복도 국문을 받고 옥에 갇혀 있다가 진도에 위리안치되었다.

진도에 위리안치된 조태채는 유배인으로서는 유일하게 진도의 장시에 관해 "승려들은 짚신을 팔고, 주막은 해질녘까지 막걸리를 팔며……."라는 글을 남겼다. 이는 진도 장시에 관한 최초의 기록이다. 그는 "섬으로 둘러싸인 벽지이나, 풍속이 선비를 귀하게 여기고 시와 글을 알며……."라는 시로 진도의 풍속을 읊기도 했다.

이듬해 3월 소론 세력인 목호룡의 고변이 있었다. 이는 노론이 숙종 말년부터 세자 이윤을 시해하려고 음모를 꾸며 왔다고 고변했다. 조성복은 여기에 관련되었다 하여 진도 배소에서 압송되어 6월에 정의현에 이배되었다. 그러나 10월에 대사헌 김일경이 목호룡이 고한 내용에 보면 조성복이 연루되어 있으니 그의 죄를 줄 것을 청하는 상소를 올렸다. 이에 조성복은 다시 압송되어 국문을 받았다. 결국 목호룡의 고변으로 11월 조태채를 비롯한 노론 3대신은 사사되고, 이건명은 나로도에서 참형되는 등 노론의 대다수 인물이 화를 입었다. 이렇게 신축년(1721년), 임인년(1722) 두 해에 걸쳐 일어났으므로 신임사화라고 한다.

이때 김창집은 거제도에서 이배되어 성주에 있다가 사사되고, 그의 아들 김제겸은 부령의 적소에서 사사되고, 손자 김성행은 국문 도중에 옥사하는 등 3대가 일시에 화를 입었다. 이리하여 김수항이 진도에서 사사된 지 불과 30년 만에 4대가 희생되었던 것이다.

이듬해 4월 국문을 받던 조성복은 옥중에서 독약을 먹고 자살하였으며 그의 형 진사 조성집은 아우가 억울하게 죽었다고 계속 맞서다가 제주목에 유배되었는데 결국 악화된 부스럼으로 배소에서 죽었다.

그 후 일본에 유학한 안국선은 양아버지가 고종의 양위를 획책한 혐의로 처형되었다. 그러다가 그는 독립협회 간부와의 관련으로 광무 2년(1898) 7월 체포, 투옥되어 미결수로 수감되었다가 6년 후 3월 그는 재판에서 태형 1백 대에 종신유형을 선고받고 진도의 접도로 유배되었다가 3년 후 3월 해배되었다. 그리고 1912년 중국 하얼빈에서 일본 수상 가쓰라를 암살하려다 붙잡힌 선교사 손정도가 이곳에 유배된 것이 마지막이었다.

흑산도는 산과 바다가 푸르다 못해 검게 보인다고 해서 이름 붙여진 곳으로 예부터 조류가 세기로 유명하다. 기록상 흑산도에 사람이 살기 시작한 것은 신라 흥덕왕 1년(827) 장보고가 완도에 청해진을 설치하고 당나라와 교역을 하면서부터라고 한다. 서긍의 《고려도경》에는 "흑산도는 중죄인이 유배되던 곳으로…… 송의 사신이 흑산도에 가까이 오면 야간에는 산꼭대기에 있는 봉수대에서 횃불을 밝혀 주어……". 라고 나와 있다. 기록상 확인되는 최초의 유배자는 고려 의종 2년(1148) 정수개이며, 고종 45년(1258)에 최은, 박선 등이 있고, 원종 10년(1269)에는 유경, 조경 등이 유배되었다. 그런데 고려 말 왜구의 극성으로 조정에서 공도정책(섬을 비우는 정책)으로 섬사람들을 모두 나주로 소개(疏開)하였다.

조선이 열리면서 숙종 때에 와서야 이곳은 다시 유배지로 사용되기 시작한 것으로 보인다. 숙종 때 유명천과 경종 때 참판 홍계가 그 주인공이다. 이 섬은 험난한 바다와 축축하고 더운 땅에서 생기는 악독한 기운이 다른 유배지보다 더욱 심하다고 할 만큼 절도 중에서도 절도로 꼽혔다. 영조 14년(1738) 우의정 송인명은 "흑산도는 함부로 유배 보낼 곳이 아닌데 작년부터 유배된 사람이 무려 세 사람이나 됩니다. 이는 온당치 못한 일이라 사료되니 다른 곳으로 유배하십시오."라고 아뢰기도 했다.

그러나 유배인은 계속 보내졌고, 특히 영조 44년(1768) 5월 김약행은 우이도에서 유배 생활을 하다가 3년 후 전염병이 유행하자 흑산도(대흑산도)로 왔다. 그는 이곳에서 《유대흑기》라는 기록을 남겼다.

순조 1년(1801) 2월 신유사옥으로 정약전은 전라도의 신지도에 정배되었다. 이리하여 그는 신지도의 송곡마을에 적소가 정해져 유배 생활을 시작하였으니 그의 나이 44세였다. 그러다가 그해 10월 황사영 백서사건에 관련되었다 하여 정약전은 흑산도로 이배 명을 받았다. 그는 무안 다경포에서 출발하여 영산포를 지나 우이도에 적소를 정했다.

　그 후 그는 이곳에서 문순득이라는 사람을 우연히 알게 되었다. 홍어장수 문순득과 작은 아버지 등 5명은 그가 유배 오던 12월 흑산도에서 홍어를 싣고 영산포로 가던 중 돌풍을 만나 유구(오키나와)에 표류하였다. 이에 문순득 일행은 10월에 다시 출발하였지만 또다시 표류하여 11월 필리핀의 여송섬(루손 섬)에 도착하였다. 이듬해 9월 이들은 상선을 타고 마카오에 도착하여 12월 광둥, 이듬해 4월 난징을 거쳐 베이징에서 조선 관리를 만났다. 그리하여 압록강을 건너 순조 5년(1805) 1월에 우이도로 돌아오니 3년 2개월 만이었다. 정약전은 문순득의 표류 과정을 듣고《표해시말》을 썼다. 그 후 정약용이 해배되자 제자였던 이강회가 우이도로 들어와서《표해시말》 등을 묶어《유암총서》를 남겼다.

　그는 순조 14년(1814) 교리를 지닌 이청과 함께 대둔도의 장창대 등 어부들의 도움을 받아 흑산도 근해의 수산생물 155종의 명칭, 분포, 형태, 습성 등에 관한 사실을 상세히 기록한《자산어보》를 완성하였다. 그해 약전은 동생의 해배 소식을 풍문으로 듣고 동생이 위험한 바다를 건너게 할 수 없다며 우이도에 가서 기다리고자 하였다. 그러나 이 소식을 들은 마을 사람들이 그를 가지 못하게 말리자 그는 한밤중에 몰래 가족을 데리고 작은 배를 탔다. 그러나 이 사실을 알게 된 사리마을 사람들이 큰 배를 타고 뒤쫓아 와서 붙잡혀 되돌아오고 말았다.

　이듬해 그는 마을 사람들에게 거의 애걸하다시피 하여 겨우 우이도로 옮겼다. 그러나 더 이상 해배 소식이나 동생은 오지 않았다. 결국 이듬해 6월 그는 우이도 적소에서 59세의 나이로 죽어 이곳에 묻혔는데 유배된 지 16년째 되던 해였다.

순조 27년(1827) 관찰사 이조원은 효명세자의 대리청정이 시작된 후 13년이 지나 왕의 병환이 위독하였을 때 반역을 도모하였다는 탄핵을 받아 흑산도에 위리안치된 후 5년 후에 적사(일설에는 참시)하였다.

고종 30년(1893) 3월 사간원 사간 권봉희는 "조정에도 청렴한 기풍이 있다는 말을 듣지 못했다."라는 상소를 올렸으나 보고되지는 않았다. 그러나 이 사실을 알게 된 정언 김만제가 "권봉희가 조정에 인재가 없다는 데로 귀결시켰습니다."라고 상소했다. 그는 조정을 비난하는 무엄한 내용이 담겼다는 이유로 탄핵을 받아 흑산도에 위리안치되었다. 이어 승정원 등에서 그를 중형에 처하라는 상소를 연일 올려 가극의 형이 부가되었으나, 이듬해 6월 가극이 철거되었다가 곧 석방되어 홍문관 수찬에 임명되었다.

거제도에 최초로 유배된 인물은 고려 예종 7년(1112) 7월 왕족으로 왕위 계승에서 밀려난 승통 왕정, 부여후 왕수, 보여공 왕수 등이다.

〈정과정곡〉을 지은 정서가 동래에서 이곳에 이배되었는데, 무신정변이 일어나 의종이 그해 10월 나루 견내량을 건너 거림리 우두봉 능선에 적소를 정했다.

조선 시대에는 갑자사화 때 응교 이행이 폐비 윤씨를 성종 묘에 배사하는 것을 반대하다가 충주에 유배, 이어 함안에 이배되었다가 이듬해 이곳에 위리안치되었다. 이듬해 그는 중종반정으로 해배되어 섬을 떠났다. 그러다가 중종 23년(1529) 그는 왕명에 따라 수찬당상이 되어 《동국여지승람》을 증보하여 이듬해 《신증동국여지승람》을 편찬하였

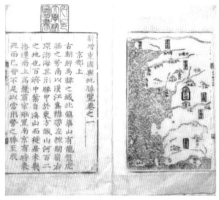

《신증동국여지승람》 조선 시대의 인문 지리서로 1530년(중종 25) 이행, 윤은보, 신공제, 홍언필, 이사균 등이 《동국여지승람》을 증보하여 편찬하였다. 역대 지리지 중 가장 종합적인 내용을 담은 것으로서 조선의 정치, 제도사 연구에 필수불가결한 자료로 여겨진다.

다. 이듬해 좌의정이 되어 김안로를 논박하다가 중추부판사로 전직되고 이어 함종에 유배되어 배소에서 죽었다.

명종 3년(1548) 정황이 37세에 위리안치되어 고현동 서문골 북쪽에 적소를 정했다. 그는 단종 1년(1453)에 건립된 거제향교에서 훈학하였는데, 이웃 지역에서도 몰려왔다고 한다. 그는 이곳 적소에서 12년 후 죽었다.

숙종 때 송시열이 이 섬에 위리안치되었다가 이듬해 5월 청풍으로 이배되었다. 그 후 숙종 15년(1689) 기사환국으로 송시열의 문하였던 예조판서 김진규가 이곳에 유배되었다. 그는 송시열의 적거지이었던 동뫼 근처에 적소를 정하고 적거 앞 대나무 숲 바위틈에 조그마한 돌샘을 만들어 '죽천'이라 이름 짓고 호로 삼았다. 그는 반곡서원에서 훈학하다가 5년 후에 해배되었다.

경종 1년(1721) 12월 노론 4대신이었던 김창집이 연초면에 위리안치되었다가 이듬해 11월 사사되었다. 그는 시문집 《몽와집》과 《남천록》

을 남겼다. 《남천록》은 그가 유배되어 이듬해 거제도에서 사사될 때까지 유배지로 가는 여정에서 지은 시문과 정치 상황에 대한 의견을 담고 있다.

거제도의 적소는 조선 초기까지 대부분 둔덕면에 안치되었고 중기부터 고현, 거제면이었으며 유배인이 많을 때에는 거제 7진 부근에 배치하여 관리하였다. 그 후 1912년 일본 총리 가쓰라가 중국 동북 지방(만주)을 시찰하는 기회를 이용하여 조성환이 암살을 기도하였으나 사전에 발각되어 이곳에 1년간 유배되니 마지막 유배지로서의 소임을 다했다.

《동국여지승람》에 "신지도는 둘레가 90리(약 36킬로미터)이며 목장이 있다."라고 기록되어 있는데, 상마동(삼마동)은 말을 길렀던 곳으로 전한다. 《일성록》 의금부 배소책자에는 "유배지로 수로가 멀기는 추자도, 흑산도, 제주도 외에 고금도, 신지도가 있다."라고 기록되어 있다.

영조 즉위년(1724) 11월 김일경이 참형되고 풍수지리가 목호룡도 옥중에서 급사하여 당고개에 효시되었다. 이때 이진유의 아우 예조판서 이진검도 관련되었다 하여 이듬해 전라도 강진에 유배되었는데 이듬해 배소에서 죽고 말았다. 이진검의 아들이 이광사이다.

영조 4년(1728) 3월 김일경의 세력인 이인좌의 난이 일어나자 이때 군사들은 군중에 경종의 위패를 설치해 놓고 날마다 곡을 했다. 이때 노론에서 "이번의 역적사건은 이진유 등과 통모하고 있던 자들이 일으킨 것입니다."라는 등 여러 차례 이진유를 탄핵했다. 이때 이집은 이진유의 죄를 자세히 고하여 죽일 것을 청하였다. 이에 추자도에 위리안치되어 있던 이진유는 영조 6년(1730) 5월 압송되어 국문을 받다가 물고되었다.

이진유와 이집과의 일화가 있다. 이진유는 이집과 가장 친했다. 그러나 경종 2년(1722) 3월 신임사화 때 두 친구는 서로 절교하였는데 이진유는 소론이었고 이집은 노론이었다. 이러한 예를 '이여의 절교'라고 하는데 한나라 때 이여(장이와 진여)가 서로 죽음을 맹서한 교유를 맺었지만 서로 갈라져 마침내 장이가 지수에서 진여의 목을 베는 지경에까지 이르렀기 때문이었다.

한편 이광사는 강화도로 가족을 데리고 가서 생활하였는데 영조 31년(1755) 1월 나주 벽서사건이 일어났다. 이 사건은 역모로까지 비화되었다. 조사 과정에서 주동자인 윤지의 문서더미에서 이광사의 백부 이진유, 부친 이진검 그리고 이광사의 서찰이 발견되었다. 이광사는 윤지의 아들 윤광철과 몇 차례 서신을 주고받은 적이 있었다. 이에 윤지와 아들 윤광철 형제들은 의금부에 갇혔다 물고되었다.

3월에는 이미 25년 전에 죽은 이진유, 김일경 등 9명이 역률(逆律)로 부관참시되고 이광사, 종형 이광명 등도 연좌되어 체포되었다. 영조는 내사복에 나아가 이광사를 친국하였다. 국청에서 이수범이 "윤광철과 이광사는 친밀한 사이입니다."라고 고하고 옥사했다. 이광사의 아내는 그가 하옥된 지 일주일 만에 극형을 당했다는 소문을 듣고 두 아들 이긍익, 이영익과 딸을 두고 자결하였다. 이어 대간에서 영조에게 아뢰었다.

"이광사는 역적 이진유의 조카로 여러 차례 역적의 공초에 나왔고 윤광철과 서로 친밀함은 윤광철의 일기에도 나와 있습니다. 그를 다시 국문하여 죄를 주어야 합니다."

이에 이듬달 4월 그는 함경도 회령으로 유배 길을 떠나니 그의 나이 51세였다. 그리고 그의 형 이광정은 함경도 길주로, 종형 이광명과 이광찬은 함경도 갑산으로, 이광현은 경상도 기장으로 유배되는 등 집안이 풍비박산이 났다.

그는 적소에서 갑산에 유배된 종형 이광찬과 서신을 주고받으며 학문에 대해 토론하고 지방 자제들을 가르치면서 글씨를 썼다. 추사 김정희의 서체를 그의 호를 따서 추사체라고 하듯이 이광사의 특유한 서체도 그의 호를 따서 원교체라고 한다.

영조 34년(1758) 봄 유배된 지 4년 만에 적소에서 그는 "천지가 넓어도 성덕의 눈 좁사오리, 일월이 밝다마는 왕의 밝음보다 어두우리."라는 유배가사로 자신이 살아 있는 것은 오로지 임의 덕택이라 하였다.

그의 학문이 널리 퍼지자 적소에 많은 사람이 모여들었다. 그러자 영조 38년(1762) 7월 노론 세력의 지평 윤면동이 "회령 유배죄인 이광사가 지방 자제들을 가르치며 세상을 비방하고 있다 합니다. 민심을 선동할 우려가 있으니 그를 외딴섬에 이배하십시오."라는 장계를 올렸다. 이에 영조가 전교를 내렸다.

"이광사를 전라도 진도에 이배시키고 회령 부사로 하여금 그에게 글을 배우던 지방 자제 등을 붙잡아 장 20대를 내려라."

그러나 진도가 궁하고 외진 섬이 아니어서 노론 세력들은 다시 죄인 이광사를 먼 섬으로 이배하라는 상소를 올렸다. 이에 다시 영조 40년 (1764) 그는 신지도로 이배되었다. 그는 금곡리 마을에서 적소를 정하고 유배 생활을 하였는데, 이때 대흥사(해남사찰) 대웅보전의 현판을 썼다. 그는 이 섬에서도 글씨를 많이 썼는데 해남 대둔사, 구례 천은사 등의 사찰에 현판을 써 주기도 했다. 그의 적소는 한편으로 글씨를 얻으려는 사람으로 문전성시를 이루었다고도 한다.

철종 11년(1860) 3월 풍계군 이당의 양자 경평군 이세보(이호)의 동생 이택응이 정시에 급제하자 철종이 이택응을 한림으로 제수하였다. 이에 안동 김씨 세력은 이호가 왕과 종제 사이로 친밀하여 그의 입김이 컸다고 보고 적극 반대하였다. 그는 술자리에서 판중추부사 김좌근 등 안동 김씨의 세도를 비난하다가 삼사의 탄핵을 받았다. 이어 대사헌 서대순이 상소문을 올려 그를 논척하였다. 그러자 "경평군 이호는 언어를 조심하지 않아 요망스러움이 지극하니 성문 밖으로 내쫓아라."라는 하교가 내려졌다.

그러나 사헌부와 사간원이 그에게 중벌을 주어야 한다고 아뢰었다.

"이호를 섬에 가극안치시켜야 합니다."

이리하여 11월 그는 왕실 족보에서 삭제되고 작호를 빼앗겼으며 이름도 호에서 본명인 세보로 환명되었다. 그리고 신지도에 위리안치 명을 받았다. 그는 소복을 입고 소교를 타고 유배 길을 떠나 영암, 강진, 마도진, 고금도를 거쳐 신지도에 도착하였다. 그가 대평리 배소에 도착하자 관원들이 소나무를 베어다 그 집 앞에 심게 하였는데, 그 소나무가 살아나 잎이 푸르고 이듬해 봄에는 꽃이 피었으므로 사람들이 모두 이상하게 여겼다고 한다.

그는 이곳에서의 유배 생활을 일기 형식으로 쓴《신도일록》, 유배시조집《풍아》, 유배가사《상사별곡》등을 남겼다. 그는《신도일록》에서 "야밤에 사처에 이르니 가친이 이 기별을 들으시고…… 정읍 와 계시

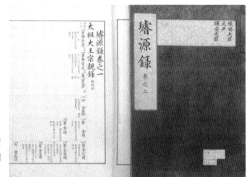

《선원록》왕실 족보로 국가에서 관리하는 왕의 친인척에 관한 인적 사항이 기록되어 있다.

더라…… 부자 숙질이 황망히 서로 안고 통곡하니 천지는 참담하고……"라고 적었다.

특히 그가 쓴《풍아》에는 지방 탐관오리의 행패, 민생고, 적소에서의 쓰라린 고통과 회한을 노래하고 극복하려는 심정이 잘 드러난 시조 423수가 담겨 있다. 그는 조선 시대 가장 많은 한글 시조를 남긴 인물이다. 그 후 3년이 지난 고종 즉위년(1863) 12월 조대비가 승정원에 그를 향리로 방축하라는 교명을 내렸다. 그러나 관료들의 반대로 집행되지 못하다가 이듬해 1월 해배되었다.

지석영은 고종 20년(1883) 식년문과에 급제하여 지평 등을 역임하고 이태 후에 우두에 관한《우두신설》을 저술하였다. 그 후 고종 24년(1887) 장령 벼슬에 있던 그는 〈장령지석영소〉를 올려 11개의 개화 실천을 주장하는 개혁안을 소청했다. 한편 그해 5월 부사과 서행보가 "장령 지석영은 갑신정변 때 박영효가 흉악한 음모를 꾸미자 간사한 계책으로 몰래 도왔으며 우두를 놓는 기술을 가르쳐준다는 구실로 도당을 유인하여 모았으니 의금부로 하여금 심문하십시오."라는 상소를 올렸다. 이에 왕이 "지석영은 다시 심문할 것이 없이 원악도에 위리안치하되 당일로 압송하라."라는 하교를 내려 그는 신지도에 유배되었다.

그는 송곡리에 적소를 정하여 유배 생활을 시작하였는데 섬 사람들에게 우두를 놓아 주고 서당을 열어 글 공부를 시키다가 해배 명을 받아 5년간의 유배 생활을 끝냈다.

정조 12년(1788) 시파였던 윤행임은 민치화와 함께 유언비어를 퍼뜨리고 백성의 재산을 약탈했다는 탄핵을 받아 성환역에 유배되었다. 그러나 이듬해 해배되어 규장각 직각으로 복직하였다. 그러나 이듬해 다시 벽파의 공격을 받아 고양에 유배되었다가 해배되었다. 그는 모친상을 당했을 때 왕으로부터 직접 '현숙태부인지장'이라는 어필을 받을 정도로 신임이 두터웠다. 그러나 순조 1년(1801) 신유사옥 때 역모 혐의로 홍낙임이 체포되어 제주도 유배형을 받자, 그를 비호했다는 죄목으로 신지도에 유배되었다. 곧 풀려나와 전라도 관찰사가 되었으나 그해 5월 결국 홍낙임이 사사되고 척신 김조순의 사주를 받은 홍문관으로부터 서학을 신봉하였다는 탄핵을 받고 다시 신지도로 안치되었다가 그해 사사되었다. 그는 신지도에서의 보고 들은 것을 《석재별곡》으로 남겼다.

헌종 13년(1847) 광주 유수 이목연은 대사헌으로 있을 때 조병현의 탐학을 아뢰는 상소문이 문제가 되어 영광군 임자도로 유배되었다. 상소문 내용 중에 익종에 대해 불경한 문구가 들어 있었던 것이 문제가 되었던 것이다. 그는 얼마 후 무주로 이배되었다가 이듬해 해배되어 전라도 관찰사 등을 지냈다.

고종 10년(1873) 겨울 최익현이 대원군을 배척하는 상소를 올리자 부호군 서석보가 "최익현은 골육을 이간시켰으며 요순의 도리는 부모에게 효도하고 형제에게 우애하는 것뿐입니다."라는 상소를 올렸다. 그는 이에 더해 고종이 천륜에 야박하다고 말했다가 고종의 진노를 샀다. 고종은 그를 친히 국문하고 임자도에 위리안치 명을 내렸다. 그는 광산마을에 적거하면서 〈임자도팔경〉 등 시를 많이 써서 유배 시집 《영향집》을 남겼는데, 고종 19년(1882) 6월 임오군란 이후 대원군이 다시 집정하자 해배되었다.

반면 임오군란 때 어영대장 신정희는 난에 책임이 있다 하여 임자도에 위리안치되었다가 이듬해 고향으로 방축되었고, 이듬해 해배되어 친군후영사로 다시 벼슬 길에 올랐다.

고종 26년(1889) 7월 전 정언 안효제는 당시 명성왕후의 총애를 받아 궁을 출입하며 요망을 부리던 무당 진령군의 폐해를 지적하고 죽이라는 〈청참북묘요녀소〉를 올렸다. 이 상소가 비록 보고되지는 않았지만 그 부본이 한성에 많이 전해져 왕과 왕비가 일찍감치 보게 되었다.

이에 왕후가 노하여 "이 상소를 올린 자를 꼭 죽여야만 분이 풀리겠다."라고까지 하였는데 이때 이유인 등이 삼사의 유생들을 동원하여 그의 목을 벨 것을 상소하게 하였으나 결국 그는 왕명으로 추자도에 유배되었다.

고종 31년(1894) 그는 임자도에 이배되었는데 그해 동학농민전쟁과 청일전쟁 등이 일어나 나라가 위기에 몰리자 사면령이 내려질 때 해배되었다.